Tamotsu Kawasaki 川崎 保 編

信濃国の考古学

Shinano‐no‐kuni

Archaeology of Shinano Fiefdom

「信濃国」の成立 <川崎 保>　　古代における善光寺平の開発 <福島 正樹>
屋代遺跡群の官衙風建物群 <宮島 義和>
古代の小県郡における信濃国府跡推定地 <倉澤 正幸>
千曲川流域における古代寺院 <原田 和彦>
平城京内出土軒瓦と信濃国分寺出土軒瓦 <山崎 信二>
古代科野の神まつり <桜井 秀雄>　　木製祭祀具の考察 <宮島 義和>
コラム1 善光寺の創建と当初の性格 <牛山 佳幸>　2 民具から古代を探る <河野 通明>

雄山閣

■信濃国の考古学■目次

「信濃国」の成立―律令的領域をみる視点― ＜川崎　保＞… 5
 はじめに ……………………………………………………………… 7
 1　古代文献資料からみた信濃的世界の成立 ……………………… 8
 2　考古学的分析の前提 ……………………………………………… 11
 3　考古学と文献史学の溝 …………………………………………… 12
 4　文化的領域と政治行政的領域の関係を
   考古学的にいかにとらえるか ………………………………… 14
 5　祭祀・信仰に基づく信濃的世界の形成 ………………………… 20
 6　「点と線」 ………………………………………………………… 21
  まとめにかえて ……………………………………………………… 23

古代における善光寺平の開発 ＜福島正樹＞… 27
 ―旧長野市街地の条里遺構を中心に―
 はじめに ……………………………………………………………… 29
 1　善光寺平の条里 …………………………………………………… 29
 2　旧長野市街地の表面条里の復原 ………………………………… 33
 3　発掘調査の所見から ……………………………………………… 43
  結びにかえて―善光寺平の開発の諸段階 ………………………… 45

屋代遺跡群の官衙風建物群 ＜宮島義和＞… 53
 はじめに―天智4年の木簡が語るもの ……………………………… 55
 1　評制の理解 ………………………………………………………… 59
 2　郡衙（評衙）遺跡の初現時期と4つの画期 …………………… 59
 3　官衙風建物群の出現と各氏の見解 ……………………………… 61
 4　前期評衙の類例 …………………………………………………… 67
 5　建物構成からみた屋代遺跡群 …………………………………… 75
 6　新たな祭祀・木簡の出現と建物群 ……………………………… 76

	7 立評の人 ………………………………………………………………	79
	8 軍団の存在と交通の要衝 ……………………………………………	80
	9 後期評衙から郡衙へ …………………………………………………	81
	10 初期国府としての屋代遺跡群 ………………………………………	82
	11 信濃的世界の形成 ……………………………………………………	83
	おわりに …………………………………………………………………	83

古代の小県郡における信濃国府跡推定地 ＜倉澤正幸＞… 87

　　はじめに ………………………………………………………………… 89
　　1 国分遺跡群出土の遺構・遺物 ……………………………………… 90
　　2 考古学的調査による成果からみた国府跡推定地 ………………… 98
　　おわりに ………………………………………………………………… 101

千曲川流域における古代寺院 ……………… ＜原田和彦＞… 105

　　はじめに ………………………………………………………………… 107
　　1 長野県における古代寺院研究の現状と問題点 …………………… 107
　　2 千曲川の瓦散布地との関係―交通路としての千曲川 …………… 115
　　3 国分寺建立前後の古代寺院 ………………………………………… 126
　　4 新しい研究に向けて―まとめと今後の展望 ……………………… 131

　　コラム1　善光寺の創建と当初の性格 ……… ＜牛山佳幸＞… 135

平城京内出土軒瓦と信濃国分寺出土軒瓦 ＜山崎信二＞… 143

　　はじめに ………………………………………………………………… 145
　　1 軒瓦の文様 …………………………………………………………… 145
　　2 軒瓦の製作技法 ……………………………………………………… 151
　　3 同笵瓦出現の様相とその背景 ……………………………………… 157

古代科野の神まつり ……………………………… ＜桜井秀雄＞… 161
　　はじめに ……………………………………………………… 163
　１　古代日本の神観念 ………………………………………… 163
　２　遺跡に残された祭祀の痕跡 ……………………………… 165
　３　石製模造品からみた科野の古墳時代祭祀 ……………… 165
　４　祭祀の「場」……………………………………………… 181
　５　祭祀の「場」の固定化 …………………………………… 182
　６　律令時代の祭祀へ ………………………………………… 183
　　おわりに ……………………………………………………… 183

木製祭祀具の考察─馬形木製品・蛇形木製品─＜宮島義和＞… 187
　　はじめに ……………………………………………………… 189
　１　馬形木製品に関わる祭祀の考察 ………………………… 189
　２　蛇形木製品の系譜 ………………………………………… 205
　　結びにかえて ………………………………………………… 223

コラム２　民具から古代を探る ………………… ＜河野通明＞… 226

あとがき ……………………………………………… ＜川崎　保＞… 235

収録論文初出一覧 …………………………………………………… 237

「信濃国」の成立
―律令的領域をみる視点―

川崎　保

はじめに

　信濃（あるいは科野、シナノ）という言葉の起源とは別に、律令期の信濃国や現在の長野県に相当するような領域（以下「信濃的世界」と仮称する）がいつ成立したかを考古学的に非常に大雑把に概観すれば、『「シナノ」の王墓の考古学』[1]で見てきたように、古墳時代のある段階で成立し、その基盤のもとに8世紀の律令期の信濃国が設定されたと考える。

　古墳時代のある段階とは古墳時代前期ではなく、馬の文化が日本列島および中央高地に本格的に導入された古墳時代中期以降というのが、筆者の見通しである。列島の屋根である中央高地を跨ぐこの領域の成立には、古墳時代前期までの舟による水運と徒歩による陸路だけではなく、牛馬による陸上交通の発達が不可欠であった。その馬の文化の担い手が朝鮮半島出身氏族であったことから、「信濃的世界」の成立にはいわゆる渡来系氏族によるところが大きかった。

　おそらく今後の考古学的な研究、とくに遺跡や遺物の編年学的分析によって、より細かいプロセスも明らかになるだろう。

　一方で、信濃国は地理的に列島の分水嶺を跨いでいるという地理・地形的な困難さを考える時に、ただ中央高地の中だけでの地域的な統合の結果だけで、「信濃的世界」からさらには「信濃国」が成立したとは考えられない。牛馬による陸上交通が発足したとしても、それ以前のルートは当然存続していたはずであるから、従来のルートに裏づけられた文化・政治的領域は簡単になくならないはずである。それにもかかわらず、同じ中央高地の甲斐や飛騨のように古墳時代中期以前の各盆地レベルの領域にとどまるような「国」ではなく（それらは「郡」として生き延びるが）、それらを広く統合する形で「信濃的世界」からさらには「信濃国」の成立した背景には、自然発生的なものだけではなく、人為的な意思が介在していると筆者は考える。

　例えば信濃的世界の形成に重要な役割を果たした馬の文化や渡来系氏族の問題一つとっても、彼らがここに定住し発展したのは、彼らの故地と環境が似ていて諸事やりやすかっただけではないだろう（それが前提条件であったはずだが）。

　本書ではこの信濃的世界さらには信濃国が、文化的領域を踏まえてなのか、

それとも踏まえずなのか。政治行政領域とどのように対応しているかを考える。

1　古代文献資料からみた信濃的世界の成立

　領域そのものについては比較的考古資料によって分析しやすいが、政治行政や人為的な意図といった問題については、当然文献資料とその学門的成果を踏まえる必要がある（偏った利用の仕方ではあるかとは思う。寛恕いただきたい）。

　713年に郡・郷名に好字（嘉字）を用いるようにとされ（『続日本紀』元明天皇和銅六年五月甲子「畿内七道諸国郡郷名、着好字」）、こうした考え方は、国名にも及んでいたらしい。近年の研究成果では、さらにさかのぼる704年に諸国印を作成させた記事があり（『続日本紀』慶雲元年四月甲子「令鍛冶司鋳諸国印」）、この時おそらく国印の国名にも郡や郷名同様に好字が用いられ、「信濃」が用いられたようである［福島正樹1995］。

　おおまかには8世紀、奈良時代になると「信濃」となったことがわかる。ただ、「信濃」という表記の出現をもって「信濃国」の成立ではない、これ以前は「科野」がつかわれており、『続日本紀』の記事は国名の表記の変更を示しているにすぎないと筆者は考える。では「科野」という表記が登場した頃が「科野国」（現在の長野県域に相当するような領域の政治的まとまり）が始まった時なのだろうか。

　それがそう単純ではない。例えば『古事記』（以下『記』と略す）垂仁天皇などに「科野」という用語が出てくる。しかし、当然のことながら垂仁天皇が古墳時代のどの辺りかという設問に、そもそもの垂仁天皇の実在を証明する方法もないので、今のところ答えるすべはない。建御名方が「科野国之海」に逃げたという記事もこれがどの実年代のことを反映しているかがわからない（ちなみに『記』はすべて「科野」と記述する）。

　一方、『日本書紀』（以下『紀』と略す）は基本的に「信濃」の記述に統一されている。『紀』の記述を信じれば雄略天皇十一年条や武烈天皇三年にも「信濃国」の直丁の記事が見えるから、雄略天皇や武烈天皇の時代には科野国と呼べるような対象が存在していたとは言えそうだが、科野国の領域については当然のことながら触れていない（わからない）。

それでも断片的に科野の領域をうかがわせる記事はある。『紀』斉明天皇六年（660）に唯一「科野国」という記述が出てくる。

科野国言「蠅群向西、飛踰巨坂。大十囲許、高至蒼天。」

巨坂を神坂（峠）とする説がある［小島憲之ほか 1998 など］。神坂は長野県阿智村と岐阜県中津川の境にある。だとすれば 7 世紀にはやはりおおよそ「南北統一」がなされていたのだろうか。異論もあるようだ。平田耿二は碓氷坂説をとる［平田耿二 1989］。平田説が正しければ、碓氷峠は千曲川流域であるので、「南北統一」の証拠とはならない。しかし、この坂（峠）に関する記事は、後述する祭祀の問題と関連し、信濃的世界の領域を考える上で重要ではある。

しかし、『記紀』の記述からは、記紀編纂以前に「科野国」というものが存在していたことはわかるが、その始まりやその時の詳しい領域まではよくわからない。

つまり、『記紀』には、現在の長野県南部の地名に限定されるような地名の「国」が出てこないので、「科野（信濃）」と出てくれば、現在の長野県のように南北統一された姿を無条件に思い描いてしまう。つまり少し疑い深く言えば、中央高地のある地域が「科野」とされていたが、現在の南北にわたるような「科野国」があったとまでは言えない。

科野国造にかかわるとされる古代豪族の分布の分析からも、同様な結果になる。平田氏によれば大化前代（7 世紀中葉以前）には、「御名代の部」が地方に置かれたという［平田前掲論文］。この名代は天皇や皇族の名号やその宮廷の名称をつけて呼んだとされるので、例えば他田部は敏達天皇の宮廷の訳語田玉宮にちなんで命名、設置されたとする。その後文献や木簡から他田の名がつく人名が伊那（他田舎人千世売）、筑摩（他田舎人国麻呂）、小県（他田舎人大島、藤雄、蝦夷）が知られている。欽明天皇の名代とされる金刺部についても同じように伊那、諏訪、水内、埴科に金刺舎人の名が見える。

しかしこれとても平田が指摘するように、これらの人物は奈良時代に郡司などの在地官人として活躍したことが知られているので、本当に敏達天皇や欽明天皇の時代（6 世紀）に、科野国各地に設置されていたかはわからない。

平田の科野国造が早く（古墳時代前期？）に設置されていたというような見通しに対し、傳田伊史は批判しているが、その指摘は興味深い。

傳田は、森塚軍塚古墳といった古墳時代前期から中期にかかる時期に、シナノを南北統一していたような科野国造の存在を疑問視する。そして、7世紀後半以降に出現する金刺舎人や他田舎人は6世紀半ばから後半にかけての大王の宮号を名のっていることから、シナノ各地の首長や一族がヤマト王権に編成されていったためであり、6世紀半ば以降にこうした舎人として同じヤマト王権の職制に組み込まれたため擬制的同族関係を生じさせる契機になり、7世紀後半の天武朝において七道制、令制国の成立を経て、はじめて科野国が確立したとする［傳田伊史 2001］。

一昔前、莫然と思われていたより、南北統一した形での科野国の成立は遅いようである。大量の木簡が出土した屋代遺跡群についても同じことが言える。7世紀代とされる国符木簡（15号）「符 更科（級）郡司等 可□（致カ）」は国司が更科郡司に発給し、各郡を回されて埴科郡家関連施設で廃棄されたものと推定されている（図1参照）［長野県埋蔵文化財センター 1996］。これも更科（級）郡が科野国に属していたということはいえても、現在の南信地方（伊那や諏訪）が科野国だったということは屋代遺跡群の木簡からだけではわからない。それを示唆するような直接的な証拠は出土していない。「科野国伊那評□大贄」（藤原宮跡木簡）によって、ようやく7世紀後半には、南北にわたる「科野国」が想定できるのである。

さらにより確実なところといえば、基本的には平安時代の『延喜式』や『和名類聚抄』などの文献資料によって、信濃国の領域が初めて具体的な地理と対応させながら検討できるのである。

しかし、屋代木簡の研究は今後さらに進展し、既知の文献資料にはない情報が出てくる可能性がある。たとえば、「讃信郡（更科郡）」「播信郡（埴科郡）」「信濃団」という表

図1　「国符」木簡
（長野県埋蔵文化財センター 1996 より・長野県立歴史館蔵）

記から「科野評」があったとされた（長野県埋蔵文化財センター 1996。現在は当初信濃団とされたものが信濃国であるとされて、科野評の存在を疑問とする説もある）。また福島正樹はいわゆる国符木簡の分析から、信濃国に「伊那・諏訪」「筑摩・安曇」「更科・水内・高井・埴科」「小県・佐久」といった3ないしは4程度の行政ブロックが存在したことを推定する［福島正樹 1999］。断片的ではあるが、こうした分析も古代の政治行政領域を考える上で重要な資料である。

　木簡も遺跡から出土したといっても、その分析は、文献史学の成果に負うところが大である。木簡やさらにそれ以外の当該期の考古資料から「信濃国」とその領域の成立をどのように検証できるだろうか。

2　考古学的分析の前提

　さすがに論文ではみかけないが、文献史学研究者の中には、「考古学は歴史学ではない。焼物の編年では、焼物の年代やその系統性の問題はわかるが、歴史自体はわからない。われわれの歴史学とは独立した学問である。」というような主張をする人がいる。

　かつての考古学は歴史学の補助学であるという発想よりはましではある。言いたいことの気持ちもわかるような気がする。しかし、この主張には考古学に対する誤解がある。考古学は焼物（など遺物）をもとにした編年学にとどまらない（日本では編年学や型式学が盛んだということはあるが）。編年学や型式学は文献史学における古文書を読む能力のような方法論的な一分野であって、すべてではない。人間が大地に残した遺跡を対象とし、人類の過去（歴史）を研究する学問である。ただ、人間の歴史とはいっても個別の事件や個人の行動（例えば、本能寺の変前後の織田信長や明智光秀の行動のようなこと）を追うのは難しい。しかし、一般的な傾向（例えば、古代の一般大衆がどういう食生活をしていたか、というようなこと）を追うことは比較的得意である。

　つまり、前述の指摘は「考古学には文献史学とはことなった方法論、編年学や型式学などを有する学問である。」と言い換えることができる。

　違う方法論に立脚しているだけにたいてい齟齬がある。旧石器時代や縄文時代のような考古学の独壇場のような時代はよいが、本書が対象とするような古

代史においてはなおさらである。しかし、こうした齟齬を筆者は望ましいと考える。年代決定においても、炭素14法だけでなく、古年輪学の重要性は言うまでもないが、精度的にはこの二者より落ちるとされる熱ルミネッセンス法が決して等閑視されないのは、熱ルミネッセンス法が炭素14法などとは独立した異なった方法論に基づいているからである。

　一見精緻に見える学問的成果がある意味危険なのは、齟齬や矛盾がないためにその検討が十分されないおそれがあるからである。本書では齟齬をおそれず、考古学的成果だけで矛盾がないようにまとめることはしない。考古資料と古代史（文献資料）にさらに民俗学や歴史地理学の視点も紹介する。

3　考古学と文献史学の溝

　考古学と文献史学の実際の方法論的な溝は一般に思われている以上に大きいというのが筆者の実感である。しかし、その大きな溝を埋めるものがある。それが「遺跡」の研究であると思う。

　まず、遺跡を考古学と文献史学あるいは歴史地理学的な視点から研究する成果が出てきていることを紹介したい。その冒頭に取り上げたのが、条里制の問題である。古くは千曲市更埴条里遺跡の調査が端緒となり長野県でも長い研究史があるが、福島正樹が発掘調査の成果も踏まえて、まとめている［福島正樹2002：本書「古代における善光寺平の開発」］。

　昭和36年から40年にかけて行われた発掘調査によって更埴条里の地下に古代洪水砂におおわれた水田跡（原初条里）があり、現在（といっても調査当時の圃場整備前の景観だが）の条里景観がそのまま古代にさかのぼらないことが明らかになった。さらに当時の土器や灰釉陶器の年代観からは、この洪水砂は10世紀頃と想定されており、考古学的立場からは、古代条里水田の年代が新しいことが強調されたが、文献史学の立場から宝月圭吾は、考古学的成果とは齟齬があるが、これを『類聚三大格』『日本紀略』あるいは『扶桑略記』で言うところの仁和3年（あるいは4年〔887・888年〕）の洪水によってもたらされた砂であり、さらに条里制（条里地割）自体は仁和以前にもさかのぼる可能性を考え、屋代以外の地域での検証を求めている［長野県教育委員会1968］。

昭和末年から平成にかけての高速道あるいは新幹線の発掘調査でより幅広い面積の調査が行われるとともに、土器編年の年代観の大幅な見直しがなされて、洪水砂の年代はいくつかの問題（仁和3年なのか4年なのかなど）をはらんでいるが「仁和の洪水」として矛盾がないというところまで来ている。

　一方で、更埴条里以外にも長野市石川条里などの調査が行われ、仁和の洪水によっておおわれた9世紀後半の水田は条里地割であり、こうした条里地割水田の起源は8世紀後半から9世紀初頭と推定されている。

　福島はこうした研究史の流れを踏まえつつ、善光寺平の表面調査ならびに地図などを利用して分析した。詳しくは本書に収録された福島論文を参照されたいが、福島も、善光寺平の条里地割の起源を8世紀もしくはそれ以前にさかのぼる可能性を指摘する。

　善光寺平の条里地割水田の大半の施工が8世紀後半であったとしても、そのプラン自体はそれよりさかのぼると考えるべきだとする福島の指摘は重要である。その根拠の一つとして条里地割の基準に「善光寺前身寺院」や左願寺廃寺があり、それぞれが郡家に伴う郡寺であったと推定し、これらの「寺院」が白鳳寺院とされることをあげている。つまり条里地割の基準が古いのであるから、条里地割のプラン自体も古い、つまり8世紀初頭あるいは7世紀にさかのぼり、実際に善光寺平全体（高速道や新幹線に伴う発掘調査が行われた南部地域まで）に条里地割が実施されたのが、8世紀後半から9世紀初頭ではないかということである。

　これら寺院の年代や相互の関係については、詳しくは本書の原田和彦論文［原田和彦 1994：本書「千曲川流域における古代寺院」］、牛山佳幸論文［牛山佳幸 1991：本書「コラム1　善光寺の創建と当初の性格」］を参照されたい。これらによれば、いわゆる白鳳寺院、とくに郡寺であった可能性が指摘されている。

　地域寺院の年代的特定は当然在地の瓦の相対年代の整備が必要であるが、大枠は畿内系の瓦との比較によってさぐることが可能である。平城宮など奈良の官衙や寺院を葺いていた瓦と信濃国分寺瓦の考古学的な対比研究をおこなった山崎信二論文［山崎信二 2006：本書「平城京内出土軒瓦と信濃国分寺出土軒瓦」］を参考にすれば、すくなくとも善光寺前身寺院（遺構が検出されていないだけに、これらが寺院ではない可能性もあるが）は、軒瓦の文様の様式的な問題だけでなく、

製作技法から考えて、信濃国分寺より以前に建立された可能性が高いと筆者は考える［川崎保 2007］。左願寺廃寺は善光寺前身寺院同様出土資料が限定されているが、あるいはここに瓦を供給したとも想定される同じ千曲川右岸の高丘丘陵にある中野市池田端瓦窯が一枚作りではなく、桶巻作りであること、つまり善光寺境内とは同型ではないが、川原寺様式の軒丸瓦が左願寺廃寺から出土していることから、ここも信濃国分寺創建以前である可能性が十分ある（瓦の流通の問題は後述する）。

　善光寺境内や左願寺廃寺の遺跡としての研究や出土遺物の検討をさらにすすめる必要があるが、7世紀末あるいは8世紀初頭にこうした郡をこえるような規模の条里地割が計画されたとすれば、それを施行させるような勢力は、古墳時代の盆地レベルの中小首長（律令期なら郡司クラスか）ではなく、それを超越した力、具体的に言えば国府の力によって行われたと考えてよいのではないか。

　こうした条里地割は善光寺平以外にも知られており、年代的なものや規格性などの共通性あるいは相違点が考古学的な調査によって解明されれば、条里地割から信濃国の成立が見えてくる可能性もある。

4　文化的領域と政治行政的領域の関係を考古学的にいかにとらえるか

　考古学は焼物の編年学だけではなく多くの分野から成り立っているが、地域の遺跡研究において年代的枠組みや文化的領域を捉える上で重要な手がかりである。古代遺跡研究の上で重要な焼物、須恵器の型式学的分析から笹沢浩、原明芳、山田真一らが国府と須恵器窯の関係を視野にいれて信濃国の成立の問題に取り組んでいる［笹沢浩 1986、原明芳 2001、山田真一 2007］。

　山田は笹沢が関心を示した凸帯付四耳壺を信濃国府と密接な関係にある須恵器（ほかにもあるかもしれないが、とりあえず型式学的に分析しやすい器種という意味もあろう）として取り上げている。筆者も須恵器の凸帯付四耳壺の製作に信濃国府がかかわっており、かつその用途が官にかかわるものであったとすれば、その分布はある程度「信濃国」の領域と密接なかかわりを示してくるものと考える（図2参照）。

4 文化的領域と政治行政的領域の関係を考古学的にいかにとらえるか　15

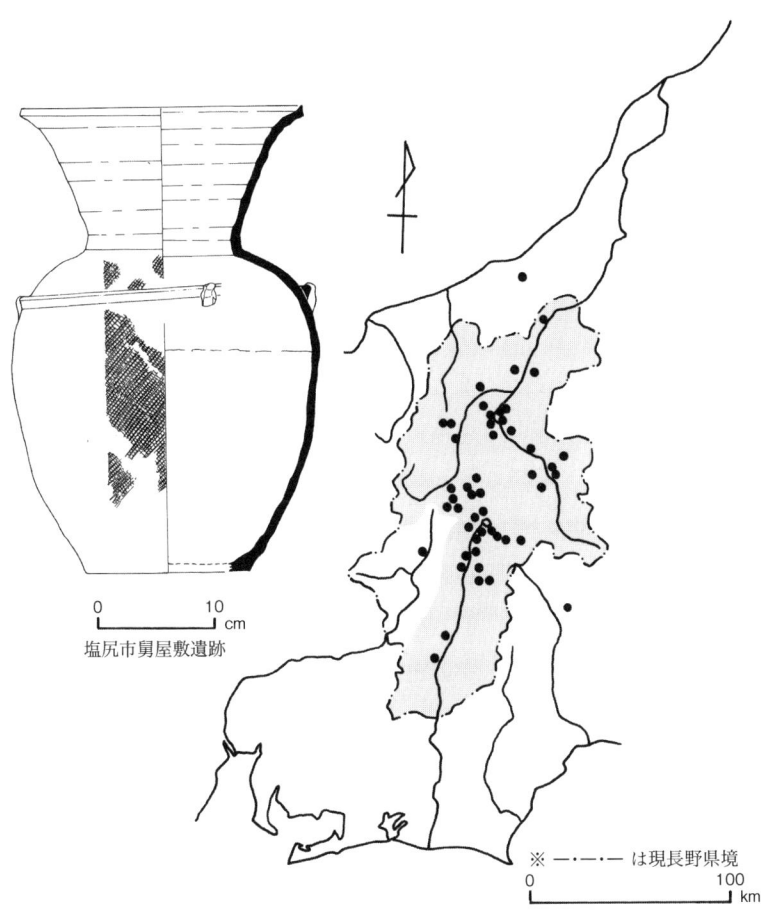

図2　凸帯付四耳壺とその分布（笹沢浩 1986 より加筆修正）

　このほか、古代においては千曲市屋代遺跡群では古代の焼物について、理化学的な胎土分析も行われており、こうした分析の結果、古代の官窯の流通と消費の様子から国や郡の領域を想定もしくは検証する材料になる［長野県埋蔵文化財センター 1999, 2000］。こうした焼物の型式学・様式論的分析あるいは胎土分析によって「一郡一窯体制」と呼ばれる律令制下の須恵器供給システムがあったと原や山田は想定する。
　屋代遺跡群の胎土分析の結果では、搬入品（須恵器）は陶邑（大阪南部古窯群）

あるいは猿投窯、美濃須衛などからと想定され、在地とされた須恵器は聖高原東麓窯跡（松ノ山窯）や戸倉古窯跡群であるという。いずれも千曲川左岸（更科郡）であり、屋代遺跡群は千曲川右岸（埴科郡）にあることから、更科郡と埴科郡の結びつきを示すものとする。このことを科野評（郡）が分郡して更科郡・埴科郡になったとする平川南説［平川南 1999］と対応すると屋代遺跡群の調査担当者は考える。

　こうした焼物の分布と政治行政領域とを対比する焼物の型式学あるいは理化学的分析の意義を否定しないが、焼物の型式の分布域は、一義的にその焼物が流通、消費されていた場所（地域）を示しているだけであって、それがなんらかの政治的あるいは行政的な領域と相関しているかはさらなる証明が必要であろう（この点については本シリーズ別巻(2)で詳しく論じたいが、例えば弥生土器の土器様式圏が政治的領域、例えば「国（あるいはクニ）」を示しているかどうか検証すべきと筆者は考える）。

　須恵器より一般の生活文化に密接にかかわっていると考えられる土師器（須恵器が主に貯蔵用で煮沸に向いていなかったので、土師器は主に煮沸具として用いられた）は、原によれば、8世紀前半には「松本平・伊那谷・諏訪盆地がハケ調整の長胴甕とロクロ調整の小型甕、佐久地方が『武蔵型』と呼ばれるケズリ調整による大小の甕、善光寺平がロクロ調整で体部下半をヘラケズリで仕上げた長胴甕とロクロ調整の小型甕・鍋」になるという。

　これは、北信は越後、東信は北関東、中南信は東海とのつながりが強いことと理解されており、これらの土師器はそれぞれの地域で「在地」とされていて、当時の在地土師器が古墳時代に比べると大規模な窯業生産集団の供給に再編されていったが、これが律令の国制とは必ずしも一致していないのである。あるいはこれを須恵器は官・公的なもの、土師器は民・私的なものととらえて、わけて説明しようとすれば良いのかもしれないが、それもあくまで解釈の問題であり、考古資料自体が語っているわけではない。

　では、政治行政的領域を考古資料から追求することはできないのか。これについて筆者は須恵器以上に注目するのが、瓦の流通である。長野県では遺構の配置がわかるほどの面的な調査が行われた例が少なく、瓦出土地がはたして、寺院であるか官衙であるかさらには他の遺構（瓦窯）であるかといったことが

4 文化的領域と政治行政的領域の関係を考古学的にいかにとらえるか　17

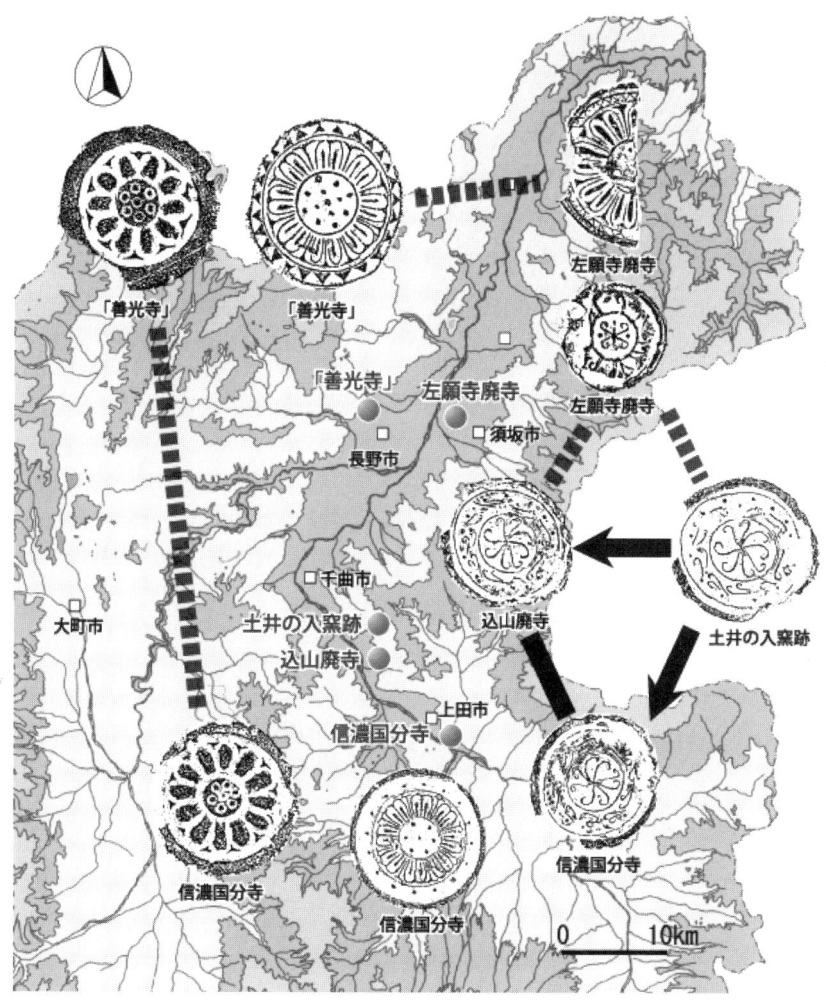

図3　信濃の古代瓦の関係（川崎保 2007 より）

わからないままに○○廃寺と呼称されているのではあるが、既知の限られた情報からでもわかることをもとに取り組んでみる。

　須恵器同様に、瓦についても生産地と消費地との関係をとらえることが重要だが、それ以前に原田論文［原田 1994：本書「千曲川流域における古代寺院」］で明らかにされたように、千曲川流域の古代寺院は年代の差は必ずしも同じでは

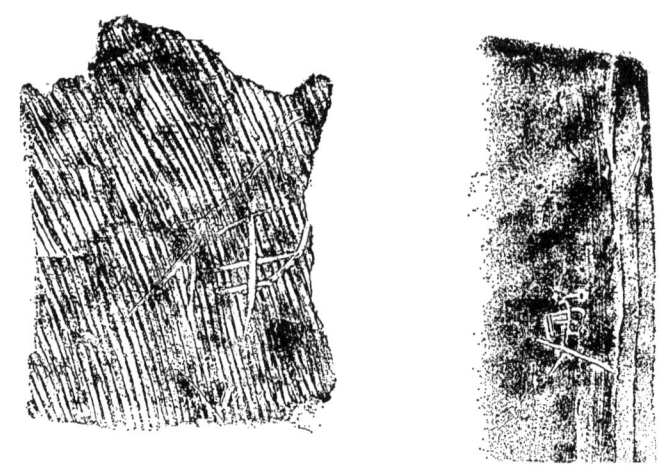

図4　信濃国分寺跡出土刻書文字瓦
左：「伊」、右：「更」（上田市教育委員会 1974 より）

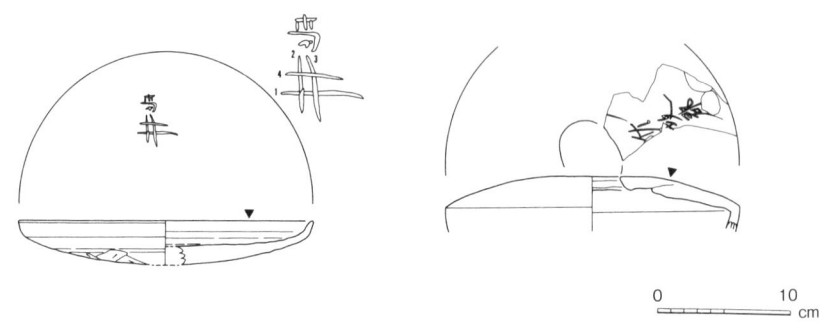

図5　中野市清水山窯跡出土刻書須恵器
左：「高井」、右：「佐玖郡」（長野県埋蔵文化財センター 1997 より）

ないと想定されるものの、例えば善光寺前身寺院と左願寺廃寺、善光寺前身寺院と信濃国分寺といったように同系統の瓦が出土していることが注目される。信濃国分寺と善光寺前身寺院や左願寺廃寺のような郡寺ではないかと想定されるような地域の寺院とでは建立された年代や背景も異なって当然であるが、これらにある程度関連性があるということは注目される。筆者は善光寺前身寺院（仮に寺院であったとすればの話だが）を、①畿内系の瓦（川原寺様式）がメインであること、②在地の瓦も一定量見られ、郡を越えた地域から供給されている

可能性もあることなどから、単なる氏寺や郡寺ではなく、郡寺としても別格であったか、郡寺と国分寺をつなぐような存在であった（といっても具体的にどのような性格のものであったか文献上に適当なものを見いだせないでいるが）と想定する［川崎保 2007］（図3参照）。

さらに信濃国分寺にまで下れば、具体的な証拠が少し増えてくる。郡名を印したとされる「更」「伊」の文字瓦が信濃国分寺跡から出土している。「更」は更科郡、「伊」は伊那郡の略と考えられるが、とくに重要なのが「伊」と刻書された瓦の存在である。この「伊」刻書瓦は必ずしも天竜川流域の伊那郡内で焼かれた瓦が千曲川流域の信濃国分寺（小県郡）へ運ばれたことを示しているのではなく、伊那郡の費用負担で焼かれた瓦が信濃国分寺におさめられたという事実を示していると解釈されるが、前述の藤原宮木簡と同様に長野県南部の郡が信濃国衙の下にあったことを示す考古資料と言えよう（図4参照）。こうした刻書は須恵器にも見られ、前述の中野市高丘丘陵に存在する清水山須恵器窯の「佐玖」や「高井」と刻書された須恵器の存在は、各郡の負担によって官給の焼物が製作、流通していたという傍証であると言えよう（図5参照）。

ただ、いずれにせよ奈良時代後半に至っても、依然として郡を越えた地域関係をとらえることは容易であるが、千曲川流域と天竜川流域といった分水嶺を越えて有機的な関係があったかをわかりやすく示せる例は、それほど多くはない。

しかしそれでも、古代の寺院や官衙建設には当然公的権力の背景があるわけだから、古墳時代の古墳におけるような分析のように寺院や官衙（国衙も当然含む）を考古学的にみていく必要がある。

信濃国成立とその領域を考える上で、国衙と郡衙の比定は重要な問題であるが、本書は信濃国成立に関して論じることをテーマとしているので、主に初期国府の問題をとりあげる。本書には、上田市信濃国分寺跡周辺と考える倉澤正幸論文［倉澤正幸 2005：本書「古代の小県郡における信濃国府跡推定地」］と千曲市屋代遺跡群付近と考える宮島義和論文［宮島義和 2006：本書「屋代遺跡群の官衙風建物群」］を収録した。

信濃国府は、平安時代に筑摩郡（松本か）に移ったことが知られているが、それ以前の国府の所在地はわかっていない。信濃国分寺跡が小県郡（上田）に

あることから小県郡に初期国府があったとする説が有力であったが、永年の調査にもかかわらずなかなか国衙の建物群を特定することはできていない。しかし、遺構は検出されていない（あるいは特定されていない）が、倉澤論文および宮島論文はそれぞれの立場から比定地に隣接する遺跡の分析はもとよりさらに広い範囲での「遺跡群」の中での理解を深めていて興味深い。

5　祭祀・信仰に基づく信濃的世界の形成

　さて、古代信濃国成立の領域論を語るうえで、よく語られることが多い焼物、瓦、木簡などの文字資料について触れてきたが、筆者はとくに注目したいものがある。それが「祭祀」関係資料である。

　祭祀や信仰は、古代社会において政治と密接にかかわることは言うまでもない。教科書的に言えば、国府と国分寺あるいは郡衙と郡寺というように政庁と宗教施設（寺院）が隣接するのが律令国家の一側面であった。これは信濃国でも例外ではない。しかし、国分寺や郡寺といった国家仏教は当時の祭祀や信仰のある一部分にしかすぎない。

　そもそも、古代の人びとの精神生活や祭祀とはいっても、個人、家族、氏族（血縁）や職能集団、さらには地域（地縁）や国家といったさまざまな段階にさまざまな形態のものがある。これらを整理しているのが、桜井秀雄論文［本書「古代科野の神まつり」］と宮島義和論文［宮島義和 2001a,b：本書「木製祭祀具の考察」］である。桜井論文は、信濃の祭祀、とくに峠の祭祀に代表される、「古東山道」にそって発達した祭祀こそが信濃国成立の背景にヤマト王権が関与している様相を描きだしている。一方、宮島は屋代遺跡群にみられるような、郡あるいは国衙がおこなう律令的祭祀といった国家祭祀の流れを組むものも、それから古墳時代以来の地域王権の祭祀の流れを組むものも見られ、律令的祭祀といってもすべてヤマト王権や律令国家に起源があるとする短絡的理解に注意を促している。

　筆者は、桜井論文と宮島論文を相対するものではなく、相互に関連する内容と理解する。つまり、弥生時代以来の地域王権の祭祀だけで「信濃」の古代祭祀は成り立っておらず、とくに東山道ルート上の石製模造品による峠の祭祀は、

まさに「信濃的世界」の領域を意識したものだろう。どのようなレベルでどのような意図で行われたかは今後検討の余地があるのだろうが、古代の政治行政的領域の背景に宗教や祭祀が密接に関連しており、それを考古学的な手法で明らかにしうることを指摘する。

一方宮島論文は木製祭祀具を題材にして分析をすすめる。宮島は律令国家の祭祀に至るまでの国家による規制はある程度前提として認めながら、地域の祭祀の伝統も重視する。これはいったい何を意味しているか。筆者はこれをヤマト王権あるいは律令国家は、律令は中国の官制を取り入れたのであるが、祭祀ではかならずしもそうではなく、日本列島各地の地域王権の祭祀を再構成し、律令の祭祀とした結果を反映していると思われる。

地域で生まれた木製祭祀具が近畿地方の都城で受け入れられ、それが再配布されるようなダイナミズムがここ信濃で連綿と見出せるのは（これは信濃特有の現象ではないかもしれないが）、生活文化や政治権力だけではなく、祭祀（地域的なものでなく、古墳時代に生まれた新しいもの）が信濃的世界形成の背景にあり、律令制の信濃につながっていたことを示している。

6 「点と線」

古代社会における領域が、近代における行政領域のような均質で面的なものとは異なることにも注意すべきである。河野通明の民具から古代の文化を復元する試み（本書「コラム2 民具から古代を探る」）は、このことを改めて気づかせてくれた。新しい時代の民具で過去の文化を復元できるか、この古くて新しい問題について、民具の分析から、前近代社会の人間の行動様式（＝文化）は非常に保守的であり、民具そのものが過去の文化を反映しているという河野の指摘は、非常に説得力がある。

河野の仮説から考えれば、古代の生産手段といったレベルにおいても、日本あるいは律令の国制で単純に割り切れるようなモデルではなく、さまざまな古代の人間集団がモザイク状に、古代日本を構成していたというモデルが見えてくる。

筆者は、古墳時代のイメージはまさにこの通りではないかと思っていたが、

河野は程度の差はあっても古代においてもこうしたモザイク的な世界が続いていたと想定しているようだ。

これは、古代の信濃の渡来系氏族に関する研究からもうかがうことができる。そもそも文献資料からは、奈良時代以降に、渡来系氏族に関する記事が散見される。

たとえば渡来（朝鮮半島）系氏族に対する『日本後紀』延暦十六（797）年「安坂」賜姓記事や延暦十八（799）年「篠井」賜姓記事などがそうである。これらは従来、考古学では、積石塚古墳を考える資料として扱われることが多かった［桐原健 1989］のであるが、まず古代の渡来系氏族の動向をうかがう資料としてまずみるべきである。

安坂（現在は筑北村安坂）の場合は、積石塚古墳にさかのぼるまえに、同じ筑北村の野口遺跡にオンドル状遺構（平安時代中期・10世紀）にも注目すべきである。篠ノ井にも篠ノ井遺跡群から出土した塼仏（県内最多）や篠ノ井遺跡群に隣接する方田塔（奈良時代末の百済様式石塔）があり、古墳時代にさかのぼらなくともこうした渡来系氏族に関する記事と対応する考古資料がある［川崎保 2003, 2007］。その上で、これら古代の渡来系氏族の起源が、古墳時代にさかのぼる可能性を考えていけばよい。

こういった渡来系氏族との関係をうかがわせる律令期のオンドル状遺構、石塔や私印（例えば屋代遺跡群出土の「王強」私印も「王」姓の渡来系氏族のものと想定する。平川南 2002）のような資料は数は少ない。非常に断片的ではあるが、これは信濃の内実はモザイク的なものであったためにさまざまな地域に断片的に資料が存在すると筆者は考える。

信濃的世界のかたちを浮かび上がらせる石製模造品による峠の祭祀が発達した信濃の山の中は交通のルート上、「古東山道」と呼ぶべきものが存在したかどうかは別にして、ヤマト王権が活用したルートであったと桜井論文は推定する。こうしたヤマト王権が東国支配のために利用した山谷を越えてくるルートというとヤマトタケルのことが思い浮かんでくる。タケルの神話も碓日峯（碓氷峠）より東を吾嬬、西を信濃とし、信濃坂（神坂峠）を美濃とする。

『記紀』には後年の東山道を通過して東北遠征を行った坂上田村麻呂を彷彿とさせるような記述もある。しかし、仮にヤマトタケルの神話が桜井の言うよ

うに古墳時代後半期の峠の祭祀に象徴されるような古代日本の統一過程を反映したものであったとすれば、それは、実際に行使されるような武力や軍事的なものがメインではないだろう。ちょうどヤマトタケルが「山高谷幽」の信濃において、白鹿となった山の神と信濃坂で対決する様子は、実際の武力衝突を示しているというよりは、弥生時代や古墳時代前期にはなかった新しい祭祀・信仰が新しいルートを通じてこの中央高地に入ってきた様子を表しているのではないか。そして、新しい祭祀・信仰は信濃的世界の形成に大きな役割を果たしたのだろう。いずれにせよ、ここには領域的支配というよりは、点を線で結ぶような様子しかうかがえない。

そもそも日本列島は、縄文時代前期以前は内陸の中央構造線のような山の中の谷筋やあるいは尾根を人びとが行き来するルートをも駆使して縄文文化の共通性は維持されていた。この「西南日本」（ここで言う西南日本とは、地質学的に日本列島を二分する時、おおよそフォッサマグナより西の地域を言う）を貫く文化の往来ルート（文化伝播帯[3]）は縄文時代以降古代や中近世にも活きていた。

ヤマトタケルも石製模造品も西は九州、東は関東に至る。そして、中間に近畿地方がある。これは筆者のいうところの西南日本の地理的特性にもとづいたこの文化伝播帯を利用しているものではないか。

縄文時代前期以降、丸木舟なども用いた水運や交通によるネットワークもできた。そして弥生時代、古墳時代前期に発達した水運的ネットワークではなく、馬というあらたな陸上交通の手段が古墳時代中期から後期に導入された。おそらく大和王権によって山谷のネットワークが再発見され、信濃的世界の形成のメインルートになっていったことを示していよう。

まとめにかえて

いずれにせよ、ただ単に考古資料とくに遺物だけ見れば、長野県全域で見られるものは信濃国特有ではなく、この時期に全国的に広がるものである。瓦などは畿内系瓦が千曲川流域の郡を越えて存在するが、これを信濃の特徴と見ることはむずかしい（中南信では、畿内系の瓦が受け入れられていない）。原が慨嘆するように考古学では、なかなかスマートに「信濃」という領域を説明できない。

しかし、わずかに古墳時代後半期に発達した石製模造品に象徴される峠の祭祀は、まさに信濃の領域を意識し、その領域を考える上で、重要である。石製模造品自体は、九州、近畿、関東地方にも広く分布しているが、桜井論文でも指摘されるように、峠の祭祀という「場」で発達したのは、まさにこの信濃だけである。それも神坂峠と内山峠というそれぞれ美濃あるいは上野との国境に発達していることは、信濃的世界の形成に大きく関連する。前述したように『紀』に信濃坂あるいは巨坂という信濃国の「峠」記事が特筆されることは、信濃的世界は陸上ルートの峠（坂）がポイントであることを示している。

　一般集落で多量に出土、検出される生活文化的な要素（焼物や住居跡）から、信濃的世界を見出すことは難しく、古墳や寺院などといった当時の支配的階層の文化的要素でもあまりはっきりはしていない。祭祀・信仰の要素によって、信濃的世界の姿がおぼろげながら見えてくる。

　信濃国が祭祀や信仰によって維持されていたことは一過性のことではなかった。中世においても諏訪大社は信濃国の各郷によって普請されるものとされていた（『大宮御造栄之目録』）。善光寺がもともと信濃国伊那郡にあったものが同じ信濃国水内郡へ移ったと信じられていた（『善光寺縁起』）ことを見ても、信濃国が、祭祀や信仰によっても成り立っていたことを示していよう。諏訪大社や善光寺の創建にまつわる記述（『諏訪大明神絵詞』『善光寺縁起』）はわれわれが言うところの「古代」であり、「神代」ではない。これらが歴史的事実かどうかは別であるが、中世人の信濃国成立の意識を知る上で興味深い。

　縄文時代以来の生活文化や弥生や古墳時代の地域的王権が発展段階的に統合されていったのではなく、古代日本が形成される中で山谷の文化伝播帯を通じて波及してきた祭祀によって「信濃的世界」が生まれた。そして、律令制による国府や郡家という点と東山道という線によって結ばれ、「信濃国」が成立したのではないか。

註
⑴　「分水嶺で南北に、フォッサマグナで東西に分断される境界を跨いで、なぜ古代信濃国という一つのまとまりをもった政治・行政的領域は成立しえたのか」というテーマの下に縄文時代から律令時代までを対象に、筆者の編集による全4冊の

シリーズを企画した。内容は以下の通りである。
① 『縄文「ムラ」の考古学』川崎保・三上徹也・岡村秀雄・百瀬新治・水沢教子・本橋恵美子・柳澤亮・小柳義男 著 2006年4月刊
② 『「赤い土器のクニ」の考古学』 2008年1月刊行予定
③ 『「シナノ」の王墓の考古学』川崎保・岩崎卓也・大塚初重・田中裕・小林秀夫・白石太一郎・市川健夫・森浩一 著 2006年12月刊
④ 『信濃国の考古学』本書

(2) 『「赤い土器のクニ」の考古学』：生活文化的領域（"赤い土器"の分布）と政治的領域（クニ）が一致するのか。一致するとすればなぜなのかを考える。

(3) 「文化伝播帯」とは、自然・地理・歴史的環境が似た地域どうしは、時代をこえて文化が相互に伝播しやすいとする考え方（童1987）。筆者は中央構造線沿いにもこうした文化伝播帯があると考えている。

引用参考文献

上田市教育委員会 1974 『信濃国分寺―本編』
牛山佳幸 1991 「善光寺創建と善光寺信仰の発展」『善光寺 心とかたち』第一法規出版
川崎 保 2003 「長野市篠ノ井方田塔の考古学的研究」『考古学に学ぶⅡ』同志社大学考古学シリーズⅧ
川崎 保 2007 「古代『善光寺』造営の背景」『考古学に学ぶⅢ』同志社大学考古学シリーズⅨ
桐原 健 1989 『積石塚と渡来人』東京大学出版会
倉澤正幸 2005 「小県郡における信濃国府跡推定地に関する考察」『信濃』57-8
小島憲之ほか校注 1998 『日本書紀』小学館
笹沢 浩 1986 「凸帯付四耳壺考」『長野県考古学会誌』51
傳田伊史 2001 「五・六世紀のシナノをめぐる諸問題について」『生活環境の歴史的変遷』地方史研究協議会編、雄山閣
童 恩生 1987 「試論我国従東北至西南的辺地半月形文化伝播帯」『文物與考古論集』文物出版社
長野県教育委員会 1968 『地下に発見された更埴市条里遺構の研究』
長野県埋蔵文化財センター 1996 『長野県屋代遺跡群出土木簡報告書』
長野県埋蔵文化財センター 1997 『清水山窯跡ほか』
長野県埋蔵文化財センター 1999 『更埴条里遺跡・屋代遺跡群―古代1編―』
長野県埋蔵文化財センター 2000 『更埴条里遺跡・屋代遺跡群―総論編―』
原 明芳 2001 「『束間行宮』の時代―発掘資料から七世紀中頃から八世紀前半の信濃をみる―」『信濃』53-5
平川 南 1999 「古代木簡からみた地方豪族」『考古資料と歴史学』吉川弘文館
平川 南 2002 「長野県内出土・伝世の古代印の再検討」『長野県考古学会誌』99・

100号
平田耿二　1989　「大和政権と科野のクニ」『長野県史通史編第 1 巻原始・古代』
原田和彦　1994　「千曲川流域における古代寺院」『長野市立博物館紀要』第 2 号
福島正樹　1995　「信濃国印の復原製作について」『長野県立歴史館研究紀要』1 号
福島正樹　1999　「屋代遺跡群出土の国符木簡をめぐって―信濃国における広域行政ブロック―」『信濃』51-3
福島正樹　2002　「古代における善光寺平の開発について」『国立歴史民俗博物館研究報告』第 96 集
宮島義和　2001a　「馬形木製品に関わる祭祀の考察」『古代学研究』152
宮島義和　2001b　「蛇形木製品の系譜」『長野県考古学会誌』96
宮島義和　2006　「屋代遺跡群の官衙風建物群をどう捉えるか」『信濃』58-3
山崎信二　2006　「平城京内出土軒瓦と信濃国分寺出土軒瓦」『新生「上田市」合併記念事業―古代信濃と東山道諸国の国分寺』
山田真一　2007　「安曇野市上ノ山窯跡群出土の凸帯付四耳壺」『信濃』59-4

古代における善光寺平の開発
―旧長野市街地の条里遺構を中心に―

福島　正樹

はじめに

　善光寺平[1]は、千曲川・犀川によって形成された最大幅10km、南北30km、面積300km^2 の長野県内で最も広い盆地である。その南端の標高が360m、北端が330m程で、高度差が30mときわめて小さい。古代においては更級・水内・高井・埴科の4郡があい接し、『和名抄』に記載された郷の数や式内社の数でみると、信濃国で最も分布の密度が高い地域で、早くから開発が進んでいたところである。この地域はまた、条里地割の分布が長野県でも最も広範囲にわたっている。本稿では、この善光寺平に分布する条里地割について分析を加え、古代における開発について考えてみたい[2]。

1　善光寺平の条里

(1) 研究史概観

　地表面に残る条里地割とは別に、地表面下に埋没した条里遺構が存在することは、善光寺平南端の旧更埴市(現千曲市)大字屋代・雨宮の水田(更埴条里遺跡)を素材に昭和36年(1961)から同40年(1965)にかけて総合学術調査が行われ、その報告書である『地下に発見された更埴市条里遺構の研究』(長野県教育委員会1968年)によってはじめて報告された。現在の地表面に残る条里遺構と埋没した条里遺構とは区別して考える必要があることがはじめて明らかにされたのである。これを契機に、地表面に残る条里地割(表面条里)が単純に古代の律令制の時代にまでさかのぼることができないことが全国各地で確認されるようになった。

　この更埴条里の総合調査の視角を具体化して検討した嚆矢は、『長野県史』通史編原始古代1(長野県史刊行会1989年)である。ここでは、信濃全体の条里遺構についてはじめて体系的にまとめるとともに、条里遺構を表面条里と埋没条里とに分けて検討している。具体的には、更埴条里(千曲市)、石川条里(長野市)、新村条里(松本市)の地割と用水、とりわけ1枚の田圃への水回しと発掘調査によって確認された「水口」に視点を据え、多角的検討が加えられてい

る。また旧長野市街地[3]について、尾張部地区を中心とする表面条里の復原案が提示され、『長野市誌』（註(2)参照）での叙述の直接の前提となっている。しかし、ここでは長野市域全体の検討にまではいたっていない。なお、これに先立って、歴史地理学の観点から、降幡由紀子「信濃における地形と条里」（『人文地理』31-6　1979年）が発表され、信濃全体の条里の概観を行い、条里地割と古墳分布、東山道のルートとの関係などが検討されている。

　その後、小穴芳実「善光寺平の条里瞥見」（『地域史研究法』信毎書籍　1992年）・小出章「善光寺平の条里遺構」（「文化財信濃」18巻4号　1992年）が出され、千曲市八幡地区、長野市篠ノ井石川地区、旧長野市街地の条里復原が試みられている。さらに、長野旧市街地のなかで、条里遺構が残っていた「尾張部」地区について、地域の人々の手によって『ふるさと北尾張部』（北尾張部郷土史編集委員会　1992年）が出されている。これらは、『長野県史』を除き、いずれも地表面に残る条里的遺構や地籍図などに基づくものであった。

　こうした流れの中で、1980年代から90年代にかけて、長野自動車道・上信越自動車道・北陸新幹線、あるいは長野オリンピック開催に伴う各種開発事業などに伴う発掘調査によって、石川条里遺跡、川田条里遺跡、更埴条里遺跡などの水田遺跡が調査された[4]。

　そこで、個別の検討に移る前に、これらの研究や発掘調査によって明らかになった点を概略まとめておきたい。なお、長野市域は、古代の埴科・更科・高井・水内の4郡にまたがるので、ここでは古代の各郡ごとに分けてまとめることとする。

(2) 条里遺構の概観

① 埴科郡の条里遺構

　当郡の表面条里は、長野市松代地区にも一部存在するようであるが、その中心は現在の千曲市大字屋代・雨宮地区のもので、ここに更埴条里遺跡・屋代遺跡群が立地する。ここは埴科郡の倉科郷、大穴郷、屋代郷に比定される地域で、屋代遺跡群からは7世紀後半～8世紀前半の木簡が130点ほど出土している。この地域の現在の灌漑は、千曲市より上流の坂城町付近で取水された「屋代用水」によってなされている。発掘調査では、古代における開発の特徴について、

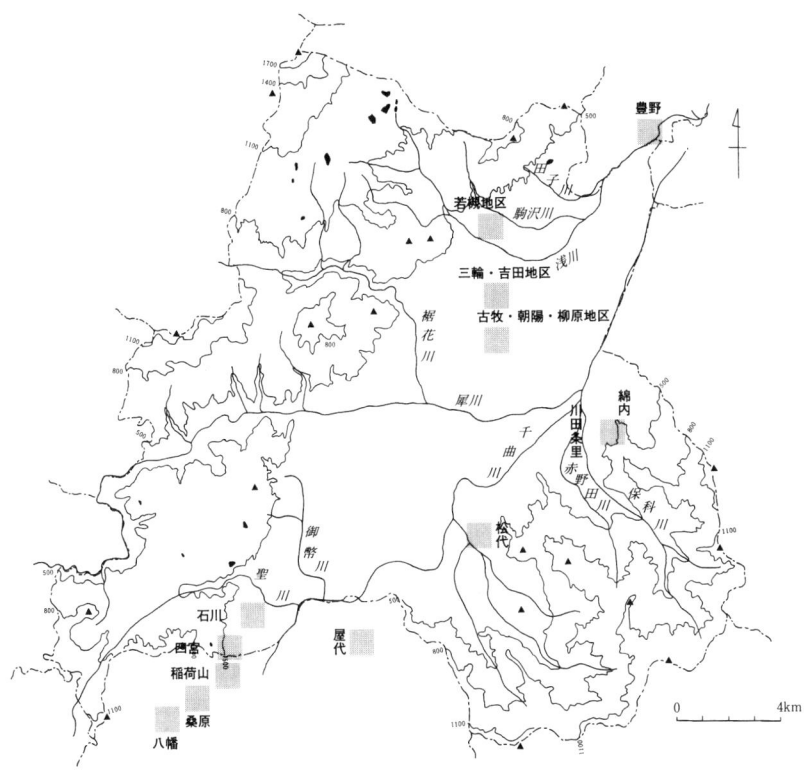

図1　善光寺平の条里遺構の分布（概念図）

千曲川ないしその旧流路から取水した大規模な用水堰（現在の屋代用水）を用いた開発が行われたことが明らかになった。千曲市屋代から雨宮地区にかけての調査区で、自然堤防を越えて水を回す人工的な開発によって掘削された大溝（用水）の存在が確認され、しかもその開削時期が古墳時代後期にまでさかのぼることが明らかにされたのである。また、この遺跡では、仁和4年（888）の千曲川の洪水によると推定される砂層によって覆われた水田遺構が確認された。発掘調査の結果検出された埋没条里の畔は表面条里とは大畔の位置ではほぼ一致すること、坪内の区画や水回しは9世紀以降の再開発で大きく変化していることが明らかになった。さらには、水田は弥生時代後期から存在するが、全面的に条里的地割が施行されたのは、8世紀末から9世紀初めであることも確

② 更級郡の条里遺構

　当郡の表面条里は、前掲の小穴・小出両氏の研究[5]により、千曲市八幡地区の扇状地、長野市塩崎・石川・篠ノ井二ツ柳地区の千曲川左岸の後背湿地に見られることが指摘されている。なお、川中島扇状地では表面条里の遺構が現在までのところ確認できていない。川中島扇状地は堆積力の大きな犀川によって形成されたもので、その開発は平安時代後期以降に下ると考えられている[補註1]。一方、石川条里遺跡の発掘調査では、表面条里と埋没条里とは基本軸はほぼ一致するが、区画では一致しないところが多いこと、更埴条里遺跡と同様に、9世紀末の洪水砂によって覆われ、表面条里はその後の再開発によることなどが明らかにされている。

③ 高井郡の条里遺構

　『長野県上高井誌　歴史編』（上高井教育会 1962 年）では、川田地区に残る条里型地割についてふれ、長地型が多いことなど簡単にではあるが記述されている。それによれば、当郡の表面条里は、長野市川田・綿内地区に確認できる[6]。また、川田条里遺跡の発掘調査で、弥生後期、古墳後期、奈良、平安、中世（鎌倉）、近世（江戸）の重層的水田区画が検出された。その結果、条里地割の施行は 8 世紀後半から 9 世紀初めにかけて行われたことが明らかになった[7]。

④ 水内郡の条里遺構

　当郡の条里遺構の中心は、旧長野市街地に展開するものである。条里遺構の残存する地域は早くから市街地化が進んでいたが、1998 年冬季長野オリンピック開催に伴う再開発の進展で、そのほとんどが姿を消した。ここは、裾花川・浅川・犀川・千曲川の 4 つの河川が複雑に絡んだ複合扇状地上に立地している。『長野県上水内郡誌　歴史編』（上水内郡誌編集会 1976 年）では、「長野市の旧市街地以東、南長池・南高田・上高田を結ぶ線以北、石綿と南長池を結ぶ線以西、浅川の以南の地であって、既に市街地化したところではほとんど残っていない。（中略）特にやや明瞭に残っているのは中越の東方、石渡の西方、太田の南に至る間、桐原・返目・相ノ木以南、上高田以北、西和田以西、居町以東の間と石渡以南、南長池以北の間とには断続ながら坪割の線と思われる南北・東西の畦畔の跡が見られる」「右の地籍ほど明らかではないが、湯谷東、檀田

と押田の間にもそれと思われる箇所がある」としている。その後前掲の『長野県史』で尾張部地区の表面条里が復原され、その後も小穴・小出両氏が検討・復原している[8]。また、浅川扇状地遺跡群の発掘調査によって、三輪地区を中心とした地域の開発の様相の一端が明らかにされた点は重要であろう[9]。この点については後にふれることにしたい。なお、長野市豊野町の石地区・浅野地区・蟹沢地区にも条里遺構があり、現在のところ信濃における条里地割の北限となっている[10]。

2　旧長野市街地の表面条里の復原

　前節では、善光寺平における条里遺構の概観を行ったが、更埴条里遺跡、川田条里遺跡、石川条里遺跡の3遺跡ともに、条里的開発は8世紀末〜9世紀前半頃に行われたことが発掘調査の結果明らかになった。このことを念頭に置きながら、以下では旧長野市街地の条里開発のようすを考えることにする。

　まず、念頭に置かなければならないのは、千曲川、犀川、裾花川、浅川はどこを流れていたのか、その流路はどのような変遷をたどったのかという点である。

　千曲川は現在の流路よりも東側を流れており、長野市柳原地区以東は千曲川の氾濫原であった可能性が高いと考えられる。また、犀川は長野市小松原を扇頂としてその流路は南北に振れている。その北限は、長野市大字高田の芋井神社の南に見られる1.5mほどの段丘崖で、この段丘はそこから東西に延びている。この段丘崖を境に条里地割の南限が形成されており、芋井神社の東には南向塚古墳が立地する。

　『和名抄』には、水内郡には芋井・大田・芹田・尾張・大島・古野・赤生・中島の8ヶ郷が記されている。その比定地は、北限を浅川流域周辺とし、東限を千曲川とし、南限をこの段丘崖とする地域の内に、「芋井郷」「尾張郷」「芹田郷」「古野郷」などは立地していたものと思われる（図2参照）。また「大田郷」は浅川以北で、現在の長野市豊野町を中心とする一帯に比定されている。これに対し、大島郷は小布施町大島に、中島郷は須坂市中島に遺称地を持つ。これらはいずれも千曲川の右岸で、赤生郷にいたっては遺称地も残らない。これら

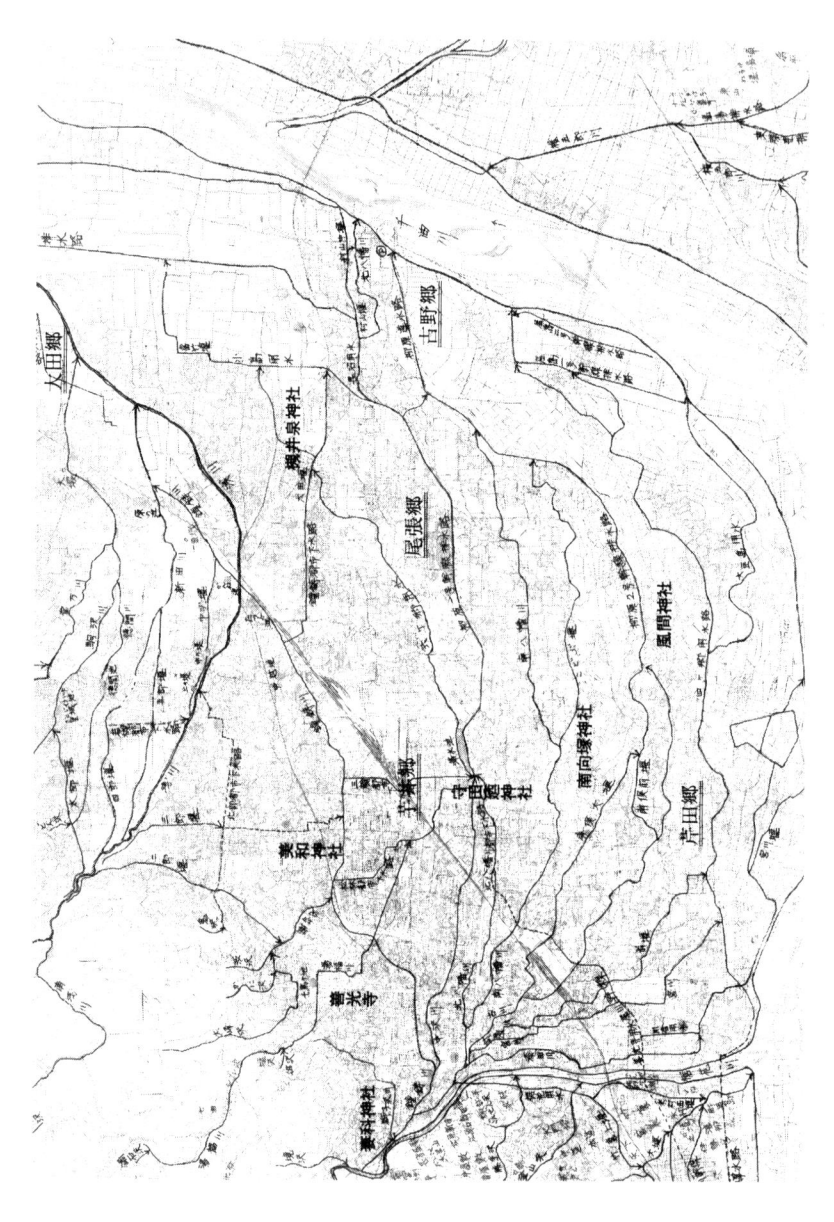

34 古代における善光寺平の開発

図2 用水・神社・『和名抄』郷（長野市誌編さん室作成を一部補充）

のことは、千曲川の流路変更によってこれらの郷が埋没ないし消滅した可能性が高いことを示している[11]。

　犀川は現在よりも南側の川中島扇状地を脈流しており、川中島扇状地は古代においては本格的な開発の対象とはならなかった[補註1]。脈流を用水として利用した開発（上堰・中堰による布施御厨、下堰による富部御厨）は、平安後期以降御厨の開発として行われたと考えられている[12]。

　次に裾花川と浅川である。裾花川は、現在は長野県庁の西脇を北から南へほぼ一直線に流れて犀川に合流している。しかし、この流れは近世初期に付け替えられたもので、本来は現在の長野市街地を北西から南東にいく筋かの流れになって脈流していたものと考えられている。その脈流の一つが南北八幡川(堰)で、この地域の条里水田の主要な用水となっている。つまり、南北八幡川(堰)は元々の自然流路を利用した用水ということになる。これに対し、同じ裾花川から取水する鐘鋳堰は、段丘崖下を等高線にそって開削した人工の流路である。長野市の水路図（図2）を詳細に検討すると、これらの用水に流れ込む沢水が存在する。これらの沢水と用水との関係についても検討する必要があるのである。

　ところで、旧長野市街地の西北には善光寺が立地し、その西方・北方には古墳群が存在する。地附山古墳群（古墳4内前方後円墳1、以下括弧内の数字は古墳の数）、駒形嶽東平（6）、滝上山（3）、蟹沢（1）、金平社（1）、湯谷（12）、箱清水花岡平（2内前方後円墳1）などである。また、いわゆる式内社（妻科、美和、守田廼〔守田と論社〕、風間）の存在や、旧長野市街地内に比定される「和名抄」郷の「芋井郷」「尾張郷」「芹田郷」「古野郷」がこの地域に集中することもあわせて考えると、この地域が古くから開発されていた地域であることがうかがわれる。

(1) 表面条里の復原

　『長野県史』通史編原始古代1では、旧長野市街地の表面条里について、「長野市三輪・平林・西和田・東和田・桐原・中越・太田などの一帯にも条里耕地がある。かなり広範囲にわたり、鐘鋳川の灌漑地帯とほぼ一致する。平林の集落はもとより平林城跡も条里線の上に位置する。また長野市高田・五分一・若

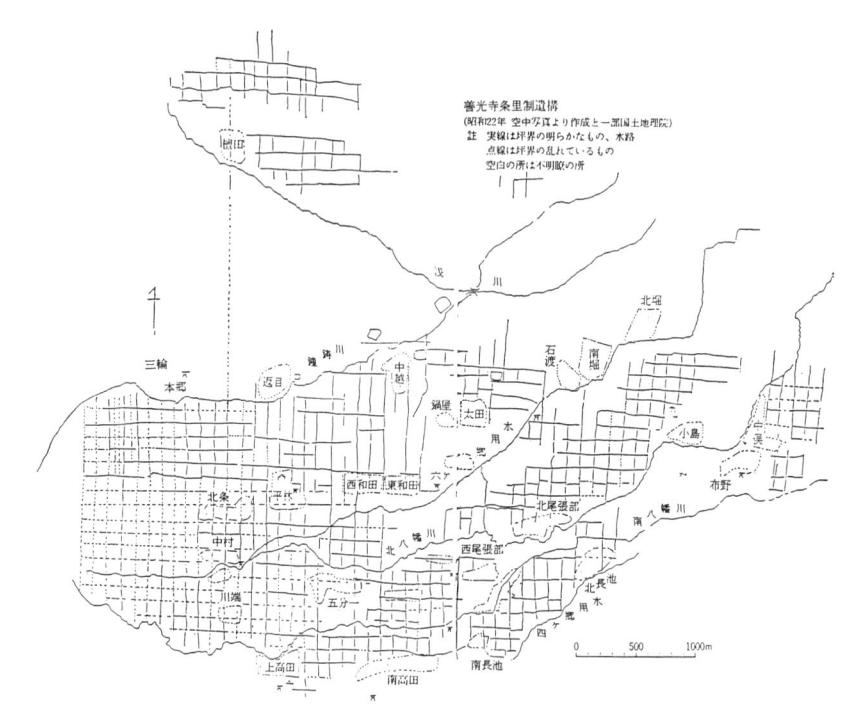

図3　旧長野市街地の条里遺構 (註(5)小出章「善光寺の条里遺構」より)

宮・西尾張部・北長池・石渡・南堀・北堀などにも分布する。南・北八幡川やその支流である三条堰の灌漑地帯で、西和田・東和田の南部地帯もここに含まれる。その幅は一町よりすこし長くなっている。平林から高田にかけては、条里プランが同一であった可能性が高く、これら善光寺平中央部の条里耕地が、一つの統一計画によるものとすれば、上田市の条里につぐ大規模なものとなる。その詳細は不明で、今後の検討課題である」と述べる[13]。

　その後、前掲小穴論文・小出論文では、昭和22年の米軍写真によって浅川以北の若槻地区も含め、条里を復原している（図3）が、若槻・尾張部・三輪地区の全体が統一したプランのもとに施行されているかどうかについては明言していない。今回、それを再検証すべく復原作業を行ってみた[14]。その結果以下のような見解を得るにいたった。

(2) 表面条里のプラン１―条里遺構と用水体系

　旧長野市街地の条里的遺構は、大別すると①三輪・吉田地区の条里、②古牧・朝陽・柳原地区の条里、浅川以北の③若槻地区の条里の３つの地区に分けることができる。このうち①は『和名抄』の芋井郷に、②は尾張郷および古野郷に、③のうち稲田・徳間・檀田地区は『和名抄』芋井郷に、吉・田子地区は大田郷のうちに属すものと推定される。これを昭和22年(1947)の米軍の空中写真（航空写真）によって条里地割を検討すると、これらの表面条里のプランはほぼ統一的なものであることが確認できる。また、灌漑水系についてみると（図２・４参照）、①三輪・吉田地区は鐘鋳堰、②古牧・朝陽・柳原地区は南北八幡川、③若槻地区（浅川以北）は、浅川からの用水（四郎堰など）によっていることがわかる。

　そこで、まず南北八幡堰を水源とする②の地区についてその条里地割をみると、南北八幡川による灌漑地域のうち、六ヶ郷用水沿いには条里区画が乱れた場所があり、ここは統一性に欠けている（図４・写真１参照）。この条里地割が乱れた地域の地形をみると、緩やかにくぼんだ西側に入り込む谷地形であることがわかる。周辺に比べると窪んだ地形であり、周囲からの水が集まる湿地であった可能性があり、開発が遅れた可能性を考えることができる。

　またこの六ヶ郷用水は、守田廼神社付近で北八幡川から分水しているが、中沢川（堰）の下をサイホンで通過するという形をとっている（写真２）。六ヶ郷用水は、その交叉の形式からすると明らかに中沢川よりも後からの開削であると推定できる。この中沢川は平安末期松尾社によって再開発された「今溝」と考えられていることから[15]、六ヶ郷用水の開削が平安末以降であることが推測できる。

　井原今朝男氏は、六ヶ郷用水を居館分布等の点から鎌倉時代の和田氏の開発を基礎に、室町時代に高梨一門が計画的に再開発したと推定しているが、前述の用水の交叉形態からもこのことは裏付けられると考えられる[16]。こうした用水開発の時期の差が、表面条里の統一性を欠く原因ともなっていると考えることができるのである。

　以上から、鎌倉期以前の尾張郷の灌漑は裾花川（南北八幡川）によっていたと

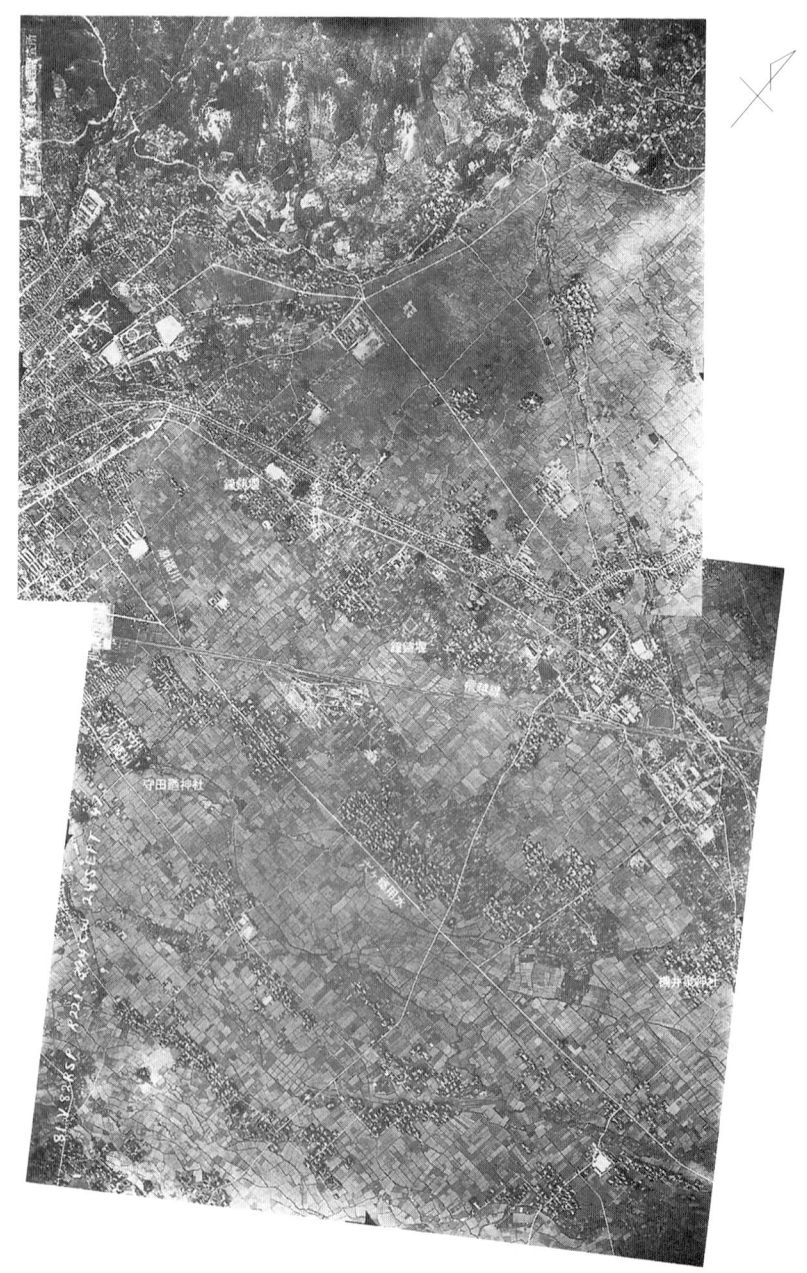

写真1　長野市街地に残る条里遺構（部分）昭和22年航空写真

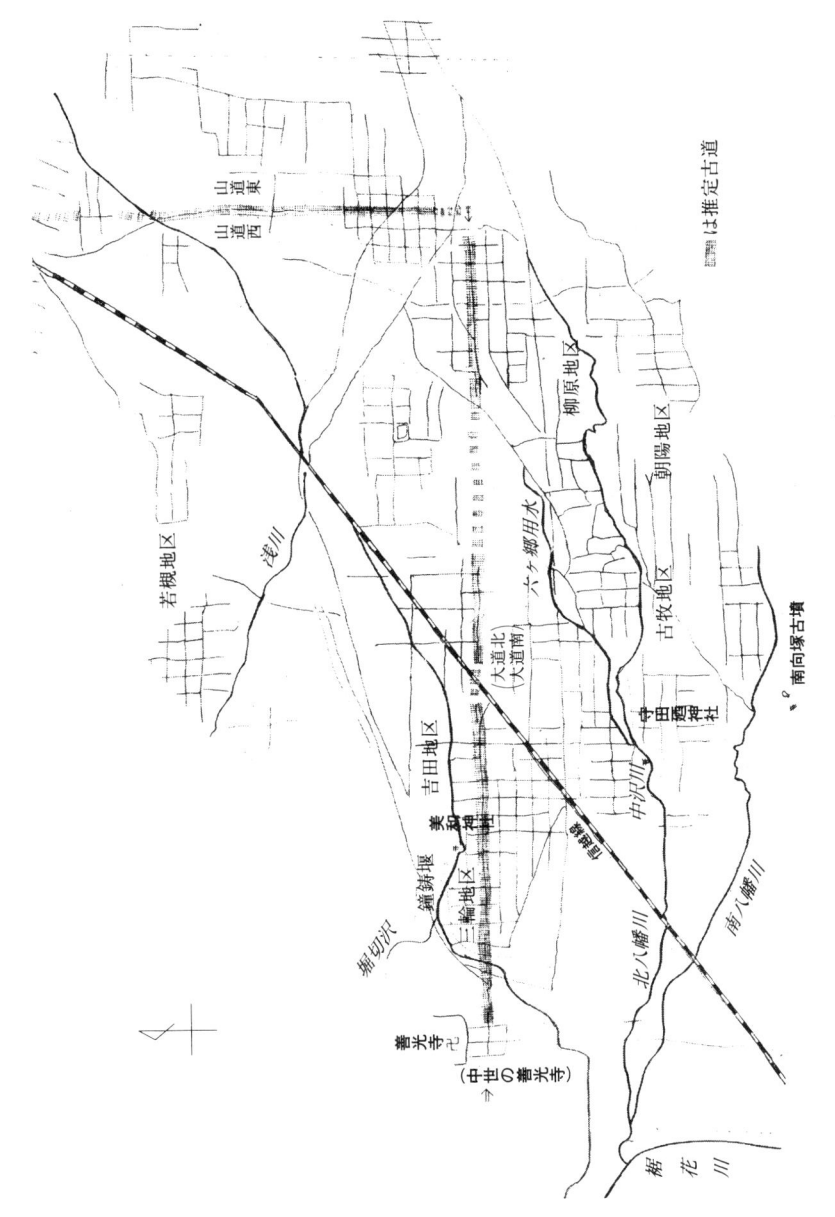

2 旧長野市街地の表面条里の復原　39

図4　旧長野市街地における条里遺構

写真2　六ヶ郷用水（右奥）と中沢川（堰）（左手前）の交差

推定することができる。

　次に、『和名抄』芋井郷の地域の灌漑については、湯福川・堀切沢・宇木沢（浅川分流）と鐘鋳堰との関係が問題になる。このうち、鐘鋳堰が人工的な流路であることは、その流路が善光寺の立地する段丘の等高線に沿って流れていることから理解できるが、その起源については、明らかになっていない。この点を考える手がかりは鐘鋳堰から分流する今溝、すなわち中沢川の起源である。前掲用水系統図（図2）をみると、中沢川は鐘鋳堰から分流していることがわかるから、鐘鋳堰と同時か、あるいは鐘鋳堰の開削後に開かれたものと考えるのが自然であろう。この点については、先に触れたように、中沢川（今溝）は遅くとも平安末期までには開削されたと考えられるから[17]、鐘鋳堰は平安時代末期にはすでに存在していたと考えることができるのである。

　一方、鐘鋳堰は善光寺の東側で湯福川の下を越え、堀切沢と合流する地点での合流の仕方に特徴がある。すなわち、両者が出会う地点でただちにひとつの流れにならず、しばらく並行に流れたあとに合流し、松林幹線（松林都市下水路）を南下させている点である（写真3）。これはこの合流点以前（以西）の鐘鋳堰が開削される以前には、堀切沢が合流点以後（以東）の現鐘鋳堰の本流であり、

また松林幹線の本流でもあった可能性を示している。また宇木沢は、三輪幹線（三輪都市下水路）へと流れ込んでいることから、鐘鋳堰開削以前は、浅川の分流や浅川によって形成された扇状地の扇端からの湧水などによる灌漑であったと考えられる（図6参照）。

小穴芳実は三輪地区は当初は宇木沢、湯福川、堀切沢の沢水灌漑で、鐘鋳堰の開発は後になるとしているが[18]、鐘鋳堰と堀切沢、宇木沢などとの関係についてみると、おそらくは鐘鋳堰開削以前は堀切沢が現在の松林幹線へ、宇木沢が現在の三輪幹線へと流れ込んでいたものと推定できる。

写真3　堀切沢（右）と鐘鋳堰（左）の合流地点

なお、中沢川（中沢堰）・湯福川・堀切沢（松林幹線）・宇木沢（三輪幹線）がいずれも最終的に守田廼神社付近で合流していることから、「鐘鋳川・中沢川・湯福川・堀切沢と松林幹線の開削は、善光寺周辺の山間地からの沢水や押出しによる災害を最小限に抑えるとともに、これらの排水を集めて灌漑用水として再利用するための合理的な地域開発型の用水システムであった」[19]と考えられ、こうしたシステムは国衙などの公権力なくしてはできなかったものと考えられるのである。

(3) 表面条里のプラン2―地割と道

次に、地割と道（大畔、官道）に視点をすえてそのプランについてまとめてみる。

まず表面条里の基準線について考えてみる。条里遺構図（図3・4）をみると、北限が美和神社の東側から桐原神社の南の字牧野境付近に延びる東西の道であ

ることがわかる[20]。一方、東西の基準は、美和神社から南へ下りる線ではないかと思われる。このうち北限の道路は返目村の字村西と字山道の字界となっている。この道の四町南には、東西に通称「中道」と称される道が東西に通る。この中道の西には近世以前の善光寺の東門・本堂が位置し、一方中道の東は近世の布野の渡しへと続いている。この道に沿って、西和田には「大道北」「大道南」が、東和田には「大道北」「中道北」「中道南」の地名が残る。千曲川を隔てた対岸は高井郡で、須坂市塩川には「長者屋敷遺跡」が、また同市小河原には「左願寺廃寺遺跡」が存在する。これらからは古瓦が出土し、前者の長者屋敷遺跡付近は高井郡家の候補地として注目されており[21]、また後者からは善光寺境内出土瓦と同一の様式の古瓦が出土し、善光寺前身寺院ないし善光寺境内付近に存在した施設との密接な関係が想定されている[22]。こうしてみると、この「中道」は、高井郡から千曲川を渡って善光寺へと一直線につなぐ道であることが注目される。水内郡家の有力な候補地である長野市県町遺跡はこの中道のやや南に位置し、この道を通じて高井郡家と接続していた可能性がある。以上のことを勘案すると、この「中道」は条里プランにのった計画的道であることが想定できるのである。

　一方、この中道から小島付近で分かれて多古駅に比定される三才地籍へ条里プランに沿って北上するルートが想定できる。それはこの北上のルートに沿って、古里地区の字富竹には「山道東」「山道西」がルートの東西に位置するからである。「山道」地名については、近江・美濃・信濃で「山道」「仙道」「先道」「千道」「千堂」などが東山道ルート上に位置することが明らかにされており[23]、このルートが東山道のルートであった可能性を考えることができるのではないかと思われる。この場合、このルートが駅路そのものなのか、あるいは伝路と駅路が共通のルートをとっていたと考えるかということになるが、いずれにしろ、中道のルートは駅路と伝路が共有していたことになると思われる。そして、これを伝路として考えることができるとすれば、西端に位置する現善光寺山門（中世の善光寺本堂）ないしその付近に水内郡家（ないしその前身の評家）が存在した可能性も出てくるのである。また、善光寺前身寺院が水内郡の郡寺だとすれば、この伝路の設定は、水内評の評家ないしその付属寺院（白鳳寺院）を基準に設定したことになるのではないかと思われる。

(4) 表面条里と埋没水田および官道について

　以上述べてきたことは、いずれも地表面に残された条里的遺構からの推測である。地表面の条里的遺構の起源については、これを古代における条里的開発とただちに結びつけることには慎重でなければならないが、更埴条里遺跡・石川条里遺跡・川田条里遺跡などの善光寺平の埋没条里がいずれも8世紀後半から9世紀前半に施工されたとする考古学的所見[24]を念頭におくならば、三輪・尾張部地区を中心とした旧長野市街地の条里地割の施工もほぼ同様の時期と考えていいのではないかと思われる[25]。推定に推定を重ねることになるが、この地域の条里的開発にとって、八幡川・鐘鋳堰の開削（再開発）は不可欠の条件であるから、これらの用水体系の基本も8世紀末から9世紀初めには整備されていたものと考えるのが妥当であろう。以上のことから、鐘鋳堰・八幡川の用水路としての起源は8世紀末～9世紀初めと推定しておきたい。

3　発掘調査の所見から

　ここでは、発掘調査の成果のなかで、条里ないし官道に関わる点について触れておきたい。

(1) 浅川扇状地遺跡群と「中道」

　北陸新幹線建設に伴う発掘調査で、浅川扇状地遺跡群が調査された。この遺跡群の立地は、『長野県史』通史編1原始古代の「第3章第5節東山道」で「長野市内を通る東山道支道は、安茂里とこの田子を結ぶほぼ直線の道であったことが想定される。（中略）なお綿密な検証にまたなければならないが、おおよそのところ、いまの信越線の鉄道とほど遠くないところに、かつての東山道が直線状に通っていたと想像される」としているように、東山道と重なる可能性を考えるべきではないかと思われる。

　残念ながら発掘調査報告書[26]の所見にはこの点についての記述は見られない。しかし、先に検討したように、「中道」が東山道（支道）ないしは、水内郡家と高井郡家を結ぶ伝路である可能性があるとすれば、見いだされた遺構の中に、

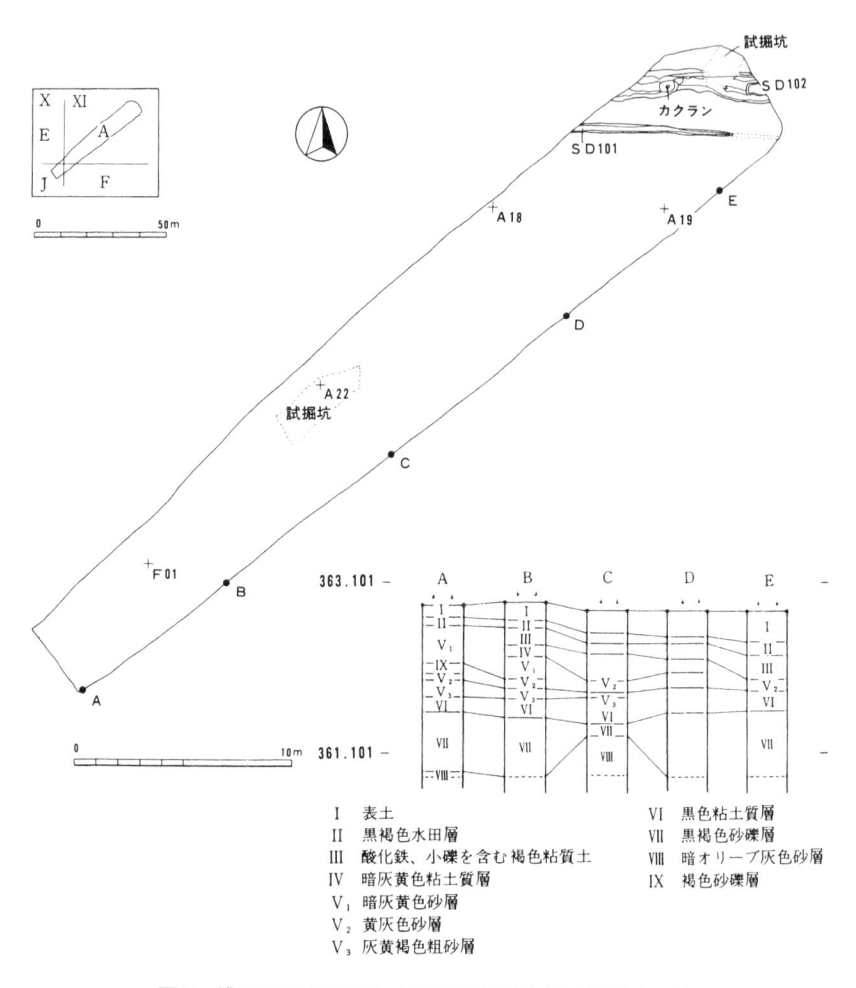

図5　浅川扇状地遺跡群　W7A区遺構図（註(9)報告書より）

　I　表土
　II　黒褐色水田層
　III　酸化鉄、小礫を含む褐色粘質土
　IV　暗灰黄色粘土質層
　V_1　暗灰黄色砂層
　V_2　黄灰色砂層
　V_3　灰黄褐色粗砂層
　VI　黒色粘土質層
　VII　黒褐色砂礫層
　VIII　暗オリーブ灰色砂層
　IX　褐色砂礫層

「道」の痕跡を探すこともあながち不当なことではないと考える。そこで、「中道」と北陸新幹線の建設予定ルートが交わる地点に関わる報告書の所見を見ると、「W7A区」の北東の端が「中道」のルート上に重なることがわかった。報告書の遺構図面（図5）には東西にSD101、SD102の2本の溝が記録されている。報告書には「幅6m、長さ41mにわたって調査されたが、溝2条が検出されたのみで、遺構は希薄であった。出土遺物も、2号溝（SD102）から

土師器20g、遺構外から土師器10gと僅少であり、人間活動の痕跡の少ない地点であることが確認された」と記述されいるが、溝の時代や所見は記されていない。ここで断定することは控えたいが、2号溝から土師器が見つかったことから考えて、古代に関わる溝と考えることも可能である[27]。詳細は今後の課題であるが、「中道」の起源が古代にまでさかのぼる可能性を示す遺構として指摘しておきたい。

(2) 石川条里遺跡・篠ノ井遺跡群と東山道

　善光寺平における、官道と遺構との関係を考えるとき、石川条里遺跡・篠ノ井遺跡群と東山道支道との関係についても触れておかなければならない。麻績駅から北上して善光寺平に下りた道は、千曲市八幡の更級郡家推定地付近を通り、長野市篠ノ井から川中島扇状地を抜けて犀川を渉り、旧長野市街地に入る。このルートを長野市篠ノ井石川地区で横切る形で建設されたのが長野自動車道である。

　これに関わる発掘調査報告書[28]をみると、東山道に関わる記述は見られない。前掲『長野県史』では、西の山際を通っていたと想定しているが、これだと石川条里遺跡の中に何らかの遺構が見られるはずである。また、篠ノ井遺跡群は自然堤防上に展開した集落を中心とする遺跡であるが、いずれかの遺跡とほぼ確実に交差するはずの東山道に関わる調査所見がないことは、遺構の検出に成功しなかったか[29]、あるいはこれらの遺跡の調査区の外に東山道が通っていたか、のいずれかである。そこで、留意すべきなのは、篠ノ井遺跡群の調査対象とならなかった旧善光寺街道（現在の主要地方道長野上田線）が東山道のルート上にある可能性である。これも、今後の検証が必要であるが、東山道支道は前掲『長野県史』が想定した山際のルートではなく、自然堤防上のルートであった可能性が高いのではないかと考えられる。

結びにかえて―善光寺平の開発の諸段階

　7世紀から8世紀頃の水田遺構や、更級郡家・水内郡家・高井郡家・埴科郡家などの官衙遺構などが考古学的に検出されていない現段階で、表記の問題を

46　古代における善光寺平の開発

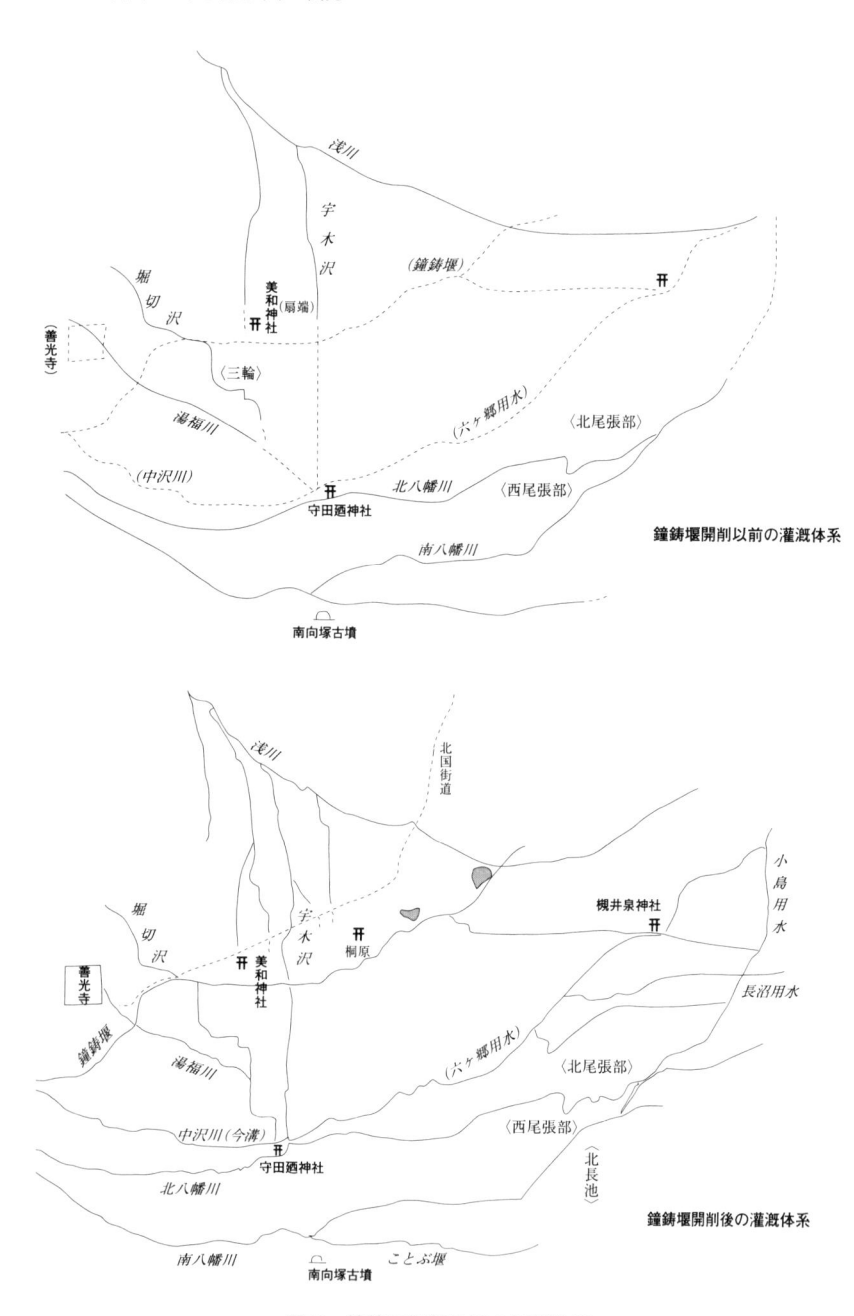

図6　鐘鋳堰開削前後の灌漑体系

詳しくかつ正確に論ずることはできないが、以上述べてきたことをふまえながら古代の善光寺平の開発過程について推定を含めてまとめてみよう。

　長野自動車道・上信越自動車道や北陸新幹線の建設に伴う発掘調査の結果、善光寺平において条里的区画による耕地開発が行われたのは、8世紀末から9世紀初めの頃であることが判明した。この点から推測すると、旧長野市街地において条里地割が施行されたのもほぼ同じ時期と考えるのが妥当ではないかと思われる。全国的に見れば、東山道などの官道は7世紀末頃までにはすでに開削されていることがわかっており[30]、国・評・里の地方行政組織が整備されるのも7世紀後半の天武・持統朝であることが判明している。そうした点からみれば、地域計画としての条里プランも遅くとも8世紀前半までには成立していたと考えることができる。この点で、川田条里遺跡で奈良時代の層位において、古墳時代の小区画の水田区画と条里的区画が併存していたことが指摘されていることは興味深い[31]。このことは、奈良時代には条里プランが存在し、その一部が実際に条里区画として施工されていた可能性があることを示しているからである。

　7世紀後半から末にかけて、地方行政組織が整備され、畿内を中心とする七道制が施行されたが、この時期の善光寺平の行政組織の具体的な姿についてはほとんど不明である。ただ、屋代木簡の検討から、埴科郡と更科郡が一体的な関係にあり、埴科郡屋代郷（千曲市屋代・雨宮付近）周辺に埴科郡家とともに軍団やさらには初期の科野国府ないし国府関連機関が置かれた可能性が指摘されていることは[32]、今後の研究の足がかりを提供している。仮に、7世紀末から8世紀初頭前後に屋代遺跡群周辺に科野国の国府ないしその関連機関が置かれたものとすると、当初の東山道・東山道支道のルートはそうした官衙配置と無関係に設定されていたとは考えられないのである。

　東山道支道は『延喜式』によれば、麻績駅（東筑摩郡麻績村）から千曲市八幡付近に想定される更科郡家付近を経て、長野市篠ノ井から川中島扇状地を通り、犀川を渡って善光寺付近を通り、田子駅へと抜けるルートである。このうち、善光寺付近から田子駅までのルートについては、善光寺から東へ延びる「中道」ルートが東山道支道ないし高井郡への伝路であった可能性を指摘したが、長野市街地を南西から北東へと抜ける旧善光寺街道ないしそれに沿ったルートが東

山道支道のルートを踏襲している可能性も否定できないのである[33]。

　一方、埴科郡に国府ないしその関連施設があったと仮定した場合、千曲川右岸を通り屋代遺跡群周辺の地から千曲川を渡って長野市篠ノ井付近へ至るルートも考慮する必要がある[34]。

　ところで、水内郡とりわけ芋井郷の地には水内郡家が存在し、それに付随する寺院（郡寺）も存在したものと考えられている。本稿では、中世の善光寺境内（現在の仁王門）から東へ一直線に延びる「中道」が条里区画に乗る道であることから、これが条里の基準線の一つであり、また中世以前の善光寺の建築プランとも密接に関わった基準線であった可能性を指摘した。この基準線が中世からさらに古代にまでさかのぼりうるとするならば、その発端は7世紀後半頃までには開削されたであろう官道か、あるいは8世紀半ば頃までには成立したであろう「条里プラン」にまでさかのぼりうることになる。善光寺平で条里区画の本格的施行が8世紀末から9世紀にかけての時期であったとすると、旧長野市街地の条里的開発もほぼその時期のものとみることができると思われる。したがって、鐘鋳堰の開削や八幡川の用水路としての再開発も、その原形はほぼ同時期のものと考えることができるのである[補註2]。

付記

　本稿は、1998年3月12日に行われた第4回研究会（歴博共同研究「日本歴史における災害と開発Ⅰ」）での報告をもとに加筆したものである。また内容は『長野市誌』編纂に伴う調査に多くを負っている。長野市誌専門部会原始古代中世部会長井原今朝男氏、条里調査を分担した田島公氏には特に種々ご教示いただいた。記して感謝申し上げたい。

註

(1) 善光寺平は、正式には長野盆地であるが、本稿では慣例に従ってこの呼称を用いることにしたい。

(2) 『長野市誌』第二巻　歴史編　原始・古代・中世（長野市　2000年）の「第三章　律令制下の北信濃　第一節三項北信濃の交通　第四節二項善光寺平の条里」において、善光寺平（長野盆地）における近年の発掘調査の成果をもふまえ、古代における開発という問題を、条里と官道という視点から叙述した。本稿では、この

点について、市誌本体ではふれられなかった問題も含めながら改めて検討するが、
　　叙述が一部重複することをお断りしておきたい。
⑶　本稿で「旧長野市街地」と称するのは、1966 年に犀川以南の旧篠ノ井市や千曲川
　　以東の旧松代町と合併する以前の、犀川以北・千曲川以西の市街地のことを指す。
⑷　『中央自動車道長野線埋蔵文化財発掘調査報告書 15　長野市内その 3　石川条里
　　遺跡』（(財)長野県埋蔵文化財センターほか　1997 年）、『上信越自動車道埋蔵文
　　化財発掘調査報告書 10　長野市内その 8　川田条里遺跡』（長野県埋蔵文化財セ
　　ンターほか　2000 年）、『上信越自動車道埋蔵文化財発掘調査報告書 28　更埴市
　　内その 7　更埴条里遺跡・屋代遺跡群』（長野県埋蔵文化財センターほか　2000
　　年）。
⑸　小穴芳実「善光寺平の条里瞥見」（『地域史研究法』信毎書籍　1992 年）、小出章「善
　　光寺平の条里遺構」（「文化財信濃」18 巻 4 号　1992 年）
⑹　『長野県上高井誌　歴史編』（上高井教育会　1962 年）。
⑺　前掲註⑷『上信越自動車道埋蔵文化財発掘調査報告書 10　長野市内その 8　川田
　　条里遺跡』。
⑻　註⑸前掲論文。
⑼　『北陸新幹線埋蔵文化財発掘調査報告書 5　長野市内その 2　浅川扇状地遺跡群・
　　三才遺跡』（長野県埋蔵文化財センター　1998 年）
⑽　『豊野町の歴史』（豊野町誌 2　豊野町　1999 年）
⑾　室町・戦国時代に千曲川・浅川の氾濫によって 10 ヶ郷ほどの郷や村が消滅したこ
　　とについては、『長野県土地改良史』第 1 巻歴史編（長野県土地改良組合連合会
　　1999 年。第一章第三節中世村落の形成と稲作の展開〔井原今朝男氏執筆〕）参照。
⑿　註⑾参照。
⒀　『長野県史』通史編原始古代 1（長野県史刊行会　1989 年）
⒁　条里復原のための調査については、拙稿「長野市域における条里的遺構の調査⑴
　　―古代水内郡芋井・尾張郷における条里地割の存在と用水体系―」（『市誌研究
　　ながの』8 号）を参照。
⒂　宝月圭吾「信濃国今溝庄の新史料」（『信濃』15 巻 10 号　1963 年）、前掲註⑸小
　　穴論文、『長野史誌』第 2 巻歴史編第 2 編第 1 章第 3 節（井原今朝男執筆）など
　　を参照。
⒃　前掲註⑾井原論文。
⒄　註⒂参照。
⒅　前掲註⑸小穴論文。
⒆　註⑾前掲書、76 ページ
⒇　ただし、美和神社以北で浅川以南の扇状地にも部分的に条里的地割が残る。この
　　地割が何を基準に施工されたのかについては保留したい。
㉑　原田和彦「千曲川流域における古代寺院―研究の前提として―」（『長野市立博物
　　館紀要』第 2 号　1994 年）。

⑵⑵『長野県上高井誌』（上高井教育会　1962 年）
⑵⑶黒坂周平『東山道の実証的研究』（吉川弘文館　1992 年）
⑵⑷註⑷前掲報告書。
⑵⑸現在まで、旧長野市街地における埋没水田の発掘調査は、後述する浅川扇状地遺跡群の古墳時代水田跡の検出以外はその成果を聞かない。今後の調査で奈良・平安期以降の水田跡の検出が期待される。ここでは、推論によるところが大きいが一応本文のような仮説を示しておきたい。
⑵⑹註⑼前掲書。
⑵⑺W7A 区は、その調査区北端で「中道」のルートと重なる位置にある。仮にこれらの溝が「中道」に関わる溝であるとすると、道の本体は調査区の北側にあるものと考えられる。なお、報告書掲載の図版も参照して溝のようすをみると、深く掘り込んだようすはなく、しかも途切れている。溝の用途を排水のためと考えるなら、用をなさないことになるが、道路を道路として区画する意味を持っていたという早川泉「武蔵路の素顔―遺構はなにをおしえてくれるか―」（「多摩のあゆみ」88号　1997 年）の指摘を参考にするなら、なおこの溝と「中道」、さらには古代の官道との関わりを考える余地は残ると思う。
⑵⑻註⑷前掲報告書、『中央自動車道長野線埋蔵文化財発掘調査報告書16　長野市内その4　篠ノ井遺跡群』（㈶長野県埋蔵文化財センターほか　1997 年）
⑵⑼遺構図の中に南西から北東方向（自然堤防に沿った方向）の溝が何本か走っている。これらは調査所見では、集落内を区画する溝とされており、道の溝と判断することは難しいと思われる。
⑶⓪中村太一『日本古代国家と計画道路』（吉川弘文館　1996 年）、同『日本の古代道路を探す―律令国家のアウトバーン―』（平凡社新書　2000 年）。中村氏は、「古代計画道路」の時期について、7 世紀初めから 10 世紀代を 6 期に分けている。
⑶①註⑺前掲報告書。
⑶②『上信越自動車道埋蔵文化財発掘調査報告書23　更埴市内その2　長野県屋代遺跡群出土木簡』（㈶長野県埋蔵文化財センター　1996 年）
⑶③ただし、旧善光寺街道のルート以外に、旧長野市街地を南西から東北へ条里遺構を斜めに横切る形で官道が通過していた痕跡は、地割・地名ともに見いだせない。
⑶④間室江利子「古代信濃北部の駅路について」（『古代交通研究』8 号　1998 年）

補記

本稿は、拙稿「古代における善光寺平の開発について」（『国立歴史民俗博物館研究報告』第 96 集　平成 14 年 3 月）を、本書編者の求めに応じて、ほぼそのまま再録したものである。再録に当たって市町村合併に伴う地名表記を一部改め、その後の研究について補注を付した（2007 年 8 月 4 日）。

補註

(補註 1)　本稿発表後、川中島平の古代の開発について重要な研究の進展があった。鳥羽英継「南宮遺跡に発見された古代の神社―10世紀における神社遺構の抽出と分析―」(『長野県考古学会誌』109号)、同「古代における川中島扇状地の開発―長野市南宮遺跡発見のほぼ一町単位の空白帯を手がかりにして―」(『長野県考古学会誌』114号)である。いずれの論考も、大規模な古代集落遺跡である長野市南宮遺跡を素材にしたものであるが、特に後者では、古代の開発対象地としては検討されてこなかった川中島平に条里地割施行があったとする見解を示しており、川中島平の開発については再検討が必要となったと考えられる。

(補註 2)　田島公「東人の荷前」(「東国の調」)と「科野屯倉」―十巻本『伊呂波字類抄』所引「善光寺古縁起」の再検討を通して―(吉村武彦編『律令制国家と古代社会』(塙書房　2005年5月))は、表記の史料の再検討を通じて「水内屯倉」の存在を主張し、さらに鐘鋳堰の原形の開鑿がこの水内屯倉の設置によるものではないかと推測するが、重要な指摘であり、今後の検討課題である。

　また、2006年3月に善光寺門前(長野市大門町)の店舗建設に伴う発掘調査で、古墳時代から近代にいたる遺構が検出された。特に鎌倉期(13世紀後半)と推定される東西の区画溝の存在は注目される(『長野市の埋蔵文化財第115集　長野遺跡群善光寺門前町跡』2006年12月)。さらに、2007年4月、善光寺大本願の建て替えに伴う発掘調査で、古代の瓦が出土した。善光寺境内での正式発掘は初めてのことであり、正式報告を待ちたい。

屋代遺跡群の官衙風建物群

宮島　義和

はじめに―天智4年の木簡が語るもの

　更埴市（現千曲市）屋代遺跡群⑥区で出土した46号木簡（図1）には「乙丑年十二月十日」の干支による年代表記があり、西暦665（天智4年）に発給された木簡である可能性があるとされ、地方出土の最古の木簡であることから一大報道がなされた。ここで「可能性」という言葉を使うのは、46号木簡が上端から紀年を干支で記すという、7世紀の木簡の条件をそろえているが、出土遺構がSD7030という8世紀前半（屋代遺跡群土器編年古代2期）の湧水溝[(1)]であるという、考古学上の出土層位の観点においてマイナス面を持つからである。しかし、46号木簡が出土したのは湧水溝の最下層の湧水坑[(2)]の埋土中からであり、後述するように、湧水坑は祭祀終了後に埋め戻されているため、その埋め戻し土にはいろいろな遺物が混在する点に注目しなくてはならない。中には磨耗した縄文土器まで含まれている場合があり、埋め戻した土の中にその遺構の時期より古いものが混在していることは不思議なことではない。さらに13号木簡（図1）は「戊戌（698）年八月二十日」の紀年を持ち、出土遺構（SD7035）という湧水坑の層位と伴出した須恵器の年代観からみても7世紀に発給された木簡であることは確実である。この13号木簡より下層で出土した木簡は12点あり、7世紀後半の屋代遺跡群は木簡の発給開始という大きな画期を迎えていたことが窺える。以上のことから本稿では46号木簡も7世紀後半のものとして扱うことにしたい。この時期（7世紀第Ⅲ四半期）は、集落遺構、祭祀遺構における画期と一致し、木簡の年代と遺跡のあり方が有機的に関連しあっており、鐘江宏之氏はここから郡家の前身としての評家の活動を考えることができると指摘している［鐘江2002］。木簡の紀年銘では西暦665年が上限になるが1号、2号木簡（図1）が屋代遺跡群⑥区の古代最古の東西流路（図2・3で出土土器を示した）から出土しており、ほぼ同じ層で古墳時代特有の須恵器杯身（図2-SD8041 4層(18)）が出土しており、将来の解読によっては西暦665年よりさかのぼる木簡である可能性がありえる。筆者は本稿において、まず、前述の鐘江氏の指摘に基づいて、屋代遺跡群の中に評家（評衙）の遺構とその活動の可能性を探っていきたいと思う。

56 屋代遺跡群の官衙風建物群

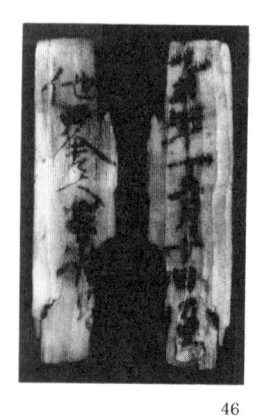

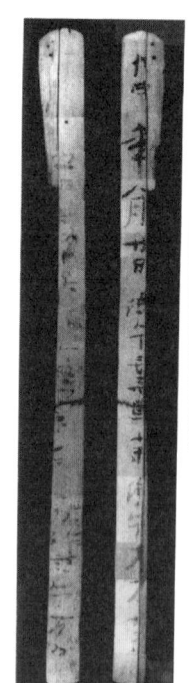

図1 屋代遺跡群出土の7世紀の木簡と国符木簡

はじめに 57

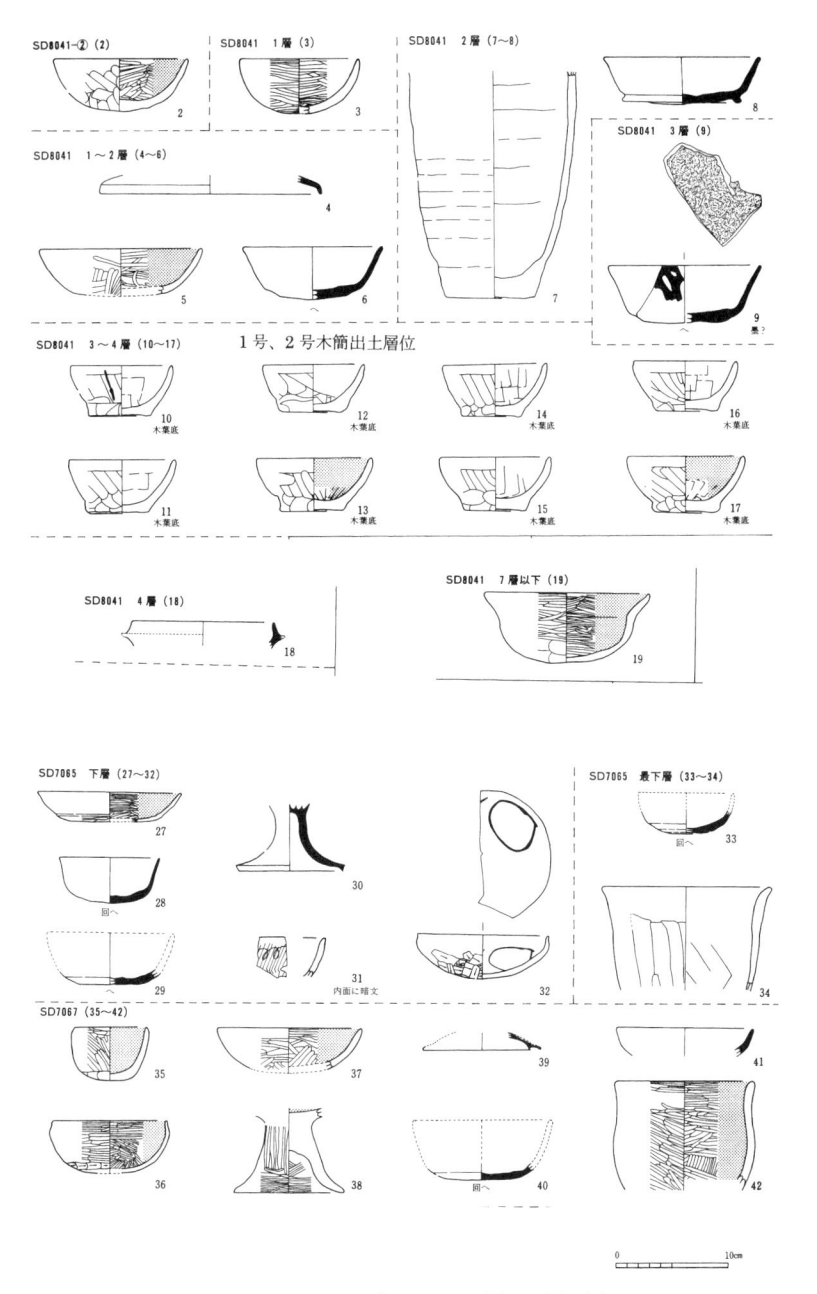

図2 屋代遺跡群⑥区出土7世紀の土器(1)

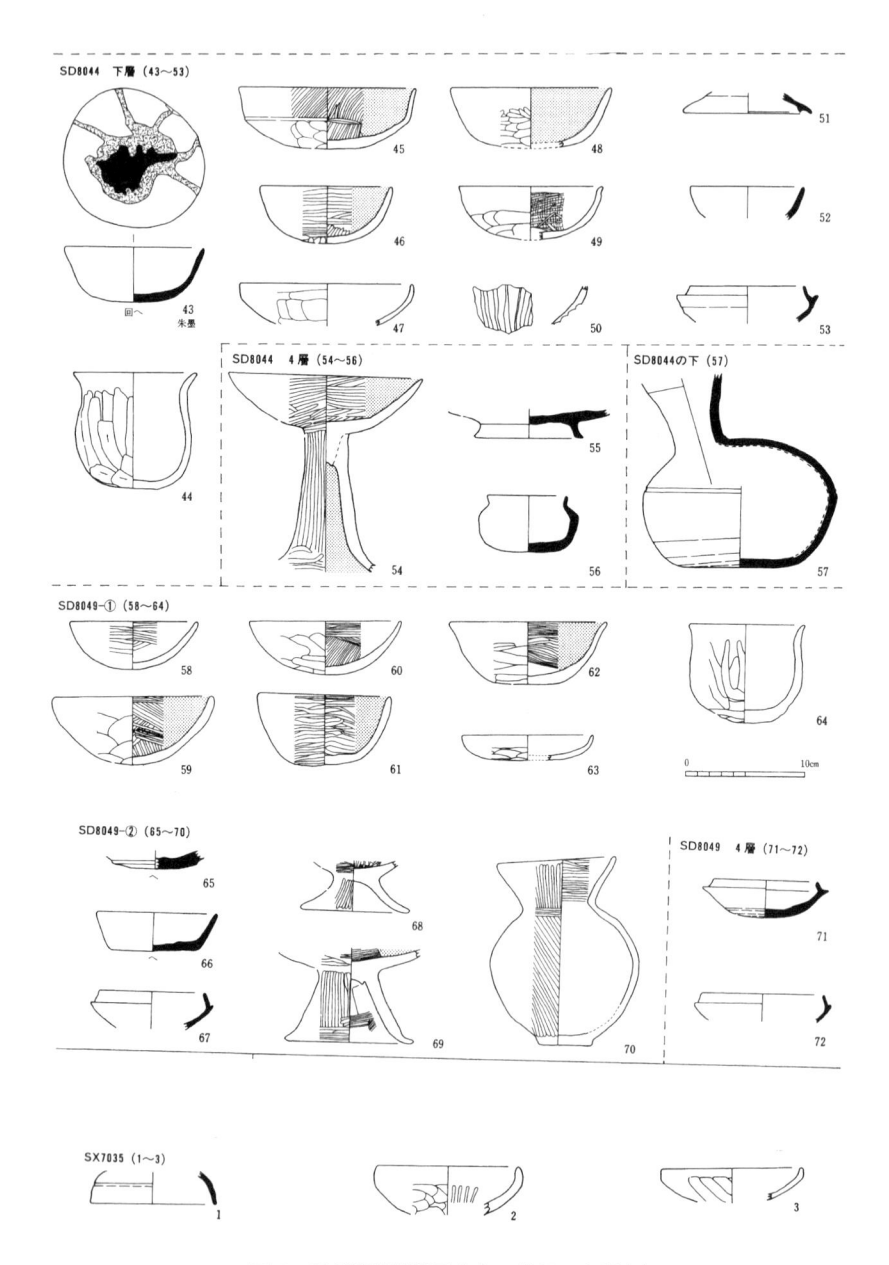

図3　屋代遺跡群⑥区出土7世紀の土器(2)

1 評制の理解

評制に関しては吉田晶氏によって戦後の研究が集成されている［吉田 1973］。また、山中敏史氏は評制の成立時期について文献史料に基づいた研究を要約し次のようにまとめている［山中 1994］。

1. 孝徳朝期における全面的な立評を全面的に認め、以後の建評は評の再分割によるものとする説。
2. 孝徳朝期の立評は部分的なものであり、その後徐々に立評されたとする説

評制の全国的な成立時期については、①天智朝説、②天武朝説、③飛鳥浄御原令施行期説の3説にわけられる。

なお、山中氏は大宝令制定以前の評制下の官衙施設を評衙、郡制下の官衙施設を郡衙と呼ぶ。さらに評について、7世紀第Ⅲ四半期またはそれ以前にさかのぼる可能性が指摘されているものを初期評と呼び、8世紀の郡衙に受け継がれる7世紀末の評と分けて考えており、前者を初期評衙、後者を評衙と仮称していた。しかし、後の論考［山中 2001］において、評や評衙を3段階に区分した。第1段階は7世紀前半までの時期（孝徳立評に先行する時期）で、端緒評、端緒的評衙と呼び、第2段階はおよそ7世紀第Ⅲ四半期（孝徳朝から天武朝前半頃の時期）で、前期評、前期評衙と呼び、第3段階はおよそ7世紀第Ⅳ四半期（天武朝後半頃から文武朝期）で、後期評、後期評衙と呼ぶ。

2 郡衙（評衙）遺跡の初現時期と4つの画期

山中氏は表1によって郡衙遺跡における官衙施設の初現時期を7世紀末から8世紀初め頃に集中するという傾向を指摘している。そして、『古代地方官衙遺跡の研究』では郡衙成立についての3つの画期をあげていたが、新たな段階設定に従って筆者は以下のように4つの画期を設定してみた。

第1の画期…7世紀前半代にさかのぼる大型掘立柱建物群を国造の居館もしくは関連建物や、端緒的評衙あるいはミヤケの施設と捉える。

表1 主な評衙・郡衙遺跡の存続期間

郡衙遺跡名	国名郡名	AD.700　　800　　900　　1000	備　考	近接寺院
東　　　山	陸奥賀美			
赤　井	牡鹿			菜切谷廃寺
名　生　館	玉造			伏見廃寺
仙 台 郡 山	名取		他所に移転か	郡山廃寺
角 田 郡 山	伊具			○
一　里　塚	黒川			
三十三間堂	亘理			
郡　山　台	安達		906年建郡	郡山台廃寺
清　水　台	安積			
関　和　久	白河			借宿廃寺
郡 山 五 番	標葉			○
泉 (泉廃寺)	行方			○
根　　岸	磐城		653年立評	夏井廃寺
郡	菊多		718年建郡	
大浦遺跡群	出羽置賜		先後に移転か	
古　　　郡	常陸新治		817年正倉火災	新治廃寺
平　　　沢	筑波			中台廃寺
神　　　野	鹿島		他所から移転	
梅　　　曽	下野那須			浄法寺廃寺
堂　法　田	芳賀			大内廃寺
中　　　村	芳賀		塔法田から移転	
国　　　府	野		?	
西　　　畑Ⅰ	上総海上			
大　畑　Ⅰ	下総埴生			竜角寺
日　中　秀	相馬			
中　　　宿	武蔵榛沢			
御　殿　前	豊島			○
長　者　原	都筑			○
今 小 路 西	相模鎌倉			○
恒　　　川	信濃伊那			○
郡	駿河益頭			○
御 子 ケ 谷	志太		益頭郡を分割?	○
城山・伊場	遠江敷智			○
市　　　道	三河渥美			
弥　勒　寺	美濃武義			弥勒寺
東　　　岡	近江栗太			
正　　　道	山城久世			久世廃寺
円　　　明	河内安宿			円明廃寺
郡 家 川 西	摂津嶋上			芥川廃寺
吉　田　南	播磨明石			
万　代　寺	因幡八上			土師百井
上原遺跡群	気多			寺内廃寺
後　　　谷	出雲出雲			
大　高　野	伯耆八橋			斉尾廃寺
高　　　本	美作英田			江見廃寺
勝間田・平	勝田			
宮　　　尾	久米			久米廃寺
小　　　殿	備中英賀			英賀廃寺
下　本　谷	備後三次			
久 米 高 畑	伊予久米			来住廃寺
小　　　郡	筑後御原		下高橋に移転?	井上廃寺
下高橋官衙	御原		小郡から移転?	
大ノ瀬下大坪	豊前上毛			垂水廃寺
長 者 屋 敷	下毛			
立　願　寺	肥後玉名			塔の尾廃寺
神　　　水	託麻			水前寺廃寺

破線は存在が不確定な期間。波線は評衙・郡衙とは異質な性格と考えられる期間。

第2の画期…7世紀第Ⅲ四半期の前期評衙の成立。この前期評衙には、物資の徴収・収納の機能を果たしたとみられるもの、軍事的機能を果たしたとみられるもの、駅や津など交通の拠点としての機能を帯びたもの、など多様なものがあった。しかし、前期評衙がそのまま後期評・郡段階へと存続していった例は現段階では数少ない。多くの前期評では拠点施設が豪族の居宅や族制的な職務執行機関の施設とあまり分化しておらず、官衙として独立した景観を示していない状態であった。

この画期が屋代遺跡群の7世紀後半の状況を考える上で非常に重要になる。

第3の画期…7世紀第Ⅳ四半期の後期評衙の成立。郡衙として継承されているものが多く、官衙施設の構成も基本的には郡衙と変わらない傾向にある。こうした後期評衙のあり方からみて、後期評段階は令制郡と基本的に同質の地方行政単位が全国的に成立していく画期であった。

第4の画期…8世紀第Ⅰ四半期には郡衙が全面的に成立する。郡制施行以後は評衙段階に比較して、官衙施設としての整備・拡充された姿を示しているとする。

なお、現在のところ屋代遺跡群の発掘調査ではこの郡衙の施設に相当すると思われる遺構は確認されていない。

3　官衙風建物群の出現と各氏の見解

図4にみられるように、屋代遺跡群の古墳時代（7世紀初頭まで）の集落は常に自然堤防の最高位にあたる⑤区に集中しており、それより南には建物が存在していなかった［水沢教子1998］。それは古代0期から1期前半前葉まで続くが、古代1期前半後葉（7世紀第Ⅲ四半期）に至って初めて無遺構地帯であった④区にSB4217進出し（図5）、その直後（廃絶後）、ST4201を中心とした掘立柱建物群が造営される。この建物群は建て替えを繰り返しながら古代2期（8世紀前半）まで存続する。この建物群に対応すると考えられる掘立柱建物が土口バイパス区間でも検出されており、発掘された範囲で東西100mに及ぶ建物群であったことがわかる（図6）。この建物群の中枢部（古代1期前半～2期）を示したのが図7である。特に、主屋になると思われるST4201は南北2面の庇

62　屋代遺跡群の官衙風建物群

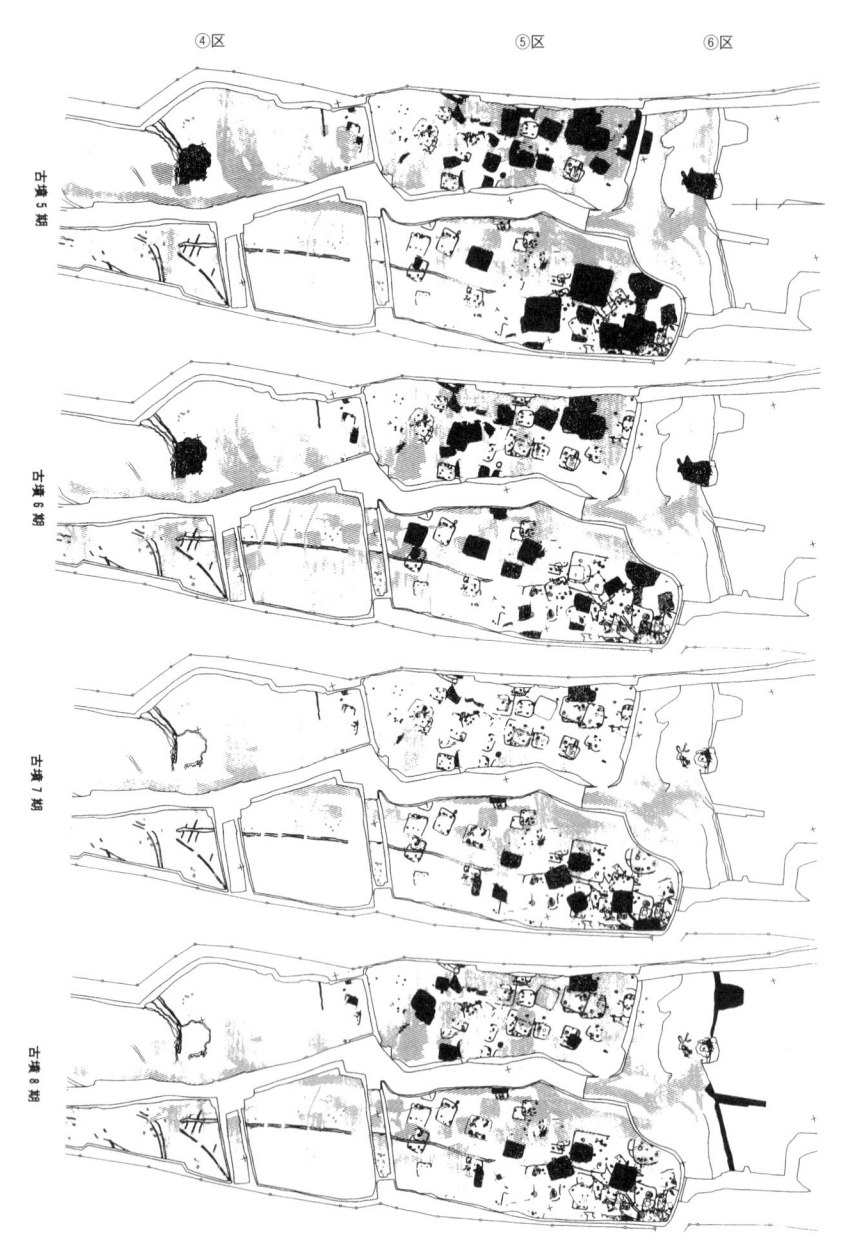

④区　　　　　　　　⑤区　　　　　　⑥区

古墳5期

古墳6期

古墳7期

古墳8期

図4　屋代遺跡群　古墳時代の集落の変遷（S = 1/1800）

3 官衙風建物群の出現と各氏の見解 63

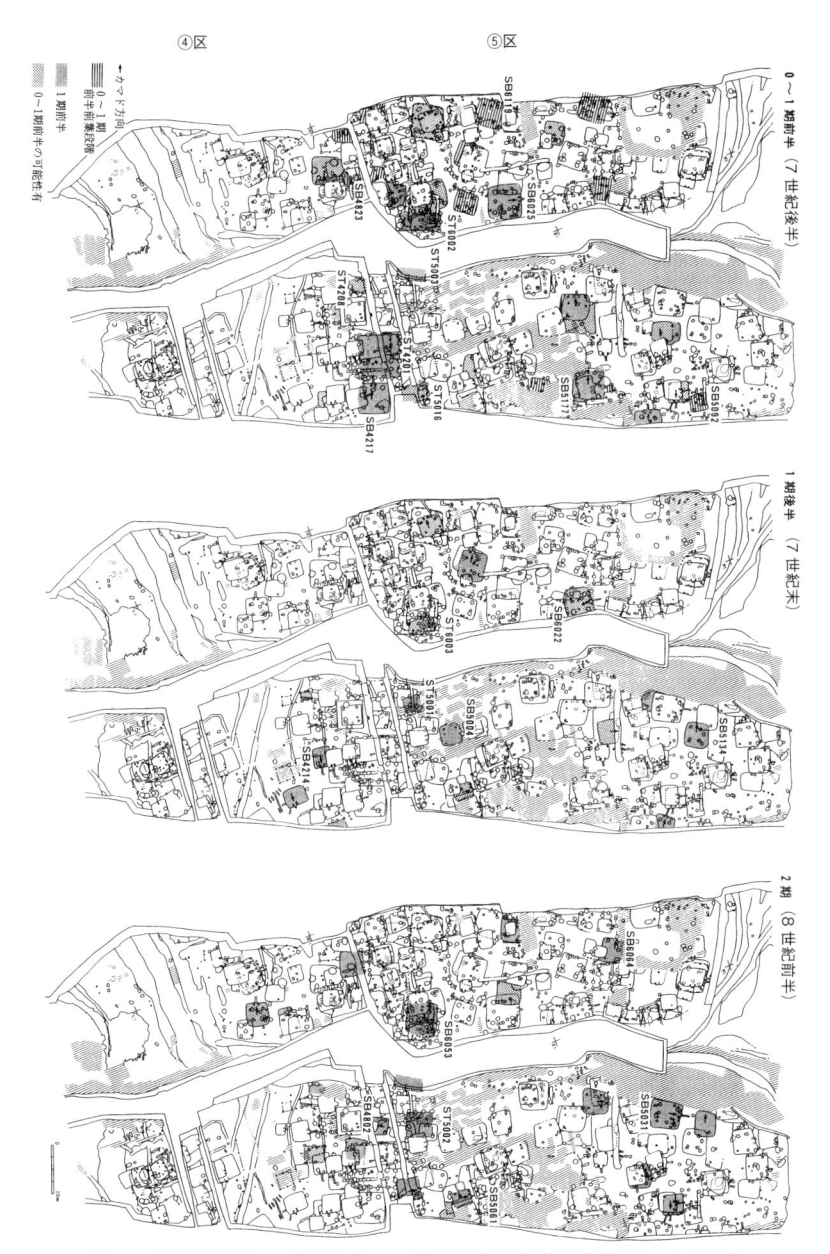

図5 屋代遺跡群 7世紀後半〜8世紀前半の集落の変遷（S = 1/1400）

64　屋代遺跡群の官衙風建物群

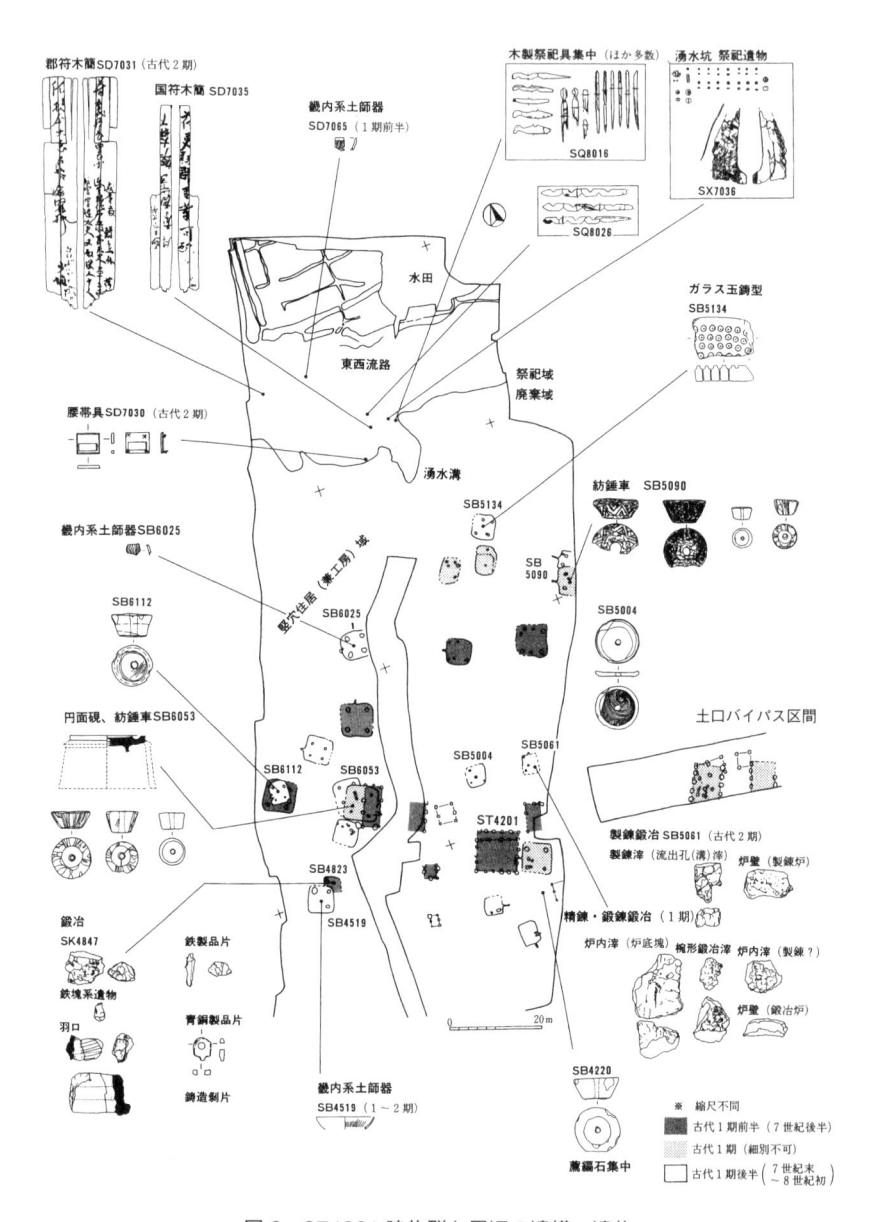

図6　ST4201建物群と周辺の遺構・遺物

3 官衙風建物群の出現と各氏の見解　65

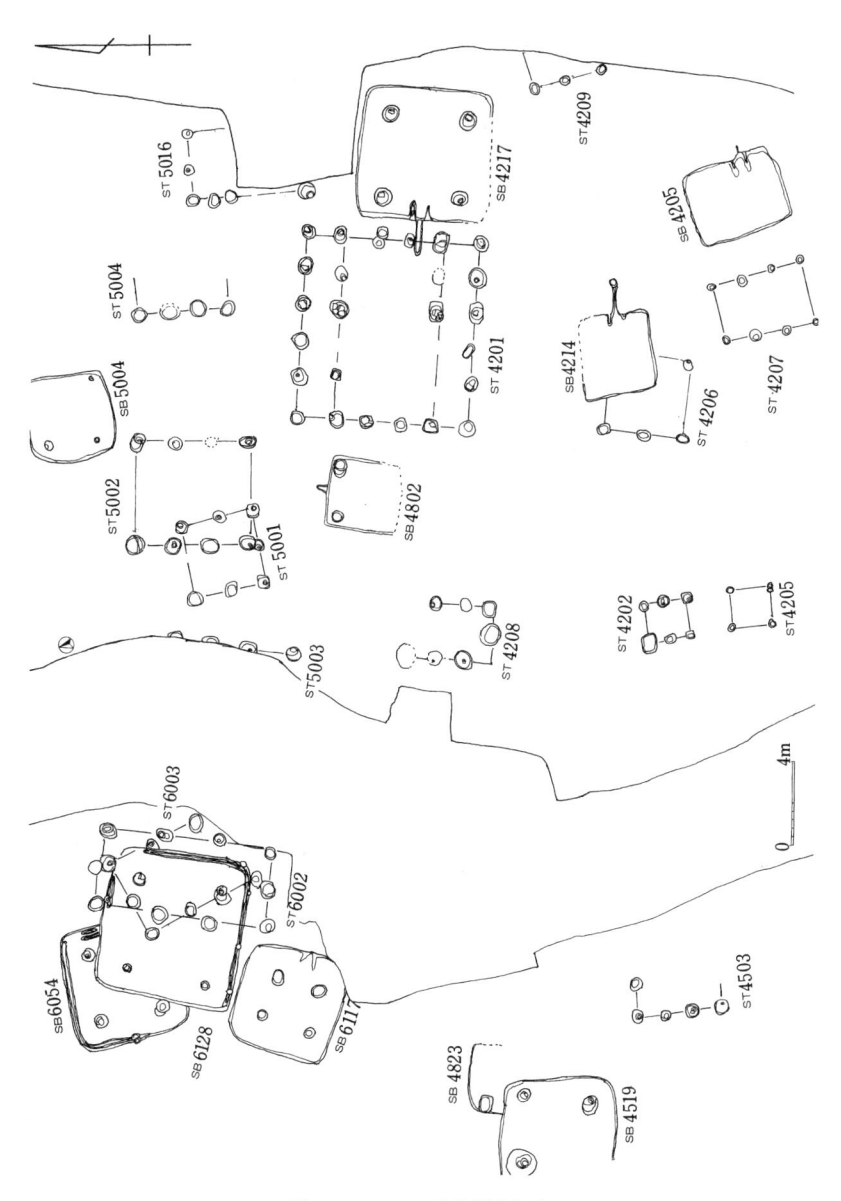

図7　ST4201建物群中枢部

を含めて5間×5間（74.6㎡）の規模を有する。柱は、柱穴の掘方が最大で100×64cm、柱痕径18～24cmで、柱を受ける礎盤石をもつ大型の建造物である。

　それではこの建物群をどのように理解するか、主な三氏の見解を紹介したい。

　寺内隆夫氏［1999］　報告をまとめた寺内氏の見解では、中心となる東西棟（ST4201）と隣接する南北棟は官衙的な配置と考えることができるとしながらも、中心棟の西側に倉庫が隣接している点、1期後半（7世紀末）から2期（8世紀前半）には掘立柱建物に混じって竪穴住居が存在する点、敷地内に工房と思われる竪穴建物を取り込んでいる点（図6）などは、官衙と言い切れない要素とし、公的な性格よりも首長層の居宅としての側面が強く窺えるとしている。

　木下正史氏［1997］　木下氏は評衙成立の様相を明らかにする上で重要な遺跡として、長野県屋代遺跡群、東京都豊島郡（評）衙跡（御殿前遺跡）、仙台市郡山遺跡をあげ、屋代遺跡群について、国符木簡、郡符木簡、木製祭祀具や立派な掘立柱建物群などの発見によって信濃国埴科評衙と推定される施設を含む遺跡であるとし、「乙丑」年木簡の出土から官衙の期限はここまで遡るとしている。なお、屋代遺跡群、藤原宮、長屋王邸出土木簡から、この地はもと「科野評」であったものが、大宝律令以降、埴科郡と更級郡に分割されたと推定している。

　佐藤信之氏［1997］　佐藤氏は、屋代木簡の出土は小県以前の初期国府が屋代遺跡群周辺に存在している可能性があることを示しているとし、雨宮廃寺（屋代寺）などもそれを裏付けているとしている。また、上信越自動車道と国道バイパス部分の調査では、官衙を囲む溝・柵木といった外郭施設は検出されていないが、このことは屋代遺跡群が位置する自然堤防が幅100m前後と狭いことから、関係する施設を分散して設けたためであり、外郭施設は存在しなかった可能性があると述べている。この外郭施設の有無については山中敏史氏もシナノノクニフォーラムにおいて、地方官衙には溝や塀といった外郭施設を伴わない例があると述べている［山中1996］。

　筆者は以上の各氏の見解を受け、また山中敏史氏の研究を踏まえて、屋代遺跡群のST4201を主屋とした建物群を、竪穴建物も含めて前期評衙の施設と考えたい。しかし前期評衙には、後期評衙、郡衙と共通する建物構成が定まっ

ていないと考えられるので、山中氏が指摘する前期評衙の遺構とそれに対する見解をみていくこととする。

4　前期評衙の類例

郡山遺跡（宮城県仙台市　図8）　図8は郡山遺跡の84・85次の発掘調査報告である［仙台市教育委員会 1990］。郡山遺跡は方四町Ⅱ期官衙域と郡山廃寺に分かれているが、84・85次調査は両者の域外に当たる部分で行われた。その結果、第84次調査では掘立柱建物一棟、竪穴住居三軒、第85次調査A区では掘立柱建物一棟、同B地区では掘立柱建物三棟が検出されている。この内四面庇を持つSB1277は真北方向を基準とし、方四町Ⅱ期官衙、郡山廃寺と密接な関連があり、同時性を考えることができるとしているが、他の四棟の建物は真北から30度東に偏向する方向性を示すⅠ期官衙に伴う可能性のあるものとしている。Ⅰ期官衙に該当する遺構は図にみられるような掘立側柱建物、竪穴住居のほかに総柱式高床倉庫で構成されており、これらには3〜4期の変遷がみられるとしている。Ⅱ期官衙はⅠ期官衙を取り壊して造営されており、材木列や溝を巡らした方四町の敷地内に政庁などの殿舎が配置されており、四町域外にもSB1277のように官衙施設とみられる大型掘立柱建物が存在している。Ⅱ期官衙の下限は8世紀初頭とされている。

山中氏はⅠ期官衙を初期評衙（前期評衙）の一例と捉え、Ⅰ期の官衙施設は、竪穴住居の比率が高く、頻繁に建て替えられている点に注目し、まだ軍事機能が中心で、行政拠点として安定した構造を維持しえない段階にあったとしている。郡山遺跡は発掘が何次にも渡っており、山中氏の見解はそれら全てを加味してのことと断っておきたい。

久米官衙遺跡群（愛媛県松山市　図9）　この遺跡に関しては山中氏の「評制の成立過程と領域区分」における資料が最も詳しく、前期評衙を示すものとしている。

遺跡はA〜Dの四地区に別れ（図9-1）、掘立柱塀や溝などで囲んだ方形区画が計画的に配置されていることが分かる。この遺跡群の北西部からは「久米評」と刻書された7世紀第Ⅲ四半期の須恵器壺が出土している。図9-2はA

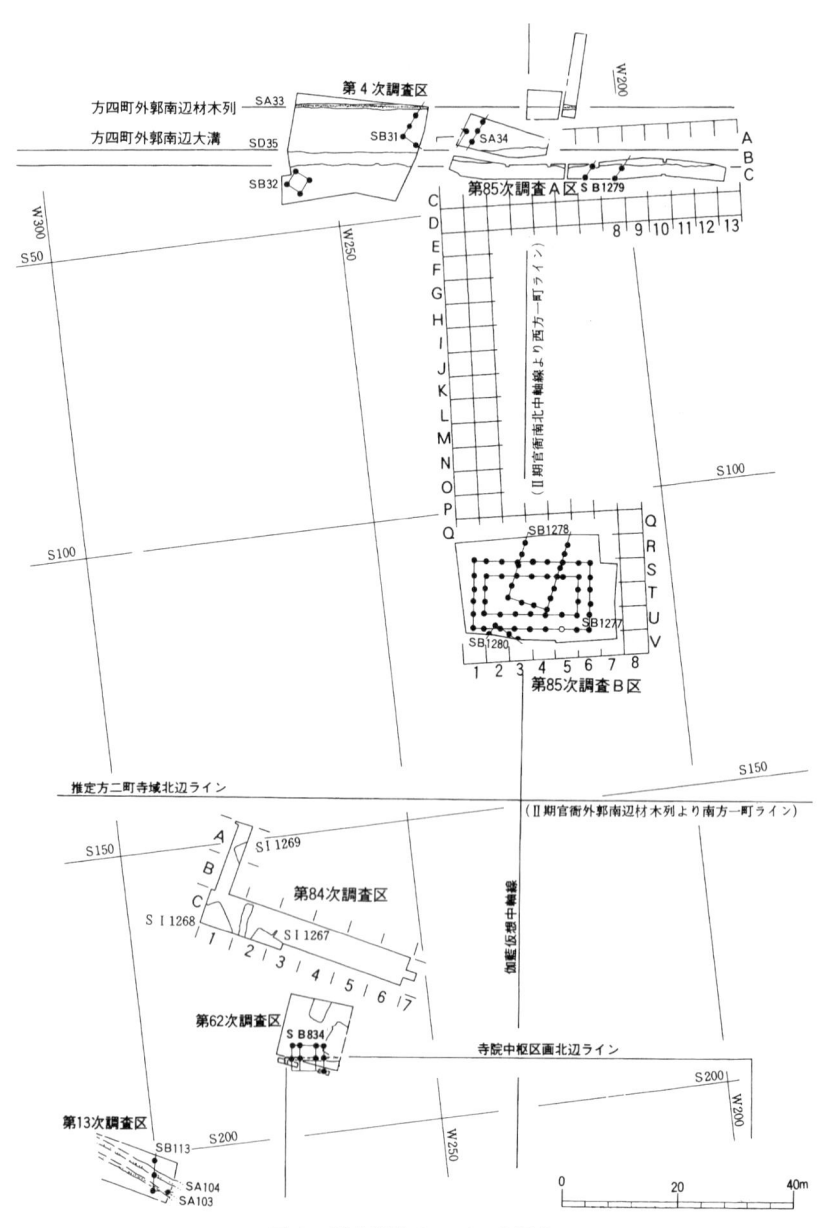

図8　郡山遺跡84・85次調査

4 前期評衙の類例 69

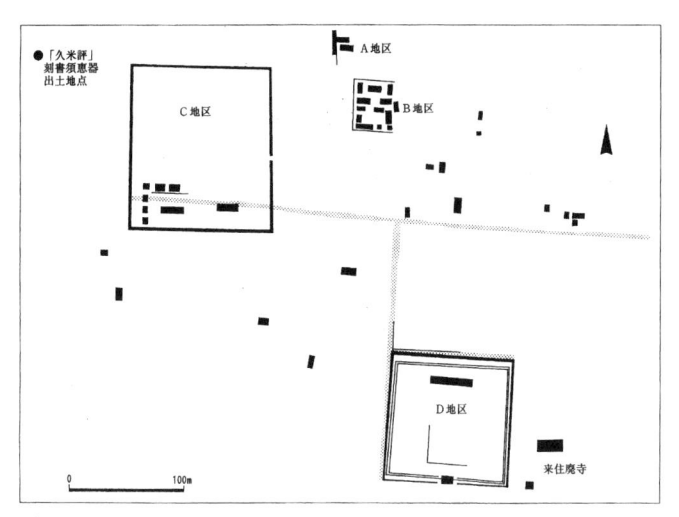

1　久米官衙遺跡群全体遺構配置図

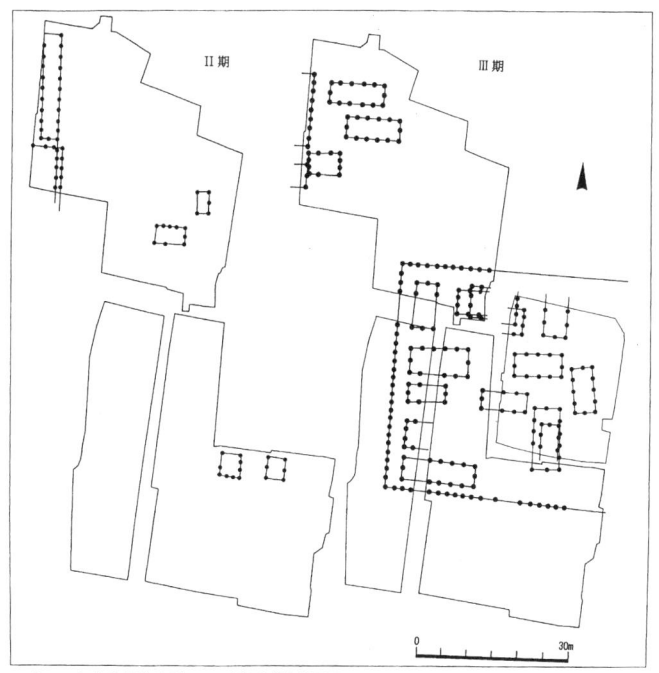

2　久米官衙遺跡群A・B地区遺構変遷図

図9　久米官衙遺跡群

地区とＢ地区のⅡ期（7世紀前半）とⅢ期（7世紀中頃～後葉）の建物配置を示すものである。Ⅲ期のＢ区には南北約44ｍ東西40ｍ以上の掘立塀で囲まれた部分がある。比較的狭い範囲ではあるが、側柱建物が規則的に配置されているのが分かる。しかし主屋と思われる特別な建物構造のものはみられない。この一郭を山中氏は、実務棟か物資収納施設と捉えている。Ｃ地区には塀と溝の区画があり、Ａ期（7世紀中葉）とＢ期（8世紀～10世紀初頭）のものが重複して検出されている。この地区の南西部には総柱建物や側柱建物が検出されており、遺構配置や建て替えの状況から倉院に比定できるとしている。Ｄ区では溝と回廊状施設を巡らした方100ｍほどの区画がみつかっている。郭内には7世紀中葉頃とみられる瓦が出土していることから、瓦葺の建物、おそらく仏堂が設けられたとみている。

　御殿前遺跡（東京都北区　図10，11）　報告書［東京都北区教育委員会 1988］では古代遺構を０期からⅤ期まで分類し、その変遷を示している。本稿で重要になるのは０期（図10-1）からⅠｂ期（図11-1）への変遷である。０期は7世紀前葉とみられており、少数の建物が確認されている。側柱建物、総柱建物、竪穴建物が見受けられるが、これを端緒的官衙と考えることができるかもしれない。Ⅰａ期（図10-2）（7世紀中葉）は全て竪穴建物となる。報告書では官衙造営のための工人の仮小屋として短期間存在したものと考えられており、7世紀第Ⅲ四半期にはⅠｂ期の前期評衙と考えられる段階に移行するとみられている。Ⅰｂ期の官衙は、Ⅱａ期（図11-2）には一旦廃絶したような状況になり、郡衙として再びその形を成すのは9世紀後半以降である（Ⅴ期）。このことは、前期評衙がそのまま8世紀以降の郡衙につながっていかない良い例証になると思われる。

　山中氏は御殿前遺跡における官衙施設の創設は7世紀中葉とし、これを初期評衙（前期評衙）に比定することが可能とし、官衙施設としては端緒的な状況を示していると述べている［山中 1994］。

　岡遺跡（滋賀県栗東市［旧栗東町］　図12・13）［栗東町教育委員会 1990］　Ⅰ期（6世紀末～7世紀中頃）の竪穴建物を中心とした集落が廃絶した後のⅡ期（図12　7世紀後半）には方向性のみられる掘立柱建物群で構成されている。2棟のＬ字状の長大な建物もみられ、官衙的要素を見い出すことができ、報告者も成立期

4 前期評衙の類例　71

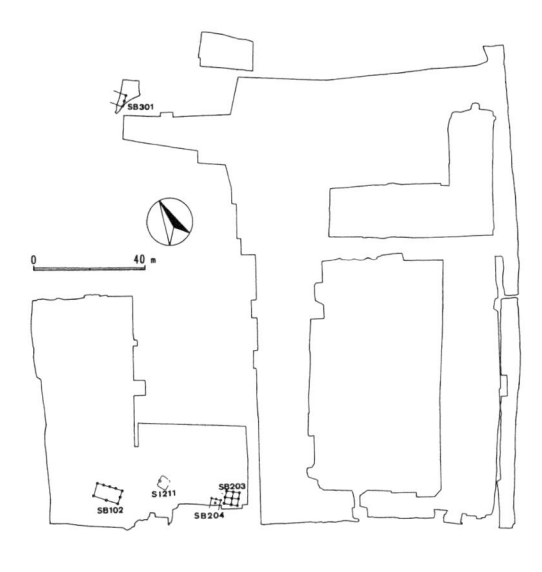

1　0期の遺構

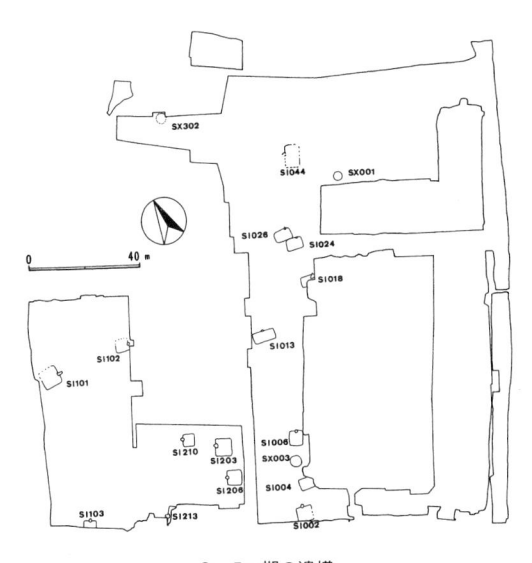

2　Ⅰa期の遺構

図10　御殿前遺跡(1)

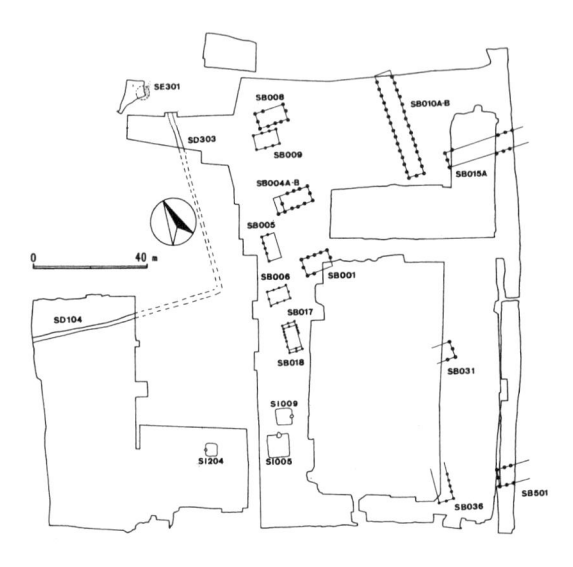

1　Ⅰb期の遺構

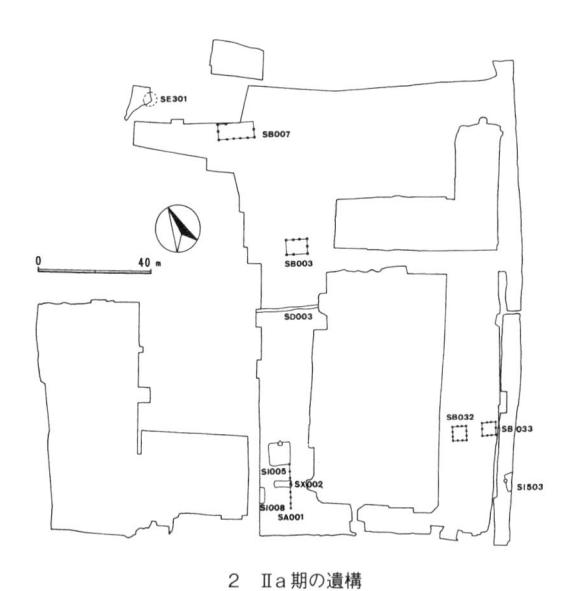

2　Ⅱa期の遺構

図11　御殿前遺跡(2)

4 前期評衙の類例 73

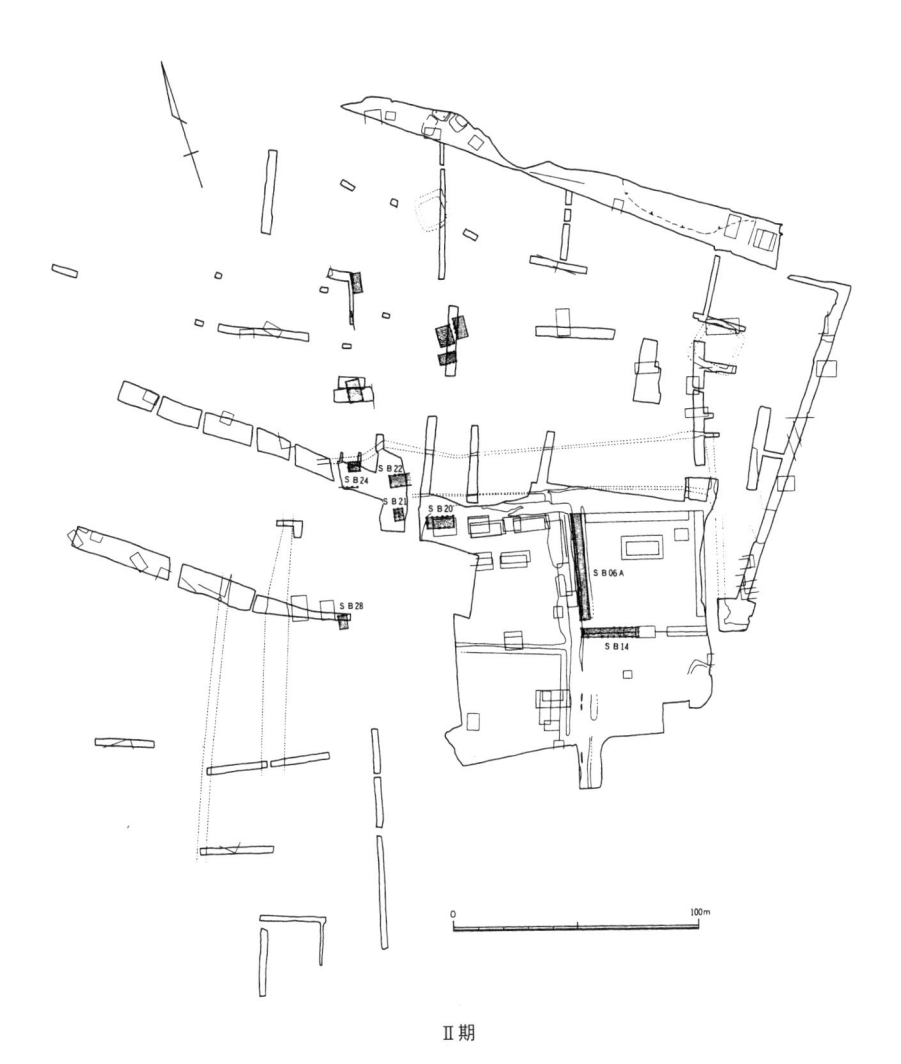

Ⅱ期

図12 岡遺跡(1)

74　屋代遺跡群の官衙風建物群

Ⅲ-1期

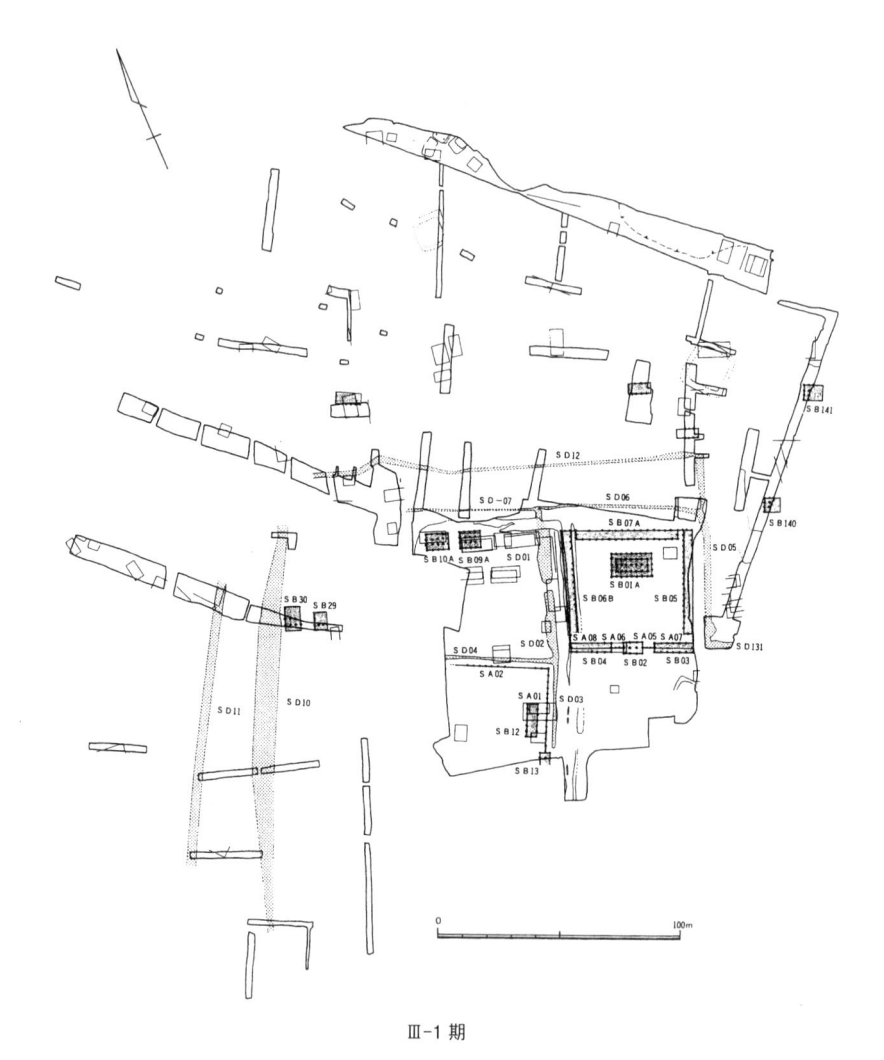

図13　岡遺跡(2)

の地方官衙であったという所見をのべている。次のⅢ－1期（図13 8世紀後半）においては完全に郡衙的建物配置に変化し、評衙（後期評衙）から郡衙へ移行した例とみなすことができると思う。

5 建物構成からみた屋代遺跡群

　前項において、山中氏が前期評衙の可能性が高いとする遺跡をみてきた（岡遺跡は除く）。それは前述の木下正史氏の見解とほぼ一致している。

　屋代遺跡群を含めてそれぞれの遺跡が全範囲発掘されているわけではないので断定はできないが、それぞれ前期評衙と呼ばれる建物群には統一された配置があるわけではなく、郡山遺跡、御殿前遺跡のように掘立柱建物群に混じって竪穴建物が存在していた様子が見てとれる。竪穴建物が存在しない久米官衙遺跡群のB地区Ⅲ期（図9-2）は屋代遺跡群の古代1期前半の建物群の時期にやや先行する。山中氏が実務棟とみるこの一郭は見事に柵列に囲まれているものの、その範囲には南北44m、東西40m以上と比較的狭い範囲である。建物も側柱建物が主体で、屋代遺跡群のST4201のような主屋とみなされる象徴的な建物は存在しない。これに反し、屋代遺跡群古代1期前半の建物群は長大な建物は検出されていないが、主屋を中心に南北方向に企画的に配置され、やや形は乱れるが品字型ともいえる、まさに官衙風の建物構成が見てとれる。また、それ以後古代1期後半、2期と建物の作り変えが続き、その後建物群は消滅するという、山中氏の指摘する前期評衙の特長に類似している点からみても、屋代遺跡群の建物群はやはり前期評衙としての役割を果たしていたと理解してよいのではないだろうか。例えば寺内氏が指摘するようにこの建物群が首長層の居宅であったとしても、山中氏が福島県根岸遺跡の調査成果から、立評時に確実にさかのぼる建物は居宅とみられる建物に限られており、官衙施設の初現は後期評衙段階に下るとし、多くの前期評ではその支配の拠点施設が居宅や族性的な施設からあまり分化しておらず、官衙として独立した景観を示していなかったという指摘［山中2000］とは矛盾しない。

　しかし、土口バイパスの建物もST4201を中心とした建物群の一部と捉えると、未発掘の部分も含めて東西に相当な広がりが予想され、首長層の居宅と

いうレベルを超えてしまうように思われる。ここでは居宅を含めた官衙的施設と捉えるのが妥当かもしれない。

6 新たな祭祀・木簡の出現と建物群

屋代遺跡群の古墳時代までの集落内では1辺10 mを超える大型竪穴建物は存在したが、豪族居館的な建物跡は発見されていない。しかし古墳5期から6期（およそ5世紀後半）に大規模な導水型祭祀施設［宮島義和 1998,2002］が登場する。これは最近各地で類例が増えたり、埴輪にも導水施設型のものが存在することが注目されているように、各地の首長層の水に関わる祭祀の存在がクローズアップされている。屋代の祭祀施設も千曲川両岸に築かれた古墳の被葬者である首長クラスによる祭祀と考えることができる。

このような水を流すことによる祭祀施設は古代1期末にまで造営されるが、7世紀後半（古代1期前半）に新たな祭祀が登場する。そのひとつが湧水坑型祭祀である（図14）。巨大な南北溝を掘削し、その底部に湧水坑を掘り、水を湧き出させ祭祀を行うものであるが、古代2期（8世紀前半）まで、すなわち建物群が消滅するまで続く。湧水坑に埋められた卜骨や石製摸造品の出土からみても、非常に呪術的な祭祀が行われていた様子が窺える。

もうひとつは木製祭祀具を使用する祭祀の始まりである（図15）。木製祭祀具というと「祓えの祭祀用具」と直結して考えられがちだが、古代1期前半の祭祀具のありかたは、祓えの中心とされる人形が2点、しかも独特な形をしたものが単体で出土しているのみで、祭祀具の中心となるのが、蛇形、馬形、斎串である[3]。筆者は木製祭祀具に穢れを祓う要素が入ってくるのは8世紀初頭頃、屋代遺跡群の祭祀具の組合わせの中に人形が入り始める頃からだと思っている。それはまさに評衙から郡衙へ移行する段階となると思われる。木製祭祀具について詳しくは本書「木製祭祀具の考察―馬形木製品・蛇形木製品」を参照していただきたい。

そして木簡の発給であるが、前述の祭祀も含めて、無遺構地帯であった④区にSB4217が出現し、その廃絶後ST4201が建設され、官衙風建物群が登場する時期とほぼ一致する。ただ問題は、自然堤防最高所である⑤区の南側に建

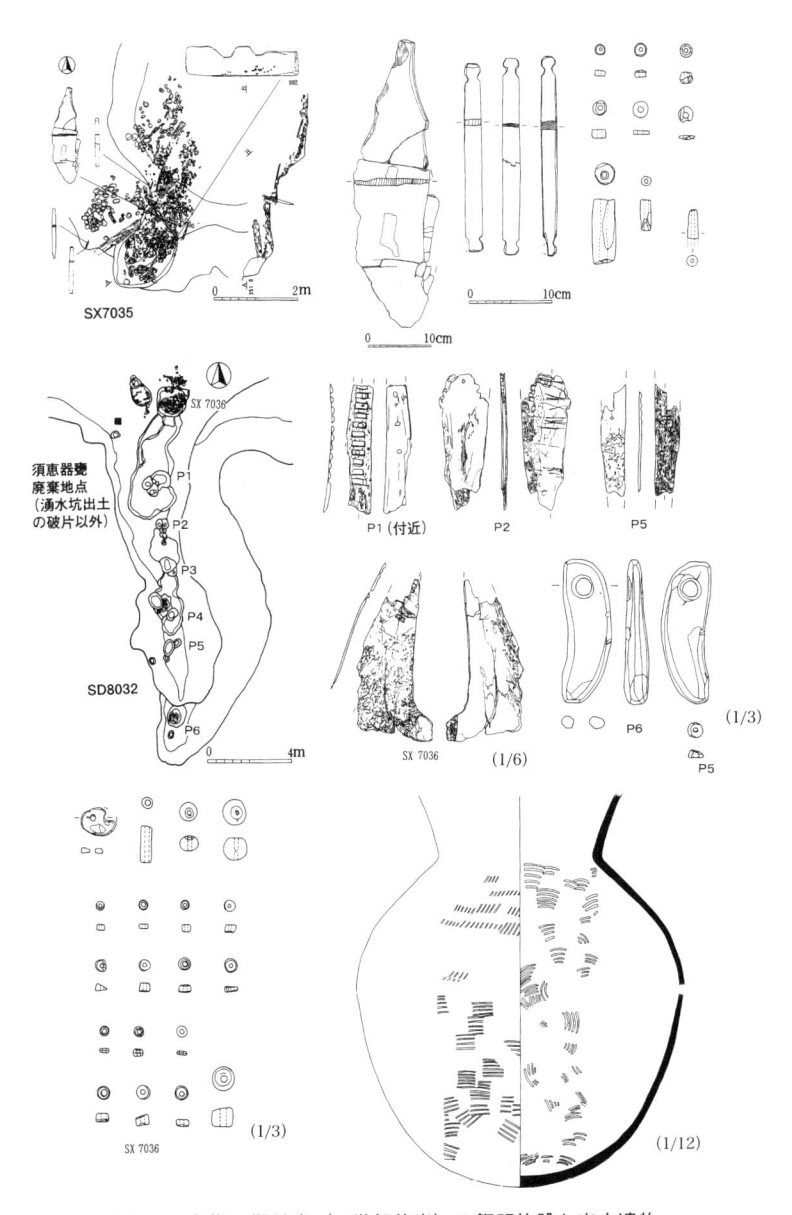

6 新たな祭祀・木簡の出現と建物群 77

図14 古代1期前半（7世紀後半）の祭祀施設と出土遺物

78　屋代遺跡群の官衙風建物群

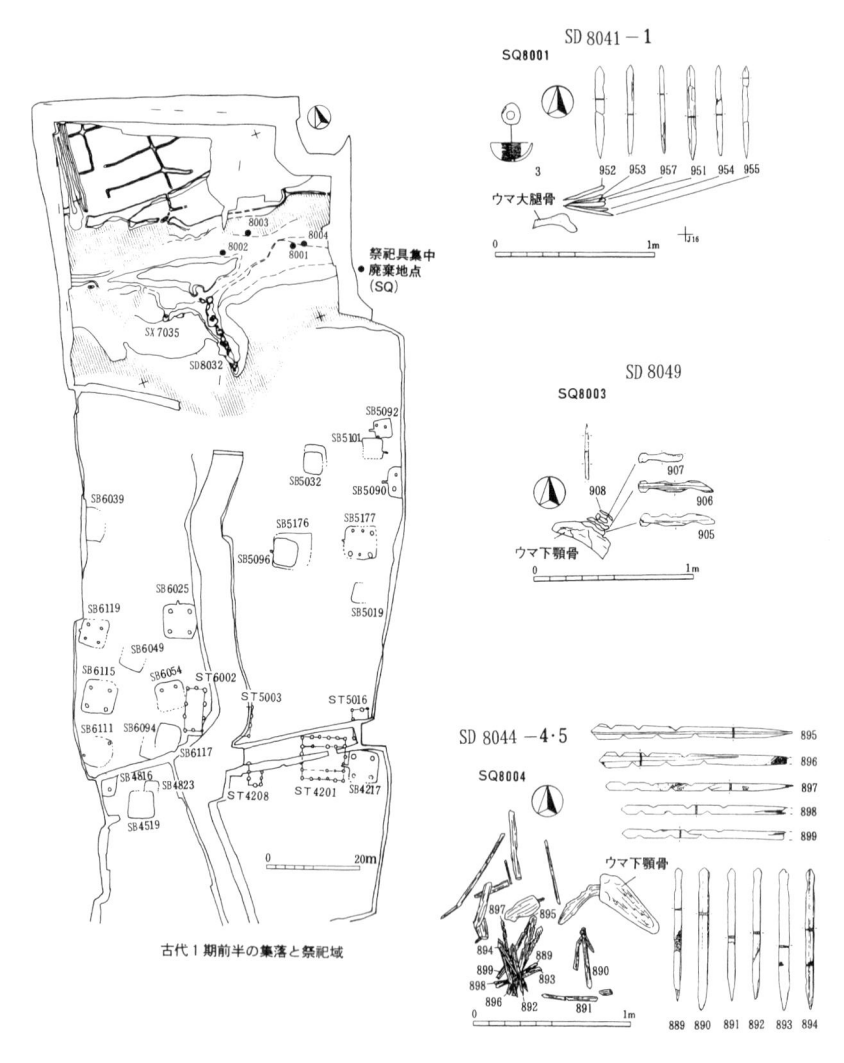

図15　木製祭祀具の登場（7世紀後半）

物群が造営されたかということである。SB4217 について寺内氏は、⑤b 区北部の竪穴住居群との間に一定の距離を置く別集団であったと捉えている［寺内 1999］。そこに建物群が展開するわけだが、集団が別ということは、伝統的な⑤区の集落から分離して別集団となったのか、あるいは新たな集団がやってきたのか非常に興味深い。それは立評に関わる人物がどのような存在だったかという問題に深く関わることになるからである。

7　立評の人

　森将軍塚古墳（4 世紀後半）、土口将軍塚古墳（5 世紀前半）、倉科将軍塚古墳（5 世紀中葉～後葉）、有明山将軍塚古墳（5 世紀末頃）の 4 代の首長墓の存在［小林秀夫 1997］は、その被葬者が、この地を伝統的に支配してきた様子が想起される。そして、6 世紀以後の古墳は森将軍塚古墳群に求めることができる。しかし、この古墳群は 7 世紀後半の 12 号墳で終焉を迎えてしまう［森嶋稔 1994］。そして注目されるのが 7 世紀後半の 1 号墳から 8 世紀前葉～中葉の前半におさまる 2 号墳から 6 号墳をもつ大穴古墳の登場である［伊藤友久 1997］。筆者は 7 世紀後半に前期評衙を成立させた立評の人は大穴 1 号墳の被葬者ではないかと想定しておきたい[4]。それはまた、湧水坑型祭祀および木製祭祀具による祭祀を導入し、木簡を発給した存在に他ならない。このことは寺内氏の言う屋代遺跡群④c 区に登場した、⑤b 区とは別な集団という点にクロスする。

　それでは、新たな支配者が自分の本拠地とは異なる場に立評したのかというと、そうは言えない点がある。それは湧水坑型祭祀ともに、古墳時代以来の伝統的な導水型祭祀も行われているからである。ここで想起されるのが、姫塚古墳・川柳将軍塚古墳・中郷古墳と変遷する首長墓を埴科郡側の 4 首長墓と合わせて 7 代の首長が千曲川をはさんだ地域を交互に支配してきたとする説である［岩崎卓也 1989、森嶋稔 1994］。両岸の首長の競合的関係でこの一帯は支配が行われ、最終的に更科・埴科を含む「科野評」が成立し、その前期評衙が屋代遺跡群の地の無遺構地区に建設されたと考えたい。

8　軍団の存在と交通の要衝

　吉田晶氏は前述の評に関する集成の中で、評は軍事的単位であるとしているが、これについては、湧水溝SD7035（8世紀初頭前後）から「少毅」の記載がみられる12号木簡が出土している（図1）。「職員令」「軍防令」の記載からもわかるように、これは大毅に次ぐ軍団の役職を示すものであり、軍団が組織されていた可能性を示している。ただし、12号木簡は13号木簡（戊戌年）よりさらに下層で出土しており、考古学的に考えると軍団は7世紀末葉には成立していたことになる。米田雄介氏は、軍制は飛鳥浄御原令および甲寅年籍の成立によって編成されたと述べている［米田1976］。このことを12号木簡が証明する根拠となり得るか興味深い。しかし、「少毅」という用語が当時も使われていたか、また、「郡」の文字がみられるなど12号木簡には問題点が多い。

　なお、評が宗教的性格をもつ地域に設置されているとみられることから、国際的危機に対し祭祀も含めた軍事的対応があったとする関口裕子氏の説［1973］もある。ただ関口氏の説は孝徳朝期における、度会、多気、香島の建評に限定し、「国家の軍事守護神を「神郡」を神郡設定によりいつきまつることにより、国際的危機に対応しようとした」と述べている。関口氏は全国規模で評制が施行されたのは、天智朝と考え、天智朝の評設置を明記する史料によって把握される立評の場は「神郡」でも軍事的要地でもないことが重要とし、「このことが天智朝における全国的建評を証明する一資料になると思う。」と述べている。しかし、氏は、先の「神郡」の設定に関わる註において「祭祀と政治が不可分であった古代において」と断っており、この点は天智朝も変わることはないと考える。これについては平川南氏の研究による古代の「内神」［平川2003］とされる信仰の場の原形が前期評衙・あるいは初期国府に存在していた、あるいは祭る場の近くに施設が造営されたと考えることができるのではないだろうか[5]。これについては前期評衙のみならず、後期評衙、初期郡衙・国府についての事例を検討していく必要があるだろう[6]。

　また、交通の要衝に関して山中敏史氏は、屋代遺跡群が千曲川の河川交通を利用するのに大変適した場所であることを指摘し、屋代町に残る「郷津」の地

名が、あるいは本来「郡津」(こおりのつ)、「国府の津」(こうのつ) という船着場にちなんだ地名であったことを想定している [山中 1996]。

9　後期評衙から郡衙へ

　屋代遺跡群の建物群の内、1 期後半 (7 世紀末) 〜 2 期 (8 世紀前半) に属するものが評衙の施設としての役割をもっていたかは不明である。それは主屋のST4201 がどのように変遷したか、あるいは消滅したかが定かでないからである。筆者は屋代遺跡群の建物群は 1 期前半 (7 世紀後半) の前期評衙のみの役割を果たし、後期評衙およびそれに続く郡衙施設は雨宮廃寺 (屋代寺) が建設された場所へ移動たものと考える。その時期は導水型祭祀施設 SD7038 (7 世紀末〜 8 世紀初頭、おそらく祭祀が行われていたのは 7 世紀末) が埋没し、伝統的な導水型祭祀が終焉を迎える時期と同じではないかと思われる。このことは、原明芳氏が指摘する、雨宮廃寺の単弁六弁蓮華瓦が 7 世紀後半でもやや後出するという点 [原 2001] に一致するように思われる。おそらく 1 期後半〜 2 期の建物群は水辺の祭祀を司る施設として残り、評衙本体は 8 世紀の郡衙につながる構造をもって郡の寺とされる屋代寺に近接して造営されたものと思われる。そしてこの時期 (屋代遺跡群⑥区で導水型祭祀が行われなくなった段階) が更科郡と埴科郡の政治上、加えて祭祀上の分離の時であり、更科郡にも郡衙 (あるいは後期評衙を出発点とするかもしれない) が造営されたのではないだろうか。更科郡の郡衙推定地の八幡には青木廃寺がある。また、前期評衙の段階でも更科郡側にその出先機関的な建物が存在していた可能性も否定できない。長野県埋蔵文化財センターで調査した社宮司遺跡 [2006] では 7 世紀後半に掘立柱建物跡を中心とする施設が出現し (社宮司遺跡 I 期 1 小期＝屋代遺跡群古代 1 期前半〜後半)、8 世紀前半 (社宮司遺跡 I 期 2 小期＝屋代遺跡群古代 2 期) には正方位に即した建物の構築がなされていく。報告者はこの遺跡を「更科郡内に建設された郡内官衙遺跡である。」と位置づけている。埴科と更科は当初「シナノ (科野) 評」であったと考える筆者は、社宮司遺跡の I 期 1 小期の建物群を屋代遺跡群の評家に関わる施設と捉え、2 小期の建物群はまさに埴科と更科が千曲川を隔てて分離され大宝律令の制定によって成立した更科郡家の施設と考えたい。

なお、郡衙（評衙）と寺院について、山中氏などは「郡寺」という言葉を使い、郡衙近辺にある寺を公的な寺であることを主張するが、これに対し三舟隆之氏は、新治廃寺（古郡遺跡　新治郡衙）および浄法寺廃寺（梅曽遺跡　那須郡衙）の例をあげ、両者は郡衙造営より先に建立されており、寺院造営の目的と郡衙は無関係とし、郡司層を中心とする地方豪族によって造営された寺院の性格は祖先信仰を中心とする私寺としている［三舟 1999］。屋代遺跡群で8世紀後半まで残った湧水坑型祭祀や木製祭祀具による祭祀のような呪術的祭祀（基層信仰）と仏教信仰の関わり、また、雨宮廃寺も含め7世紀後半から建立が盛んになる寺院のあり方と評衙・郡衙の関係は今後の課題としたい。

10　初期国府としての屋代遺跡群

　屋代木簡の重要な史料として15号木簡（国符木簡　図1）があげられる。「郡司等」と書かれていることから8世紀の木簡であることは間違いないと思われるが、出土したのは湧水溝SD7035の埋没後洪水砂をかぶる直前の堆積層からの出土であり、遺構的には8世紀のごく初期とみられる。この木簡は千曲川沿いの信濃北部をまず更科郡の郡家に送られ、水内群・高井郡を経て埴科すなわち国司の所在地に帰ってきたものと想定されている［福島正樹 1999］。山中敏史氏は、屋代遺跡群で国符木簡が出土したことは埴科郡衙に国司が駐在していたことを示唆すると述べ、岩城郡衙の例や新潟県八幡林遺跡（越後国古志郡衙）出土の郡符木簡は、古志郡衙において郡司告朔が行われた可能性などを含め、8世紀前葉段階では国衙が独立した施設として未完成であり、国司が拠点的な郡衙、あるいはそれに併置された施設に駐在する形をとっていたことを示すとしている［山中 2000］。以上の点と前述のように国符木簡が8世紀のごく初期（おそらく第Ⅰ四半期初頭）であろうと考えられる現時点の考古学的成果からみて、屋代の地が初期国府として機能していたのではないかと筆者は考える。それはまた、木製祭祀具の組み合わせの画期とも関わる点があるが、これについては本書「木製祭祀具の考察」で詳述している。

11　信濃的世界の形成

　屋代遺跡群⑥区にみられた湧水坑型祭祀は古代2期（8世紀前半）のSD7030をもって終わりを迎え、同時に集落の遺構数も激減し、掘立柱建物群は姿を消す。同時期に大量に出土した木製祭祀具も古代3期（8世紀中葉）〜5期頃（9世紀前半）の間、姿をみせない。以上のことは、8世紀前半をもって初期国府としての役割が終了し、おそらくこの後に国府は官衙的施設の形態をもって建設され、国分寺も創建されたものと考えられる。以後は上田での発掘調査に大きく委ねたい。

　屋代遺跡群では古代6期〜7期（9世紀中頃）にふたたび木製祭祀具が出現する。人形・馬形・斎串があり、斎串の中には螺旋状の墨書がなされているものもある。しかし、それらの大きさや数は8世紀以前のものとは比較にならない。また、なぜこの時期だけ木製祭祀具による祭祀が屋代遺跡群⑥区で行われたかは不明である。寺内氏の分析によればこの古代6期頃には条里型地割の施工が開始されたということである［寺内 1999］。屋代遺跡群は更埴条里遺跡と共に条里水田形成に向けて大きくその姿を変えていくのである。あるいは伝統的な祭祀の場を完全水田化するための儀式であったのかもの知れない。

おわりに

　この論文は、平成17年3月5日に行われた信濃史学会例会で報告した内容に基づいて執筆したものであり、本書掲載のため一部加除修正を行った。前期評衙・初期国府といったような、やや冒険的な論を展開したことを心もとなく思うが、これを敲き台にして多くの御批判、御意見をいただき、いまだ解明されていない信濃国府、あるいは各地の評衙・郡衙に関する研究が進展していけばと思う。

　今後はさらに各地の類例を参考にしながら、本論で触れられなかった図1の4号木簡（「竈神」）や祭祀についての内容が読み取れる114号木簡（郡符木簡）もふくめて、評あるいは郡レベル、そして国レベルでの祭祀のあり方（内神の

存在や寺院信仰、木製祭祀具の画期を含めて）を課題としながら、研究していきたいと思う。

註
(1) 湧水を求めて人工的に掘り込まれた溝。
(2) 湧水溝の底部で掘られ水の湧き出る、祭祀のための穴。
(3) 木製祭祀具が出土した流路およびそこから出土した土器は図2、3に掲載した。これらが屋代遺跡群1期前半（7世紀後半）の土器様相となる。鳥羽英継 1999「第8章第1節　屋代遺跡群における古代の土器」『更埴条里遺跡・屋代遺跡群─古代1編─』
(4) 義江彰夫氏は、この地方一帯を支配した豪族は金刺舎人氏で埴科郡大領金刺舎人氏もおそくとも7世紀後半ないし8世紀までには登場しているとしているが、7世紀以降の古墳や屋代遺跡群の建物群については触れていない。義江　2002「古代信濃における開発・環境管理と地域の支配」『国立歴史民俗博物館研究報告　第96集　日本歴史における災害と開発Ⅰ』
(5) 例えば、屋代遺跡群の場合、古墳時代中期の導水型祭祀施設の造営以降8世紀前半まで、祭祀の場が踏襲されている。屋代（ヤシロ）という地名こそ神の依代となる場であり、それは関口氏が言うようにイデオロギーをも含みこんだ祭祀と考えられるのではないだろうか。
(6) ただし、この祭りの場が当初から評家や郡家の西北であったかは判断できない。平川氏の提示している「内神」木簡は胆沢城出土のもので、その年代は出土遺構より、9世紀末から10世紀前半中葉とされる。郡家の西北隅に神が祭られていたことを示す史料として掲げられている、「卜部吉田家旧蔵文書」は宝亀三（773）年でこれはかなり古い史料と言える。その他「戌亥隅神」がみられる史料は『日本三代実録』中の貞観五（863）年、元慶三（879）年など、9世紀後半を中心としており、比較的新しい。おそらく、国衙・郡衙という正式な官衙施設が軍事・交通等種々の条件を兼ね備えた場所に造営されるようになって以降、評衙時代の祭祀のありかたも加味して、新たに設置された祭祀の場として成立し、それが家の「内神」としても取り入れられていったのではないかと思う。

参考文献
伊藤友久　1997「第3章 大穴遺跡 第8節 成果と課題」『清水製鉄遺跡 大穴遺跡』
岩崎卓也　1989「第2章第2節 科野国の成り立ち」『長野県史 通史編 第1巻 原始・古代』（川崎保編 2006『「シナノ」の王墓の考古学』に再録）
鐘江宏之　2002「七世紀の地方支社会と木簡」『日本の時代史3 倭国から日本へ』
木下正史　1997「国衙・郡衙・郷衙の計画配置」『考古学ジャーナル』420
小林秀夫　1997「千曲川流域における古墳の動向」『長野県考古学会誌』82（川崎保

　　　　　　編 2006『「シナノ」の王墓の考古学』に再録）
佐藤信之　1997「地域史から見た地方官衙の成立」『考古学ジャーナル』420
関口裕子　1973「『大化改新』批判による律令制成立過程の研究」『日本史研究』132、133
仙台市教育委員会　1990『郡山遺跡―第84次・85次発掘調査報告書』
寺内隆夫　1999「第8章5節 集落の変遷」『更埴 条里遺跡・屋代遺跡群―古代1編―
東京都北区教育委員会　1988『御殿前遺跡』
原　明芳　2001「『束間行宮』の時代―発掘資料から七世紀中頃から八世紀前半の信
　　　　　　濃をみる―」『信濃』第53巻 第5号
平川　南　2003「第6章 木簡と信仰 1 古代の内神」『古代地方木簡の研究』
福島正樹　1999「屋代遺跡群出土の国符木簡をめぐって―信濃国における広域行政
　　　　　　ブロック―」『信濃』第51巻 第3号
水沢教子　1998「第5章第4節 弥生・古墳時代の集落」『更埴条里遺跡・屋代遺跡
　　　　　　群―弥生・古墳時代編―』
三舟隆之　1999「古代地方寺院造営の背景―七世紀後半の東国を中心として―」『史
　　　　　　学雑誌』第108編 第10号
宮島義和　1998「第5章第5節 古墳時代の祭祀」『更埴条里遺跡・屋代遺跡群―弥生・
　　　　　　古墳時代編―』、
宮島義和　2002「地方における古代祭祀の展開1」『長野県の考古学』2
森嶋　稔　1994「第2編 第4章 森将軍塚古墳と科野国」『更埴市史 第1巻 古代・
　　　　　　中世編』
森嶋　稔　1994「第5編 第5章 群集墳の築造」『更埴市史 第1巻 古代・中世編』
山中敏史　1994「第3章 古代地方官衙の成立と展開」『古代地方官衙遺跡の研究』
山中敏史　1996「屋代遺跡群の性格」『シナノノクニから科野・信濃国へ』
山中敏史　2000「第6章 総合的考察 岩城郡衙の発掘調査成果における若干の問題」『根
　　　　　　岸遺跡』
山中敏史　2001「評制の成立過程と領域区分―評制の構造と評支配域に関する試論」
　　　　　　『考古学の学際的研究　濱田青陵賞受賞者記念論文集1』
吉田　晶　1973「評制の成立過程」『日本古代国家成立史論』
米田雄介　1976『郡司の研究』
栗東町教育委員会　1990『岡遺跡発掘調査報告書　1次・2次・3次調査』

古代の小県郡における信濃国府跡推定地

倉澤　正幸

はじめに

　古代の信濃国の行政を担当した役所である信濃国府の所在場所については、いまだ確定されていない。現在、7世紀後半から8世紀前葉の多数の木簡や、木製祭祀具、掘立柱建物群などが出土した千曲市屋代遺跡群が埴科郡衙跡、または初期の信濃国府跡の可能性があると推測されている［平川南他1996、寺内隆夫他1999、福島正樹1997］。なお、7世紀末から8世紀初頭の初期国府の時期には、国司は独立した庁舎を持たず、拠点的な郡衙に駐在したり、諸郡衙を巡回して任務を遂行していたと考えられている［山中敏史1994］。

　また信濃国分寺跡の存在［上田市教育委員会1974］や東山道通過ルートの推定［黒坂周平1992］などから8世紀代の奈良時代には小県郡内に信濃国府が置かれ、その後平安時代の9世紀代には松本地方に国府が移転したと考えられてきた［上田小県誌刊行会1980、木下良2000］。10世紀に編纂された和名類聚鈔に「国府在筑摩郡」と記載されており、文献史料でも平安時代には松本地方に国府が置かれていたことは広く知られている。

　ところで、平成6年には上田市誌編纂事業に伴って、国府跡推定地の信州大学繊維学部と現在の信濃国分寺周辺において詳細な遺物の分布調査が行われ、特に現在の信濃国分寺周辺で瓦や奈良・平安時代の土師器、須恵器、灰釉陶器などが多数表面採取された［上田市誌編さん委員会2000］[1]。

　また平成11年に実施された上田市国分の国分遺跡群の調査［上田市教育委員会2002、倉澤正幸2002］によって、現在の信濃国分寺本堂北西側約100mの地点で、幅約9mの南北に通じる古代の道路状遺構が検出された。その延長は僧寺跡、尼寺跡の中間を通り、この南側に想定される東山道に合流する可能性が指摘されている。

　小稿ではこうした近年の信濃国分寺周辺の調査成果に基づいて、小県郡に置かれたと推定される信濃国府跡について、現在の信濃国分寺を中心とする一帯が瓦類の出土や道路状遺構の存在などから推定地の一つとなり得るのではないかと考え、若干の考察を試みてみたい。

1 国分遺跡群出土の遺構・遺物

(1) 道路状遺構

　上田市国分の国分遺跡群では、平成 11 年の調査で南北に通じる道路状遺構や掘立柱建物跡 7 棟が出土した。この遺構は現在の信濃国分寺本堂から北西側へ約 150m の地点 (図 1・図 2) に所在している。

　この道路状遺構は、平行に走る第 2 号溝跡、第 3 号溝跡の側溝を伴い、全長約 15m、幅員は両側の心々距離が 8.5m から 9.0m であった。第 2 号溝跡は幅が 0.9m から 1.48m、深さが 0.15m から 0.24m、第 3 号溝跡は幅が 1.08m から 1.39m、深さが 0.15m であった。

　また後に検出された第 5 号溝跡は幅が 0.68m から 1.14m、深さが 0.14m から 0.23m であった。こうした側溝を有した道路面は、地山の上部に人為的な盛土をし、それを叩き締めた硬化面が認められ、普請を行った「造り道」の可能性が高いと考えられた。なお、東山道武蔵路と推定される埼玉県所沢市の東の上遺跡 [飯田充晴 1993] の道路遺構で検出された中央部の波板状凹凸面は、当遺構では検出されなかった。

　第 2 号溝跡と第 3 号溝跡の間には第 5 号溝跡が検出された。この 5 号溝跡と 3 号溝跡の間は特に堅緻に叩き締められており、検出された遺物や溝跡の位置などから当初は第 3 号溝跡と第 5 号溝跡で道路が構成されていたと考察された。この当初の両側溝の心々距離は、6.0m から 6.3m で、後に第 5 号溝跡が埋められて第 2 号溝跡が掘られ、道路の幅員が 8.5m から 9.0m に拡幅されたと考えられた。第 3 号溝跡からは 8 世紀後半から 9 世紀末までに位置付けられる、底部が回転糸切り未調整の内黒の土師器坏、土師器甕、内外面黒色処理を施した耳皿などが出土し、第 5 号溝跡からは内黒の土師器坏・甕、須恵器坏・坏蓋・甕などが出土し、8 世紀後半と推定される資料である。また第 2 号溝跡からは底部が回転糸切りの須恵器坏・坏蓋・長頸壺・甕や、土師器甕などが出土し、主に 9 世紀代に位置付けられる資料である。このため第 3 号溝跡と第 5 号溝跡を有する道路状遺構は 8 世紀後半に使用され、その後 9 世紀初頭に拡幅されて、第 2 号溝跡と第 3 号溝跡を有した道路状遺構が使用さ

れたと考察されている。この道路は 9 世紀代から平将門と平貞盛が国分寺周辺で戦い、国分寺伽藍も兵火にかかって焼失したと伝承される 10 世紀前半頃まで存続した可能性が高いと考えられた。

この道路状遺構については、平成 11 年に調査地区の南側 10m の地点で調査［上田市教育委員会 2000］が行われ、地表下 65cm の地点で延長線上に側溝が確認され、合わせて 25m については道路状遺構が続くことが確認されている。この道路状遺構の方位は磁北から西へ 2 度の方向である。これを南側に延長すると図 1 に示したとおり瓦窯跡観察施設西側の傾斜地を通り、僧寺跡、尼寺跡の中間地点を経て、信濃国分寺跡南側に推定される東山道に合流する可能性が考えられている。なお、この合流推定地から 30m ほど西側の地点で東山道推定路に沿って溝跡がトレンチ調査で 1 条確認［上田市教育委員会 1992］されており、道路遺構の側溝の可能性も考えられる。

僧寺跡、尼寺跡の中間を道路が通る事例は、東京都国分寺市に所在する武蔵国分寺跡の事例［有吉重蔵 1990］が知られている。これは東山道武蔵路が約 4 町四方の僧寺域と約 1 町半四方の尼寺域を画している事例である。官衙遺跡では栃木県那須郡衙跡［板橋正幸 1998］で、道路遺構が西ブロックの正倉院と中央ブロックの中間を通り、官衙施設の中間を通り抜けていることが解明されている。また東京都府中市の武蔵国府跡［荒井健治 1995、深澤靖幸 2005］では、京所地区の国衙推定地の北辺は東西方向の道路跡に面していたことが確認され、門や溝を伴った築地塀などの構造物も推測されている。下野国府跡［田熊清彦他 1979-1989］では国庁南正面の南北道路や、国庁中央から南側約 2 〜 3 町付近にある南北道路の西側に面した国司館と推定される官衙が確認されており、道路遺構と官衙建物との関係が注目される。

(2) 掘立柱建物跡

この道路状遺構に主軸方向をほぼ揃える状態で、掘立柱建物跡が 7 棟（図 1・図 2）出土した。建物跡は 1 間× 1 間、1 間× 2 間、2 間× 2 間（2 棟）、2 間× 3 間（2 棟）、2 間× 4 間（廂付）の 7 棟の建物であり、さらに建物方位や重複関係から 2 群に分類された。I 群は第 1 号、6 号、7 号のグループで、II 群は第 2 号、3 号、4 号、5 号のグループで、第 1 号建物跡の柱穴覆土から 8 世

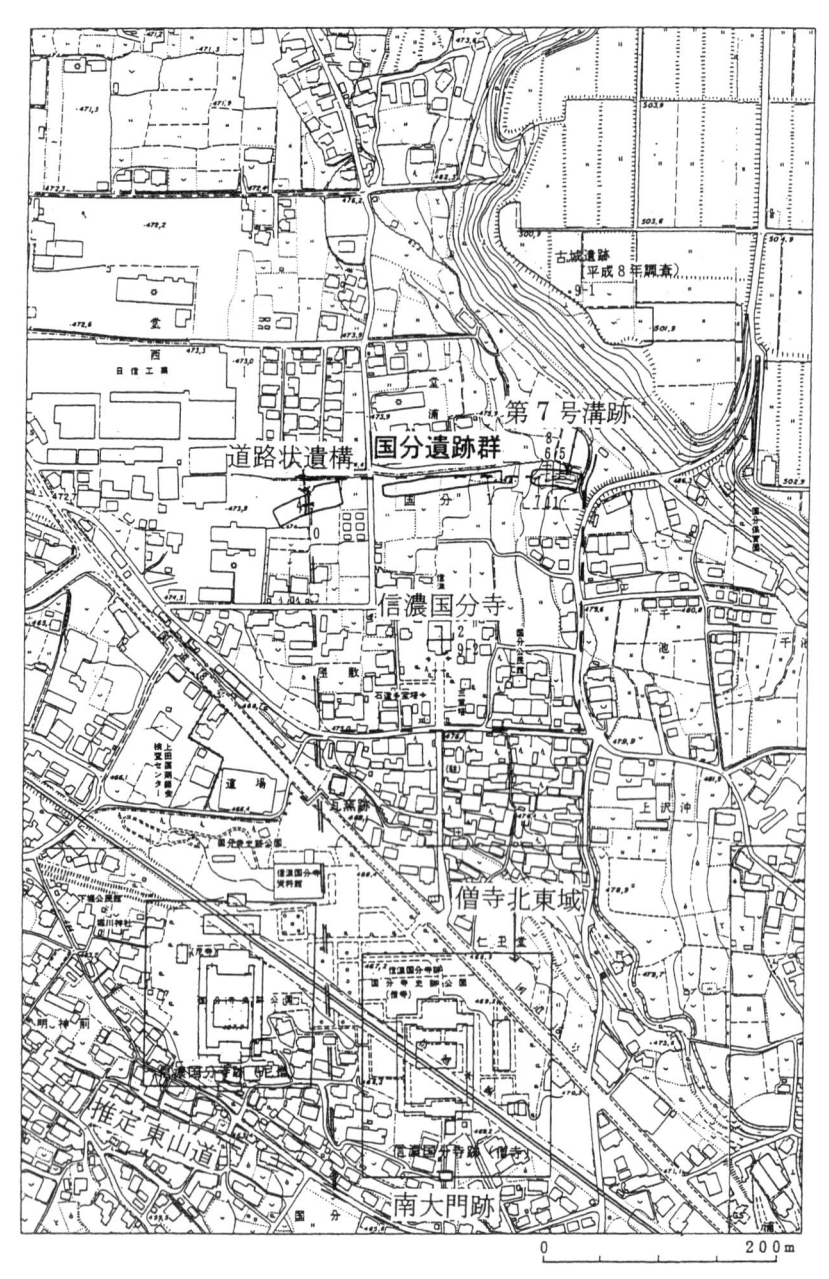

図1　信濃国分寺跡・国分遺跡群位置図（上田市教育委員会 2002 より引用・一部改変）

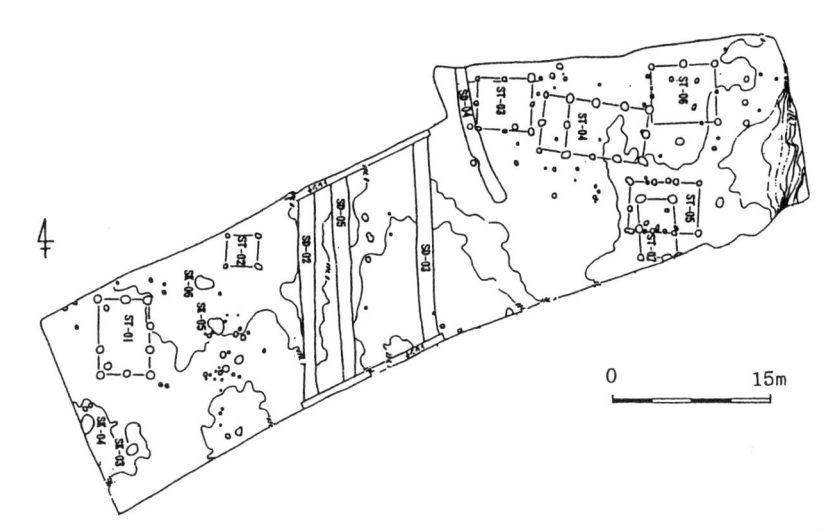

図2　国分遺跡群出土道路状遺構・掘立柱建物群（上田市教育委員会 2002 より引用・一部改変）

紀中葉に位置付けられる底部回転ヘラ切り未調整の須恵器坏が出土しておりⅠ群がⅡ群に先行して建てられたと推定された。このため8世紀後半以降の建物群と考えられ、概ね道路状遺構と存続時期が重なる建物群と推測された。この建物群については信濃国分寺の付属施設の可能性とともに、国府などの官衙関連の建物群の可能性が周辺からの瓦類の出土などから考えられる。

(3) 第7号溝跡

第7号溝跡（図1・図3）は東西の長さ42.4m、幅3.0～6.2m、最深部0.9mの大規模な溝跡で、西側は調査区外に続き、東側はそこで途切れている。西側で緩く南西方向にカーブし、全体に弓形の浅い弧を描いている。溝の断面の形状は東側は皿状、西側は段を有するⅤ字状に近い形態をしている。溝の底部には2個所に人頭大かそれより一回り大きい礫が、西側は3.6m、東側は3.0mの長さに一列に並べられており、人工的に配置されたものと考えられている。また溝の北側に沿って柱穴が10箇所検出され、溝の北側に板塀か柵などの構築物が設置されていたと推測された。溝の壁面は全体に堅く締まり、人工的に掘削された溝、ないしは堀と考えられている。

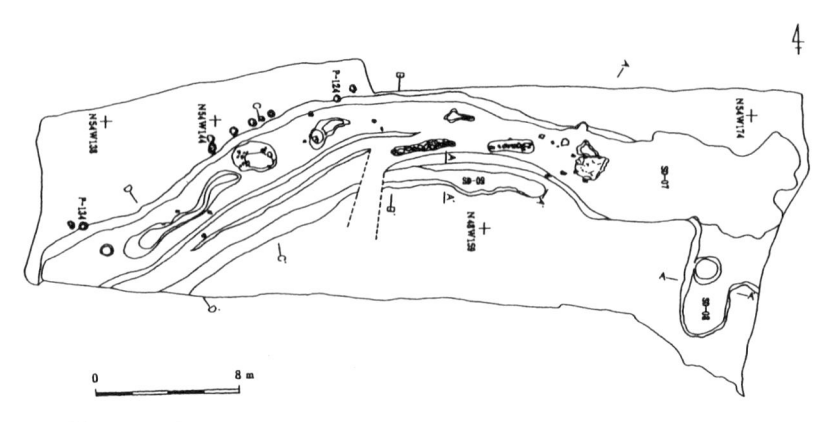

図3　国分遺跡群出土第7号溝跡（上田市教育委員会2002より引用・一部改変）

　この溝跡の覆土中からは土師器、須恵器、黒色土器、灰釉陶器、白磁、瓦類、鞴の羽口、鉄滓、銅滓などが出土している。出土した土師器、須恵器は9世紀から10世紀にかけての資料が多数を占めている。灰釉陶器は岐阜県多治見市周辺の東濃窯産の資料が多く、光ヶ丘1号窯式から虎渓山1号窯式と考えられる資料であった。一部には愛知県の猿投窯で生産された資料が認められており、いずれも9世紀後半から10世紀代に位置付けられる資料である。白磁は11世紀後半から12世紀に中国から輸入された資料であった。このため9世紀から10世紀を中心に12世紀まで溝跡は存続したと考えられている。これらの資料は覆土中からの出土のため、溝ないしは堀の築造そのものは、8世紀代に遡る可能性が考えられる。

　この溝の性格については、信濃国分寺の北側の区画施設と当初は考えられた。が、平成16年9月に信濃国分寺僧寺南大門跡がほぼ想定されていた場所(図1)に確認［上田市教育委員会2006］され、南大門跡からこの溝跡までは約600m程の距離があることが判明した。信濃国分寺の敷地の北限としてはかなり距離があり、国府跡などの官衙に付属した北限を画する溝跡（堀跡）の可能性も推測される。なお、平成12年から信濃国分寺僧寺北東域（図1）の調査が史跡整備事業に伴って実施されている。この地域からは築地塀など区画施設は確認されていないものの、掘立柱建物跡が7棟確認されている。そのうち4棟は主軸方向がほぼ南北で、信濃国分寺に関係した施設の可能性が考えられる。

(4) 出土した軒瓦と多量の丸瓦・平瓦

　この国分遺跡群からは多量の丸瓦、平瓦や、従来の信濃国分寺僧寺跡・尼寺跡から出土した軒瓦とは文様の異なる軒瓦が出土して注目されている。

　軒平瓦では、偏行唐草文軒平瓦（図4-1）の小破片が現国分寺の北東側約150mほどのⅠ区調査グリッド内から出土（図1-1地点）している。この軒平瓦は全体の1/12程度の破片で、上部の2本の廓線と唐草文様の上端部のみが残存し、現国分寺本堂の北西側から出土［上田市教育委員会 1974］した偏行唐草文軒平瓦（図4-2）と同一文様と考えられる。この軒平瓦は顎部の断面が三角形に近い曲線顎で、上田市丸子地域の依田古窯跡群が操業した8世紀後半から9世紀代の所産と考えられる。この文様の軒平瓦は、上田市御岳堂の諏訪田遺跡［塩入秀敏他 1980］からも同一文様の軒平瓦（図4-3）が出土している。諏訪田遺跡からは廂付掘立柱建物跡や軒瓦片、丸瓦片、円面硯片、耳皿などが出土し、近くの依田古窯跡群の窯業の管理所、あるいは集散地的性格をもつ遺跡と考えられている。この軒平瓦は信濃国分寺瓦類を供給した依田古窯跡群から依田川、千曲川を利用した舟運で同様に運搬されたと考えられる［倉澤正幸 1999］。

　軒丸瓦では、九葉素弁蓮華文軒丸瓦の瓦当部の小破片が3点（図4-4・5・6）出土している。4は道路状遺構の東側のグリッドから出土（図1-4地点）し、5・6は第7号溝跡（図1-5・6地点）から出土している。いずれも内区には弁端に切り込みが施されたハート型状の素弁が配置されている。弁端の切り込みに対応して珠文が1個ずつ内区と外区の境界線に置かれ、中房には1+6と推定される蓮子が認められる。4の資料から素弁は9弁と推定され、素弁の間にはV字状の間弁も認められる。中房の径は4.4cm、蓮弁の長さは縦3.5cmで、瓦当部裏面に溝を彫りそこへ丸瓦先端部を差し込んだ「印籠付け」の技法で接合されていた。これら3点は胎土は精良で焼成は堅緻であり、この国分遺跡群の調査で初めて出土した文様の軒丸瓦である。

　九葉単弁蓮華文軒丸瓦は2点（図4-7・8）出土している。どちらも第7号溝跡（図1-7・8地点）から出土し、内区には簡略化された単弁が認められる。弁端の間には珠文が1個ずつ置かれ、中房の蓮子は省略されている。瓦当部

96　古代の小県郡における信濃国府跡推定地

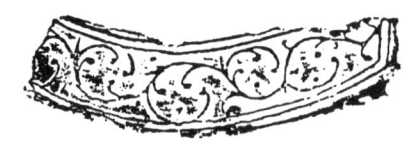

1　偏行唐草文軒平瓦

2　信濃国分寺本堂北西側

3　諏訪田遺跡（上田市丸子地域）

4　九葉素弁蓮華文軒丸瓦

5　九葉素弁蓮華文軒丸瓦

6　九葉素弁蓮華文軒丸瓦

7　九葉単弁蓮華文軒丸瓦

8　九葉単弁蓮華文軒丸瓦

9-1　古城遺跡

9-2　信濃国分寺本堂東南隅

10　十葉（九葉）単弁蓮華文軒丸瓦

11　十葉（九葉）単弁蓮華文軒丸瓦

0　　　　　　10cm

図4　国分遺跡群・信濃国分寺境内などから出土した軒瓦類（上田市教育委員会 2002 より引用）

と丸瓦部は「印籠付け」の技法で接合されている。この2点の軒丸瓦はその文様から九葉単弁蓮華文軒丸瓦と推測され、現在の信濃国分寺本堂境内の東南隅から出土した完形の資料（図4－9-2）と同一文様である。また現在の信濃国分寺本堂から北側へ約300mの段丘上の古城遺跡［上田市教育委員会 1997］から出土した資料（図4－9-1）も同一文様である。これら4点の九葉単弁蓮華文軒丸瓦は文様や形状から同笵の資料と考えられる。この軒丸瓦は単弁の子葉が針葉状をしており、現在の信濃国分寺境内から出土している針葉文軒平瓦［上田市教育委員会 1974］とセットになる可能性が考えられる。

十葉（九葉）単弁蓮華文軒丸瓦は、瓦当部の小破片が2点（図4－10・11）出土している。10は道路状遺構の東側のグリッド（図1－10地点）、11は第7号溝跡（図1－11地点）から出土している。単弁は十葉ないしは九葉と推定され、蓮弁の間には間弁が認められる。中房の径は4.1cm、蓮弁の縦の長さは3.5cmで、1＋6の蓮子が配置されている。この2点の胎土は精良で、焼成も堅緻で、文様も国分遺跡群の調査で初めて出土した軒丸瓦である。この十葉（九葉）単弁蓮華文軒丸瓦ないしは九葉素弁蓮華文軒丸瓦と偏行唐草文軒平瓦が、文様の形状などからセットになる可能性が考えられる。

この偏行唐草文軒平瓦、針葉文軒平瓦、九葉素弁蓮華文軒丸瓦、九葉単弁蓮華文軒丸瓦、十葉（九葉）単弁蓮華文軒丸瓦の出土は、現時点では信濃国分寺本堂から北側に限られており、文様を施された軒瓦を屋根に用いた建物の存在がこの付近に推定される。なお、九葉素弁蓮華文軒丸瓦と十葉（九葉）単弁蓮華文軒丸瓦はその文様や形状等から奈良時代末期から平安時代前期に位置付けられるとの指摘[2]がなされている。この時期は、上田市丸子地域の依田古窯跡群の8世紀後半から9世紀代の操業時期とも重なっており、概ねこの時期の所産に位置付けられる。8世紀中葉の国分寺瓦に少し遅れて8世紀末から9世紀にかけて製作されたと推測され、国府などの官衙建物に用いられた可能性が考えられる。

また国分遺跡群の調査では、整理箱で18箱に及ぶ多量の丸瓦、平瓦が出土している。丸瓦の大きさは全長が36cmから39cm、幅は14cmから16cm程度あり、玉縁を有している。平瓦は凸面の文様によって、縄叩き目、押型文、斜状平行叩き目、無文の瓦に分類される。このうち縄叩き目、斜状平行叩き目、

無文の平瓦は端部に布目圧痕が認められ、全体の曲率が弱く、一枚造り平瓦と推測される平瓦が多数を占めている。また一部に模骨痕を有した桶巻き造りと考えられる資料が認められたが、これらはごく少量であった。こうした丸瓦、平瓦は、信濃国分寺跡から出土した丸瓦、平瓦と形状や製作技法がほぼ同一の瓦類と考えられる。

　こうした軒平瓦、軒丸瓦と大量の平瓦、丸瓦は、現在の信濃国分寺本堂境内から北側地域にかけて出土しており、寺院に限定されずに、国府などの官衙的な建物に使用された可能性も推測される。なお、東京都府中市の武蔵国府跡の国衙は 8 世紀の前葉に創設されたとみられ大型の掘立柱建物群が建てられ、国分寺創建期の 8 世紀中葉から後半には建物群の一部が瓦葺き、礎石化されている［荒井健治 1995、深澤靖幸 2005］。また栃木県栃木市の下野国府跡でも、8 世紀前半に成立した国庁が、8 世紀中葉の国分寺の造営を契機に建物の瓦葺き化が図られている［田熊清彦 1979-1989］。このように国分寺の造営と国府建物の瓦葺きの導入は密接な関係が認められ、信濃国の場合も十分に考慮する必要がある。

　なお、群馬県前橋市元総社町に推定されている上野国府跡では、国分寺・総社神社・東山道との位置関係や瓦の分布状態から方八町の国府域が推定［木津博明 1999］されている。昭和 57 年以降の発掘調査で、甘泉樋遺跡から北限を画する最大幅 6.5m、深さ 1.6m の堀跡や元総社寺田遺跡［高島英之他 1996］から「国厨」「曹司」などの墨書土器が出土している。この上野国府跡推定地では、尼寺跡から南東側に約 200m で国府推定地に到達し、国府と国分寺は極めて近接した状態（図5）である。こうした隣国の上野国府跡と国分寺の近接した位置関係は、信濃の国府と国分寺においても同様であった可能性が考えられる。

2　考古学的調査による成果からみた国府跡推定地

　平成 6 年には上田市誌編纂事業に伴い、遺物の表面採取調査がこの信濃国分寺周辺と、有力な国府推定地の一つとされる信州大学繊維学部の敷地一帯できめ細かく実施された。

2 考古学的調査による成果からみた国府跡推定地　99

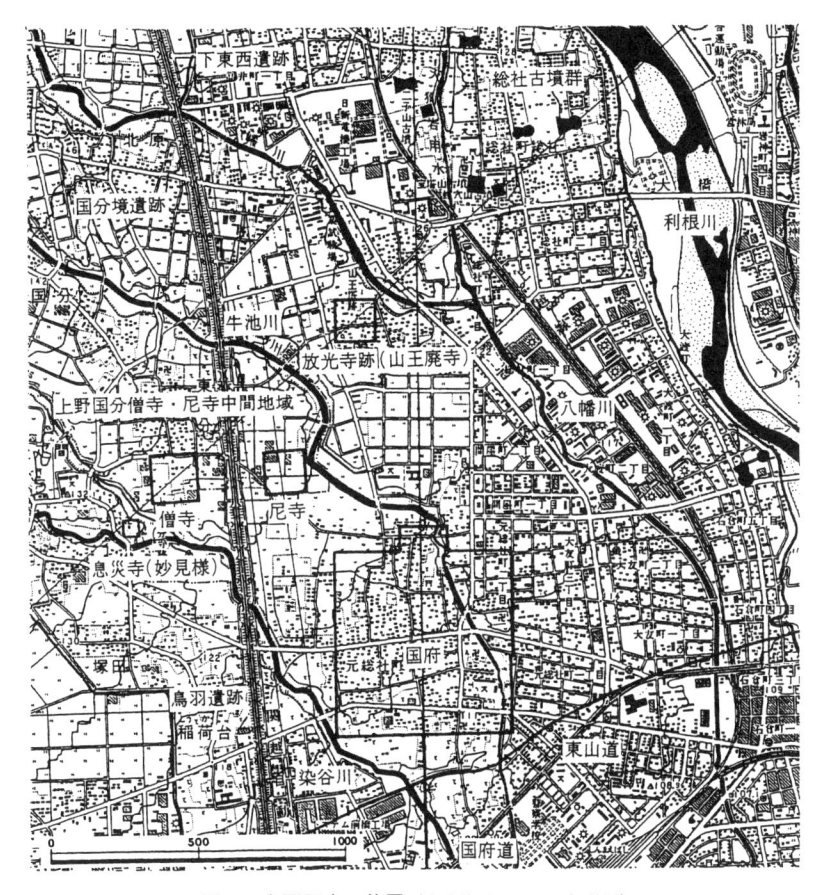

図5　上野国府の位置（木津博明 1999 より引用）

　その結果、信州大学繊維学部では、敷地東側の樹園地点から平安時代前期の灰釉陶器片3点や土師器、須恵器の小破片が少量出土した。採集遺物のほとんどは弥生時代後期の箱清水土器片であり、8、9世紀の遺物は僅少で、表面調査の範囲では国府跡推定地には程遠い調査結果であった［上田市誌編さん委員会 2000］。従来の常入遺跡群（信州大学繊維学部敷地を含む遺跡群で、下町田遺跡など8遺跡で構成）の下町田遺跡の5次に渡る発掘調査［上田市教育委員会 1997-2004］でも、弥生時代後期から古墳時代前期の竪穴住居跡が合計91棟検出され、井戸跡、土坑なども弥生時代後期の遺構であった。また古墳時代では、

古墳時代中期・後期の竪穴住居跡2棟［小林幹男・川上元 1970］、完形の土師器が 18 点桑園から出土しており、古墳時代の集落跡の存在が推定されている。ただし国府跡に関係すると考えられる 8 世紀～9 世紀の遺物の出土はごく僅かである。

　これに対して信濃国分寺周辺の表面採取調査では、平瓦、丸瓦や、奈良・平安時代の土師器、須恵器、灰釉陶器などが多数採取され、半日で整理箱 2 箱の遺物が採取されている。特に現在の信濃国分寺北側の畑地を中心に国分神社周辺まで瓦の分布が認められた。

　信濃国分寺境内及び周辺からは、前記のとおり以前から軒丸瓦、軒平瓦、丸瓦、平瓦が出土している。また信濃国分寺境内の休憩所建設に伴う平成 12 年の調査では、柱穴とみられるピット群や平瓦、土師器、須恵器片などが出土［上田市教育委員会 2001］している。こうした状況から国分寺本堂境内の南側の東西道路から第 7 号溝跡までの南北約 200m、西側の道路状遺構から第 7 号溝跡の東端までの約 220m 程の範囲（図 1 の点線で囲んだ範囲）が特に軒瓦や平瓦、丸瓦などの分布がみられ、国庁建物や国司館などが考えられる瓦葺き建物が存在した可能性があると推測される。

　また道路状遺構を超えた西側やその北側は現在住宅、道路、工場などに利用され、調査が困難な状況である。が、道路建設に伴う事前調査では土師器・須恵器・灰釉陶器などが出土［上田市教育委員会 1998］しており、この地域にも掘立柱建物群や瓦の分布が広がる可能性がある。なお、東京都府中市の武蔵国府跡では、東西 2.2km、南北最大 1.5km の範囲で竪穴建物跡などが密集する地域があり、この中に瓦葺きの国庁建物や国司館などが点在していた様子が発掘調査で確認されつつある。

　上田市内で瓦の出土が多数認められる地域は、この信濃国分寺周辺の国分遺跡群の他に、史跡信濃国分寺跡及び国分寺周辺遺跡群［上田市教育委員会 1974、柳澤亮他 1998］、上田市小泉の高田遺跡［上田市教育委員会 1991］、上田市福田の東村遺跡［上田市教育委員会 1977］があるが、いずれも古代の寺院跡に関連した瓦の可能性が高く、官衙関連の建物に使用された瓦とは考えにくい。このため上田・小県地方で現在までのところ官衙に関連する瓦出土地点として推測が可能な地域は、国分遺跡群に限定されると考えられる。

なお、上田市古里字東之手、字西之手地籍に推定された信濃国府跡については、昭和57年から61年にかけて発掘調査［上田市教育委員会 1983-1987］が実施され、その後西之手遺跡［上田市教育委員会 1998,1999］が平成8年・9年に調査された。これらの調査で出土した遺構・遺物は古墳時代後期を中心とする掘立柱建物跡40棟、竪穴住居跡3棟、土師器、須恵器などであり、国府跡に直接関連する奈良・平安時代の遺構・遺物はほとんど検出されていない状況である。信濃国分寺跡、東山道推定路、千曲川からこの推定地域までは、直線で約3～4kmの距離があり、現状では国府跡の可能性は低いと考えられる。

おわりに

　上田市の国分遺跡群出土の道路状遺構や掘立柱建物跡、7号溝跡、出土軒瓦などの検討や、下野国府跡、武蔵国府跡、上野国府跡など他国の国府跡、国府推定地との比較から、8世紀中葉から9世紀にかけては現在の信濃国分寺を中心とする地域に、信濃国府に関係した瓦葺きの建物が存在した可能性が考えられると考察した。ただし、この信濃国府跡の解明については、大型の掘立柱建物群や、国府に関係した墨書土器、木簡などの遺構・遺物が未発見であり、今後の一層の調査・研究が必要とされている。

　最後に小稿は、近年の信濃国分寺周辺の発掘調査成果に基づいて、小県郡内の信濃国府跡推定地に関してこれまでに考察した内容を一試論としてまとめたものである。これまでに種々ご教示いただいた上田市教育委員会の発掘調査担当者の方々、上田市誌編さん委員会や信濃史学会の信濃国府研究会の方々等、ご教示いただいた皆様に厚く御礼申し上げる。

註
(1) こうした調査成果などから『上田市誌』［上田市誌編さん委員会 2000］では「上田の信濃国府は現在の国分寺付近からその西北方にかけての地域にあった可能性が高い」旨の記載がなされている。
(2) 奈良文化財研究所の花谷浩氏のご教示をいただいた。

引用文献

荒井健治　1995　「国庁周辺に広がる集落遺構の性格について」『国立歴史民俗博物館研究報告』63　国立歴史民俗博物館
有吉重蔵　1990　「武蔵国分寺跡」『考古学ジャーナル』318号　ニュー・サイエンス社
飯田充晴　1993　「道路築造方法について―埼玉県所沢市東の上遺跡の道路跡を中心にして―」『古代交通研究2』古代交通研究会
板橋正幸　1998　「下野国那須郡衙発見の道路遺構」『古代交通研究8』古代交通研究会
上田市教育委員会　1974　『信濃国分寺―本編―』吉川弘文館
上田市教育委員会　1977　『上田市の原始・古代文化―埋蔵文化財分布調査報告書』
上田市教育委員会　1983-1987　『創置の信濃国府跡推定地確認調査概報』Ⅰ～Ⅴ
上田市教育委員会　1991　『高田』
上田市教育委員会　1992　『市内遺跡　平成3年度市内遺跡発掘調査報告書』
上田市教育委員会　1997　『古城遺跡』
上田市教育委員会　1997-2004　『下町田遺跡』Ⅰ～Ⅴ
上田市教育委員会　1998　『市内遺跡　平成9年度市内遺跡発掘調査報告書』
上田市教育委員会　1998　『西之手遺跡Ⅱ』
上田市教育委員会　1999　『西之手遺跡』
上田市教育委員会　2000　『市内遺跡　平成11年度市内遺跡発掘調査報告書』
上田市教育委員会　2001　『市内遺跡　平成12年度市内遺跡発掘調査報告書』
上田市教育委員会　2002　『国分遺跡群』
上田市教育委員会　2006　『史跡信濃国分寺跡　平成14(2002)年度～平成17(2005)年度記念物保存修理事業に伴う史跡信濃国分寺跡僧寺北東域及び僧寺南大門推定地発掘調査報告書』
上田市誌編さん委員会　2000　『上田市誌歴史編(3)東山道と信濃国分寺』上田市誌刊行会
上田小県誌刊行会　1980　『上田小県誌　第一巻歴史篇上（二）古代・中世』
木津博明　1999　「国府に地割はあったか　上野国」『幻の国府を掘る―東国の歩みから―』雄山閣出版
木下　良　2000　「東国の国府」『東国の国府』上田市立信濃国分寺資料館
倉澤正幸　1999　「古代信濃における平瓦・丸瓦の変遷―上田市高田遺跡他出土瓦の検討―」『長野県考古学会誌』91号　長野県考古学会
倉澤正幸　2002　「第四章　考察」『国分遺跡群』上田市教育委員会
黒坂周平　1992　『東山道の実証的研究』吉川弘文館
小林幹男・川上元　1970　「信大繊維学部敷地内遺跡調査概報」『長野県考古学会誌』9号　長野県考古学会
塩入秀敏他　1980　『三角』丸子町教育委員会
高島英之他　1996　『元総社寺田遺跡』Ⅲ　（財）群馬県埋蔵文化財調査事業団
田熊清彦他　1979-1989　『下野国府跡』Ⅰ～Ⅸ　栃木県教育委員会
寺内隆夫他　1999　『上信越自動車道埋蔵文化財発掘調査報告書26 更埴条里遺跡・屋

代遺跡群』㈶長野県埋蔵文化財センター
平川南他　1996『長野県屋代遺跡群出土木簡　上信越自動車道埋蔵文化財発掘調査報告書23－更埴市内その二－』㈶長野県埋蔵文化財センター
深澤靖幸　2005『古代武蔵国府』府中市郷土の森博物館
福島正樹　1997「2章　信濃国のなりたち」『長野県の歴史』山川出版社
柳澤亮他　1998『北陸新幹線埋蔵文化財発掘調査報告書2　国分寺周辺遺跡群』㈶長野県埋蔵文化財センター
山中敏史　1994『古代地方官衙遺跡の研究』塙書房

千曲川流域における古代寺院

原田　和彦

はじめに

　長野市にある善光寺は、その創建年代については未だ明らかになっていない。これは、善光寺自体の調査が遅れていることにも起因するが、それとともに、いわゆる「善光寺瓦」についての検討が不十分であるためとも考えられる。また、そもそも瓦を焼いたり、あるいは瓦の供給を受けたりすることの意義があまりにも無視され、かつ、善光寺の創建年代の問題をひとつの瓦の文様だけに答えを求めるあまり、「善光寺瓦」がひとり歩きしている感じさえ受ける。私はこうした従来の研究史を否定するつもりはないが、ただ、瓦本来の意味をもう一度原点にたちかえって考えようと思っている。

　本稿では、このような考えから、善光寺の創建などに関して直接触れるものではなく、むしろ、信濃の古代寺院の存在形態を、瓦の分布・国分寺の創建を軸として考えようとする、その前提作業という位置づけを持つ。

1　長野県における古代寺院研究の現状と問題点

(1)「善光寺瓦」論の問題点

①「善光寺瓦」論の原点の確認

　長野市の古代瓦に関する研究は、いわゆる「善光寺瓦」の問題に終始している感がある。これによって、善光寺の創建年代の比定や、文化的特質を論じるものが多くみうけられる。また、最近の「善光寺瓦」をめぐる研究は、後述の様に、「牟礼バイパスD地点」[1]から多量に出土した「善光寺瓦」と同笵の瓦（一般的にはこれも「善光寺瓦」と称しているが）を用いた研究が中心となっている。こうした研究の流れは、その根幹が、善光寺の創建年代の比定や、中央寺院との関係、あるいは瓦自体の持つ文様の特殊性にばかり主眼をおくあまり、瓦が古代の善光寺平にあってどのような役割を果たしていたかといった基礎的な研究の後退を招いているということは否めない事実であろう[2]。ここでは、こうした「善光寺瓦」の概念の確認を行い、その問題点を指摘したい。

　「善光寺瓦」についての研究は米山一政氏の業績がその指針となっている[3]。

善光寺瓦Ⅰ　　　　　　　善光寺瓦Ⅱ

善光寺瓦Ⅲ　　　　　　　善光寺瓦Ⅴ

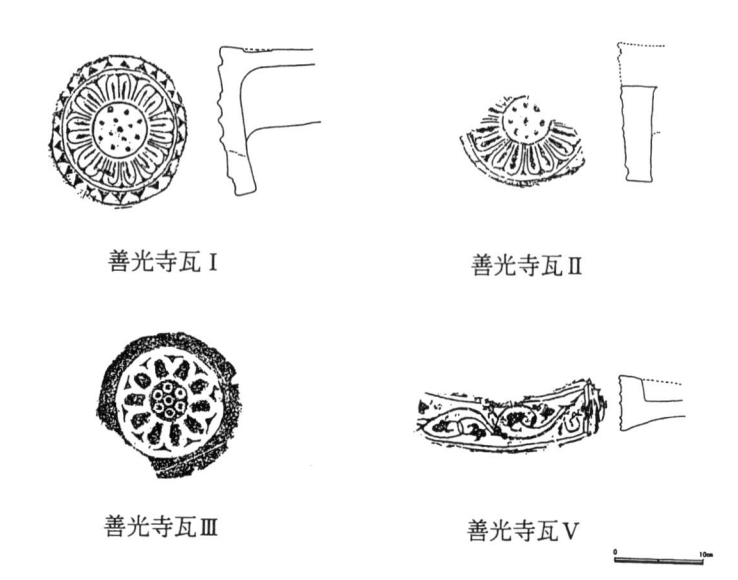

図1　善光寺境内出土の軒瓦

　米山氏は、善光寺瓦として軒丸瓦4点と軒平瓦1点を紹介している（図1参照）。
　米山氏によると、善光寺瓦Ⅰは、複弁式蓮華文軒丸瓦で、川原寺式の瓦とは多少の差異はあるものの、川原寺使用の瓦当の応用であり、時代としては奈良時代初期（白鳳時代）に位置付けられるとされる。善光寺瓦Ⅱは、善光寺瓦Ⅰと同じく、複弁式蓮華文軒丸瓦であるが、善光寺瓦Ⅰと違う点は、中房内の蓮子は中心のものと周りに配された8顆とあわせて9顆で、蓮子には輪郭がない点をあげている。そしてこの瓦もやはり川原寺の軒丸瓦の応用であるといわれている。年代的には、善光寺瓦Ⅰと同じく奈良時代初期（白鳳時代）にあてている。
　この2種類に対してまったくその意匠を異にするものとして善光寺瓦Ⅲがあげられる。この瓦は、善光寺瓦Ⅰ・Ⅱの意匠からの思いつきによって発展したのではないかとされ、平安時代初期に用いられたものと推測される。
　この他、現在の善光寺仁王門辺りからは巴紋の軒平瓦が出土しており、建久2年（1191）の再建時に用いられた瓦とされている。この瓦の使用年代の論証にはかなりの問題があり、再検討すべきではあるが、ここでは中世以降の善光

寺に葺かれた瓦であろうとする見解に従い、本論考から除外して考えたい。

　善光寺出土瓦のうち、軒平瓦は今のところ1種類のみ確認されている。それが善光寺瓦Ⅴである。この瓦について、米山氏は詳しい検討をされていないが、「その文様は飛鳥時代に行われた忍冬唐草文」であると言われている。この点はのちに触れる機会があろう。以上のように、米山氏の「善光寺瓦」に関する検討は、明らかに善光寺旧伽藍内出土瓦に対する検討に止まっており、その概念も、善光寺伽藍内出土資料にあてていることを確認しておきたい。

　また、森郁夫氏[4]は、信濃出土の畿内系軒瓦の検討を行っているが、その中で、善光寺瓦について詳しい検証を行っている。氏は善光寺出土の「二種の複弁八弁蓮華文軒丸瓦」（善光寺瓦Ⅰ・Ⅱ）は、極めて畿内的様相を備えており、また、これらは、東筑摩郡明科町（現安曇野市明科）の明科廃寺出土

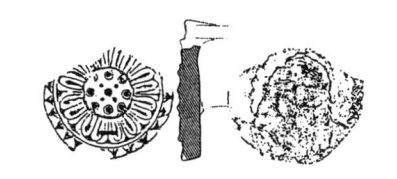

1. 牟礼バイパスD地点出土軒丸瓦

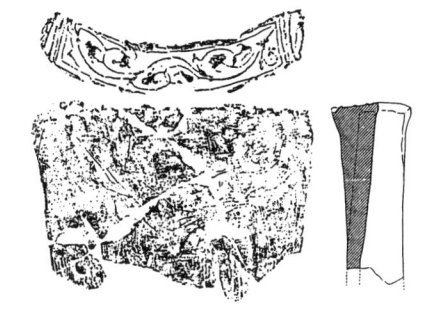

2. 牟礼バイパスD地点出土軒平瓦

3. 田中窯跡出土軒平瓦

4. 東沢窯跡出土軒丸瓦

図2　牟礼バイパスD地点出土とその付近の窯跡出土軒瓦

瓦とともに瓦当文様に7世紀代の特徴を備えていると結論付けられている。そして、注目すべきは、善光寺瓦Ⅱと須坂市左願寺廃寺出土の瓦とが同笵であることの指摘である。この事実は、森氏が言われるように高井郡と水内郡に7世紀後半頃には同一文様の軒瓦を持つ寺院が営まれていたことの証左であり、

「両者が千曲川を隔てて見られることは、信濃への仏教文化の流入を考える上で興味深い事実である」ことは確かである。森氏はこれ以上論究されていないが、善光寺唯一的な信濃古代寺院研究にあっては、左願寺廃寺出土瓦と善光寺瓦Ⅱとが同笵瓦である点は、善光寺の創建時期の問題はもとより、善光寺造営の主体者と、左願寺廃寺造営の主体者との関係、もしくは、北信濃における古代寺院の造営機構の問題にまで議論は展開できるように思われる。この点についても後述したい。

②「牟礼バイパスD地点」出土瓦と「善光寺瓦」論の変化

昭和56年度から実施された「牟礼バイパス」関連の発掘で、善光寺出土の瓦（善光寺瓦Ⅰ）と同笵の軒丸瓦が多量に出土した（図2参照）。これは「牟礼バイパスD地点」から出土し、善光寺出土の軒丸瓦と同笵ということから多くの議論を呼んだ。また住居跡から出土したこの瓦は、9世紀代の須恵器と伴出したことから、この善光寺瓦Ⅰの年代が平安時代初めに位置付けられ、善光寺瓦の研究においては極めて重要な意味を持つこととなった。そしてこれ以降、この善光寺瓦Ⅰを「善光寺瓦」と総称するようになり、かつ、この文様の起源論や、ひいては、善光寺の創建にまで言及するようになったのである。この調査を境として「善光寺瓦」の概念は、善光寺瓦Ⅰのみを指すようになり、それ以外の軒丸瓦については何ら触れられなくなってしまった。

ここで確認しておきたいことは、善光寺瓦という概念自体が、当初米山氏が提唱したような善光寺境内出土の瓦というものから固有名詞化し、善光寺瓦Ⅰのみを指すようになったという変遷である。そのため、いまや善光寺瓦といえば善光寺瓦Ⅰのみを指すというあやまった認識を生んでいる。また、すでに指摘したように[5]、この瓦の出土地が、生産地でもなく、消費地でもない住居跡から出土していることであり、なぜ瓦がこの地から出土しているのかといった、基礎的な検討がなされておらず、結果として資料（善光寺瓦Ⅰ）の位置付けが不十分になったという事実であろう。この点をはっきりと認識した上での今後の議論が期待される。

善光寺瓦Ⅰについて、牟礼バイパスの調査では、すでに述べたように発掘調査の成果から9世紀という年代をあてられたわけであるが、この点について森郁夫氏[6]はその文様から、「7世紀という年代観は改めなくて良いと考える」

としながらも、牟礼バイパスD地点出土瓦が9世紀の住居跡から出土した点について触れ、この瓦の年代観について「ただ問題がないわけではない」とされている。しかしこの点についての論及はなされていないため、発掘成果と年代観の差についてどう考えたらよいのかは不明である。

その後、牛山佳幸氏[7]や伊藤延男氏[8]は、こうした牟礼バイパスD地点出土瓦の年代観を善光寺創建年代にあてようとする考え方についての問題点を指摘されている。殊に伊藤氏は、「この瓦が9世紀のものであることが確認されたことは、大きな収穫であった。しかしこれは伽藍地外であり、旧伽藍地では、建築遺構の報告はまだない。したがって、たとえ瓦が9世紀に降っても、それだけで善光寺の創立時期を云々することは早計であろう」と言われている。首肯すべきであろう。

私は以前、この牟礼バイパスD地点出土の瓦を用いて論じるにあたっては多くの問題点があることを指摘した[9]。それを列記すると、①瓦は善光寺境内で出土したものではないため、この瓦を用いて直接善光寺について論じることはできない、②この瓦の生産地、消費地が曖昧である、③伴出した須恵器が9世紀のものであったとしても、瓦の絶対年代をそこのあてることには問題がある、以上3点である。それにもまして先に指摘したように、善光寺瓦の概念が、現在のところ米山氏の考えられた、善光寺境内出土の瓦という考え方から、「凸鋸歯文縁複弁八弁蓮華文軒丸瓦」（善光寺瓦Ⅰ）のみを指すものへと変化している点に疑問を感じる。森氏が指摘した須坂市小河原の左願寺廃寺との同笵関係を持つ善光寺瓦Ⅱについては近年それに触れる論考を見ないのは、片手落ちといえるのではなかろうか。ましてや、善光寺瓦Ⅲのような、善光寺出土瓦としては異質の文様を持つ瓦についての論考が少ないことも問題点としてあげておく必要があろう。ただ、こうした瓦の研究が、偶然見つかった遺物を、その文様などに主眼をおいて検討されているだけであり、瓦をだす遺跡、具体的には善光寺（古代にあってはどのようなものであったかは不明であるが）の遺構がはっきりしておらず、遺物（具体的には、牟礼バイパス出土の「善光寺瓦」）がひとり歩きし、善光寺の建物がどのような荘厳をしていたかといった具体性から遠退いている感は拭えない[補註1]。

(2) 瓦出土地のさまざまな可能性と問題点

　近年、全国的には瓦に関する研究が多くみられるようになった。また、古代寺院跡の発掘や、生産遺跡の発掘などが相次いで行われ、瓦編年や生産関係についても盛んに議論されるようになってきている。こうした議論は当然長野県でもあてはまるべきではあるが、古代寺院の研究に関してはあまり進展しているとはいえない。その第1の問題として、寺院跡や瓦窯跡などの発掘事例が極めて少ないことがあげられる。現在、高速道路建設にともなう緊急調査において、瓦生産遺跡の調査が行われているが、この点も全体像をつかむまでにはいたっておらず、成果が待たれるところである。そもそも、寺院跡の発掘は、信濃国分寺の発掘以外なく、現在議論が集中している善光寺においてすら何らの調査もなされていない。そのため、偶然掘りだされた瓦をもちいて、瓦のみの特異性に議論が集中している。この点は信濃古代寺院研究の盲点でもあろう。

　そもそも、瓦の出土地をすべて寺院とするのはいかがなものだろうか。近年の発掘成果を考えあわせると、瓦散布地イコール古代寺院という考え方は再検討する時期にきている。官衙的な施設を考慮する必要があるようにも思う。この点については次章でその可能性を指摘しておきたい。一方、瓦が検出されないとしても、草堂的な寺院が存在していたということは十分考えられる。これは寺院の寺院たる指標の問題でもあるが、私は施設において法会が行われることをその指標と考えている。この点は当然のことのようでもあるが、実は見落とされがちなことである。法会を行うのには、それなりの施設が必要になり、また、それを執行する多くの僧らが必要になってくる。これが施設としての寺院の伽藍である。そして、その法会を誰が営ませたかによっても寺院の性格は変わる。たとえば、国が営ませたのであれば、国家支配に組み込まれた寺であろうし、氏族や地方豪族によって営まれたものであれば、氏寺や御願寺などといったものにもなろう。しかし、概して古代寺院にあっては、厳密にこうした概念が与えられないと私は考えている。なぜなら、すでに定額寺を検討した際にも触れたことではあるが[100]、氏寺的性格を持つ定額寺であっても、国家的法会を行うことがしばしばあるのであり、こうした意味から古代寺院はすべて少なからず国家的支配のもとにおかれていたのではないかと考えている。この点

については別の機会に論じたいと思う。

　話を瓦の問題に戻そう。先にも指摘したように、長野県にあっては瓦出土地の調査は信濃国分寺遺跡以外にはなされておらず、また、瓦の供給関係自体についてもあまり研究は進んでいない。これは現状としては致し方のないことであるが、殊に善光寺境内のように日々変貌するような場所にあっては、その対応が急務のように感じる。善光寺が創建以来同一地に存在したのか、あるいは他の地域から移転したのか、こうした根本的な問題を解決する必要があり、このためにも善光寺の旧寺域内を含めた広範囲な発掘調査が待たれる。このことは、善光寺以外の瓦出土地にも当てはまることであり、遺構を検出した上で、遺物としての瓦と遺構との関係からその遺跡自体の性格付けをする必要があるように思う。そうしないかぎり、長野県における瓦研究、古代史研究の進展はないであろう。

(3) 国分寺建立をめぐる郡司層の動向

　信濃国分寺については多くの研究蓄積がある。これらについてはすぐれた研究であり、私にはそれらをまとめる力をもち得ない。しかし、信濃国分寺の創建について、私なりにいくつかの疑問を持っている(補註2)。ここでは、その点を指摘した上で、私なりの考え方を示したいと思う。

　国分寺の造営にあたっては多くの地方豪族の協力なしには造り得なかったことは、諸々の文献資料や武蔵国を代表とするさまざまな国分寺の発掘調査から実証されており、大方の歴史事実として認識されている。こうした流れの中で、信濃国分寺も同じように国内豪族の協力のもと造られたことは想像に難くない。信濃国分寺と地方豪族層の動向についてはすでに米山一政氏[11]、桐原健氏[12]の業績がある。

　米山氏は信濃全体の古代瓦を検討する中で、国分寺瓦の供給関係に触れて次のように言及される。

　　しかして信濃国分寺瓦に「伊」或は「更」の字陰を刻したものがあって、武蔵国分寺に数多い字瓦の類いであって、「伊」は伊那郡の略号であり、「更」は更科郡の略号であることは間違いない。信濃国分寺の性格からして当各郡名を示す字瓦が出土することは予想されるところであるが、信濃国分寺瓦に

埴科郡坂城町込山廃寺使用の瓦が発見され、ついでまた込山廃寺近くの窯跡から信濃国分寺使用の鐙瓦と同笵のものが出土し、同じ字瓦も発見されたことは瓦の製造が２・３里以内の地でおこなわれたことが知られる。このことは善光寺に於いても同様である。信濃国内古瓦の出土地は数多いが、それらから出土する瓦もおそらくそう遠隔の地で作られたとは思われない、…

　こうした米山氏の指摘は、この後長野県出土の古代瓦を研究する上で指標となっており、現在でもこうした考え方は受け継がれている。

　しかし、こうした米山氏の考え方のうち、国分寺における瓦の供給が、２・３里以内の地で行われたとする点は再考の余地がある。また、善光寺を含めて、信濃各地の古代寺院がその近辺の窯から瓦を供給されていたとする点も疑問を感じる。すなわち、律令制下にあって、各寺が個別に窯を持っていたとは考えにくいからである。

　また、桐原健氏は、森郁夫氏が示された東国の豪族層の動向と造寺活動についての検討[13]を信濃国分寺に当てはめて検討されている。これによれば、信濃国分寺出土瓦と同笵の瓦が、込山廃寺、更埴市（現千曲市）の雨宮廃寺跡からそれぞれ出土している。このことから、これらの瓦は窯跡である土井ノ入窯跡で焼かれ、国分寺で使われたものを、「国司が国分寺建立に協力した地方豪族への見返りの一政策」として、込山廃寺と雨宮廃寺に瓦がわけ与えられたとされる。そして、すでに米山氏が指摘されている「伊」・「更」の文字瓦については、これらはそれぞれ、「伊那郡」・「更級郡」を指し、小県郡司である他田氏が、伊那郡の金刺氏・更級郡国造系譜につながる豪族の委託を受けて土井ノ入窯跡で瓦を焼いたとされる。これによって、「国造氏に繋がる郡司間の連携体勢が出来上がっていた」とされる。こうした桐原氏の指摘のうち、前者の諸廃寺と国分寺との検討は首肯すべきではあるが、後者の国造氏間の連携による造寺活動という点は、国家的レベルの造寺活動である国分寺の造営についてどの程度当てはまるのか疑問は残る。

　以上のように２氏の研究を整理するならば、殊に国分寺瓦の供給関係については、やはり近辺の窯からの供給のみであるとまとめられるのであり、ひいては、国分寺の造営に参画した豪族層は信濃全般にわたっているとは考えていないのである。また、国分寺を画期とした信濃国内全体の造寺活動についても

曖昧の感がある。

　私は信濃国分寺の建立という大事業によって瓦の供給関係や、あるいは、地方寺院（豪族などが檀越となっている氏寺など）が変革を迎える（いわゆる画期）と考えている。この点は後述するところであるが、国分寺造営には、郡司層の画参が必要であったことは、多くの論考から明らかである[14]。

　このように、郡司層を巻き込んだかたちで初めて国分寺の造営がなされるようになったのである。信濃国分寺については、桐原健氏が言われるように、伊那郡・更級郡の画参、込山廃寺・雨宮廃寺の檀越の協力が指摘されるのみである。この点については、私はもっと多くの郡、すなわち、信濃国全体における造寺活動であると考えている。

2　千曲川と瓦散布地との関係―交通路としての千曲川

(1) 瓦出土地と千曲川

　1990年に上田市立博物館において「古代の寺院」という展示が開催された。この展示図録は、長野県内の古代寺院研究の現状がコンパクトにまとめられていることで評価される。図録の巻末には「古瓦出土地、寺院跡関係出土資料調査一覧」が多くのページ数をさいて掲載されており、古代寺院の研究には極めて有用なものとなっている。軒瓦の出土地（廃寺など）をこの図録の表をもとに地図上におとしたものが図3である。

　これによれば、東北信地方では瓦の出土地（廃寺など）が千曲川やその支流の河川の流域に分布していることがよくわかる。ただ、注意しなければならないのは、これらをすべて寺院とするかという問題と、いつ存在したものであるかといったことである。殊に前者においては、瓦散布地といっても官衙的なもの（たとえば国府や郡衙）である可能性も否定できないのである。とりあえずは、こうした点についてもかなりの憶測を含めて今後の議論の叩き台として提示したいと思う。

　河川と寺院の存在について論じたものに森郁夫氏[15]の研究がある。

　森氏は、寺々の立地として交通の要衝であることをあげ、陸路のみならず水路との関係も重要であったことを指摘する。氏の関心は政権と寺の造営、河川

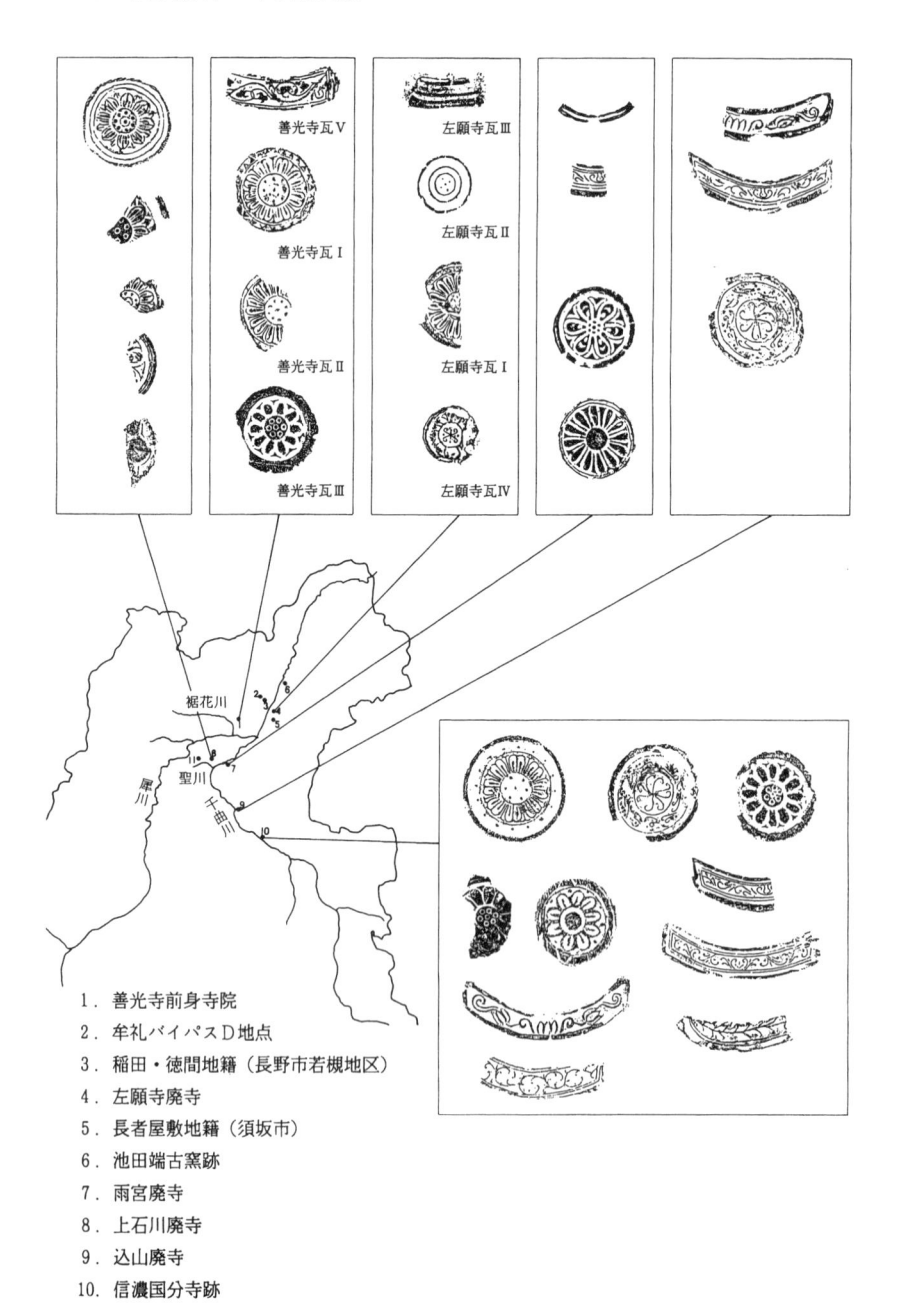

116　千曲川流域における古代寺院

善光寺瓦Ⅴ
善光寺瓦Ⅰ
善光寺瓦Ⅱ
善光寺瓦Ⅲ

左願寺瓦Ⅲ
左願寺瓦Ⅱ
左願寺瓦Ⅰ
左願寺瓦Ⅳ

裾花川
聖川
犀川
千曲川

1．善光寺前身寺院
2．牟礼バイパスD地点
3．稲田・徳間地籍（長野市若槻地区）
4．左願寺廃寺
5．長者屋敷地籍（須坂市）
6．池田端古窯跡
7．雨宮廃寺
8．上石川廃寺
9．込山廃寺
10．信濃国分寺跡

図3　寺院跡出土の軒平瓦と軒丸瓦

を支配していた氏族との関係であり、その素材は畿内地方を中心とするものである。そのため、信濃のような地方にあって、同レベルで考えることは問題はあると思うが、少なくとも古代寺院の立地を考えた場合、河川や陸路などの交通の要衝と少なからず関係していたであろうことは確認しておきたい。

千曲川と瓦出土地の関係に戻ろう。

すでに指摘したように、瓦出土地は千曲川を中心としてその支流の中小河川沿いにまで存在している。そして、当時の流路（川筋）からさほど遠くない位置にある。このため、これらの瓦を使用した施設に共通していえることは、河川と少なからず関係を持っていたということである。この点はかなり憶測めいた問題かもしれないが、先の森氏の研究を援用するならば、当時の交通の要衝に、支配者がなんらかの意図を持って寺院や官衙を建てたと想像できるのである。それとともに、こうした寺院の建設は、瓦はもとより木材など建設資材の運搬が重要な問題であったに違いあるまい。そうした場合、やはり河川を利用した運送が当時としてはいちばん効率的であったに違いないのである。こう考えてくると、寺院・官衙が成立する地理的条件として、河川（運送ルートとしての）の近くということが東北信地方に当てはまると考えたいのである。

(2) 千曲川流域の寺院跡・官衙跡

瓦の出土地（生産地消費地を含めて）は千曲川流域に存在することがわかった。そしてそれは河川からさほど離れていないところにあることも確認できた。

それでは次に、瓦出土地のうち、現在まで寺院推定地、官衙推定地とされているいくつかの例をあげて、それらについて千曲川との関係や、遺跡自体の性格にまで、推測の域を出ないが細かく検討していきたい。

①善光寺（善光寺前身寺院）

善光寺といった場合、中世以降の善光寺信仰を持った善光寺が想起される。しかし、そもそもこうした中世の善光寺と古代の善光寺がどの程度関連があるのかわからないのが現状であろう。たとえば、石田茂作氏[16]は、善光寺三尊像は古代にあっては釈迦三尊像のかたちでまつられていた可能性を指摘している。こうしたことを考えあわせるなら、中世的な善光寺が古代以来のものであるのかといったことは、再考を要する。また、寺院の在り方を考える上で重要な指

標である法会をみた場合、中世以降に展開する浄土信仰的な善光寺像は古代にあっては極めて考えにくいのである。まして古代の地方寺院にあって中世のような大きな信仰を集め得たのかは疑問である。私は善光寺信仰の隆盛の裏には、平安時代に広がった末法思想の影響があるものと考えており、中世以来の善光寺信仰をそのまま古代にまで当てはめようとするのは問題があると考える。そのため、本稿では古代善光寺に関しては、中世の善光寺とわける意味で善光寺前身寺院と記載する。

　まず善光寺前身寺院の立地条件であるが、現在ではその流れが変わってしまった裾花川からさほど遠くない距離に位置している。この点は中世に描かれたさまざまな絵画資料によっても明らかである。善光寺をモチーフにしたものはいくつか確認されるが、そのうち、近年脚光を浴びている大阪府藤井寺市の小山善光寺所蔵「善光寺参詣曼荼羅」を例にとれば、明らかに善光寺の南には東西に2本の河が流れており、善光寺に近い北側の河は裾花川・南の河は犀川と想定される。この絵に描かれた光景は、中世末期の善光寺の姿をそのままうつしているとはとうてい考えられないが、少なからず善光寺を描く場合、裾花川や犀川が意識されていたことは明らかであろう。また、「善光寺参詣曼荼羅」で興味深いことは、裾花川を材木輸送に使っていることである。そして、犀川にはいくつもの船がとまり、まさに人を運ぶ姿が描かれていることである。しかし、ことに後者に関しては、犀川を用いた通船や水運を考える根拠資料とはしがたく、渡し船の可能性のほうが強いのかもしれない。ただ、船が東西に運航している構図からすると、千曲川への通船とも考えられる。ともあれ、絵画資料という資料自体の持つ限界があるためこれ以上の結論はだせないのであるが、善光寺と裾花川とはなんらかの輸送の上で意識され、犀川との関係ではまさに善光寺の南の境を示す川として意識されていたことは確認されよう。

　このように、善光寺にあっては、中世において河川との関係が明らかであり、裾花川のような善光寺に近い河川にあっては、輸送路として利用された可能性が強いことを指摘しておきたい。

　善光寺出土瓦についての検討はここでは詳しく行わないが、次に示す須坂市左願寺廃寺出土の瓦と同笵関係にあることは、少なくとも千曲川を介して、瓦の行き交いがあったことを暗示するものであり、また、善光寺出土瓦のうち、

信濃国分寺瓦と同文様の瓦が存在するという事実は、善光寺前身寺院と信濃国分寺がなんらかの関係を持っていたことが推定されるのであり、これにおいても、千曲川を介しての相互関係が想定される。この点については以降の検討の中で明らかにしていく。

② 左願寺廃寺

善光寺前身寺院の対岸にある、須坂市左願寺廃寺について次にみたい。

左願寺廃寺は須坂市小河原にあり、千曲川からさほど遠くない距離に位置する。その遺構はほとんど不明であり、現在はりんご畑になっている。左願寺廃寺からは善光寺瓦Ⅱと同笵の瓦が出土（以下、便宜的に左願寺瓦Ⅰとする）しており、善光寺前身寺院のある時期における技術的な協力関係があったことがわかる。左願寺廃寺からは、極めて特徴的な瓦が出土している。まず第１にあげられるのが重圏文軒丸瓦（以下、便宜的に左願寺瓦Ⅱとする）と、重弧文軒平瓦（以下、便宜的に左願寺瓦Ⅲとする）が出土していることである（図３参照）。これらはセットになるものかどうかは不明であるが、左願寺瓦Ⅱが白鳳時代のものと位置付けられるとすれば重要な資料となろう。

この他、左願寺廃寺からは信濃国分寺瓦と近似した文様の軒丸瓦が出土している。この瓦（以下、便宜的に左願寺瓦Ⅳとする）（図３参照）は蕨手文という特殊な文様であり、信濃国分寺との共通性も考えられる。

③ 須坂市長者屋敷地籍

左願寺廃寺から２km程離れたところにも瓦の散布地が存在する。

ここは須坂市塩川の長者屋敷遺跡・八幡浦遺跡で、『上高井誌』歴史編の記載によれば、かなり古い瓦の出土が確認されている。この遺跡を決定付ける資料はないものの、想像に想像をめぐらすならば、その字名から、高井郡の郡衙・郡寺がおかれていたのではないかと想像している。それは次の理由からである。

まず注目すべきは、この字名である。斎藤忠氏[17]は、全国に残る「長者屋敷」という地名とそこに存在する遺跡の性格を検証されている。ここから導きだされた結論として氏は、「…このような遺跡にほぼ共通するものは、年代においては平安時代頃までの古代遺跡であり」、具体的には、宮殿・国庁・郡衙・山城・寺院などの建物があったことが十分考えられるとする。そして、この長者という名前を付した理由として「古代の建築遺構がおそらく中世以降その機能を失

い廃滅した後に付会されたものが多い」と言う。斎藤氏の説をそのまま引用するならば、長者屋敷地籍にはまさしく郡衙レベルの建物が存在していたことが推定されることとなる。また、これを裏付けるかのように、この長者地名については、江戸時代末に編まれた『三峯紀聞』(18)にここに住んでいた長者にまつわる伝承が記されている。『同書』によれば、長者は八幡の地に住んでいたが、塩川の辺りまで家居が並んでいたこと、長者の家近くには、「三願寺」という寺があり、これが長者の菩提寺であったこと、この寺の跡には、「飛石」(礎石のことか)が所々にあると記されている。これらすべてを史実とすることはできないが、江戸時代の末には礎石が残っていたことがわかり、古代の遺跡がなんらかの形で残っていたことを裏付けるものといえよう。

　これらのことから考えられる(あくまでも私の推測でしかないが)のは、ここには、郡関係の施設が複数存在していたということである。具体的には、長者の屋敷といわれているものが郡衙(郡家)、長者の菩提寺といわれる「三願寺」が郡寺という結論であるが、これはあくまでも推測の域をでないことを了承願いたい。

　また、この場所の地理的な環境も見逃せない。この長者という地籍の西には、小山の墨坂神社があり、この境内からも瓦が出土している。この神社が果たして延喜式に規定されている式内社の墨坂神社であるのか即断できないが、郡レベルの機構を考えるならばこの神社の存在自体重要かと思われる。また、千曲川からもさほど遠い位置でもなく、交通の要衝であった。

　以上、瓦出土の指摘から、ほとんど憶測めいたことにまで言及してしまったが、これらの指摘は、今後の調査によって明らかになるだろうと期待している(補註3)。

④ 雨宮廃寺

　更埴市(現千曲市)雨宮の瓦出土地を雨宮廃寺としている。この廃寺出土の瓦の呼称について米山氏は、この地に江戸時代に存在した正法寺の名前を用いて、「雨宮正法寺瓦」とするが、そもそもこの正法寺がいつからこの地に存在し、いつからの呼称であるかは不明であるので、従来のように雨宮廃寺、あるいは雨宮廃寺出土瓦と統一して呼びたい。雨宮廃寺の所在地は、川中島合戦にでてくる「雨宮の渡し」推定地に近接する場所で、以前は千曲川の流れがすぐ横を

通っていたことが想像されている。また、桐原健氏が指摘するように、この雨宮廃寺は、千曲川の自然堤防上に位置しており、以前の発掘では南北2棟の礎石群が発掘の上確認されている。

　この廃寺からは、信濃国分寺から出土した軒平瓦と同笵のものが出土している。この事実は、国分寺造営にあたって雨宮廃寺の造営主体者が、なんらかの協力関係を持っていたことを示しているのである。この点は後述したい。

　近年、この廃寺出土の瓦と新潟県新井市（現新潟県妙高市）の栗原遺跡出土の瓦とが類似していることが指摘されている。この栗原遺跡の性格について、『新潟県史』[19]では頸城郡の郡家との見方が示されている。本稿では雨宮廃寺との関係については詳しく触れないが、こうした指摘は今後越後国と信濃国との技術的関係はもとより、経済流通や文化流入の問題を考える上で重要であろう。

⑤ **上石川廃寺**

　長野市篠ノ井上石川地籍にも瓦の散布地がある。ここからは多くの瓦が出土しており、かなりの限定された範囲であることもわかっている。旧伽藍地として推定されている場所は現在住宅地となり往時の面影を止めない。

　上石川地籍のほぼ北には布制神社があり、またその北の丘陵地には前方後円墳の川柳将軍塚をはじめ姫塚がある。このように信濃古代史の上で重要な遺跡が集中的に存在するところに上石川廃寺は立地するのである。また、付近には聖川がこの西を流れ、千曲川に流れこむ。こうした前方後円墳や神社と、上石川廃寺との関係はあまり触れられてはいないが、ここが川を介しての重要な地であることに間違いない。

　上石川廃寺については正式な発掘はないものの、昭和40年頃に電柱の立て替え工事があり、この際に地下約1mのところから、礎石と思われる扁平な石が出土した。現在空き地となっており、そこからは容易に多くの瓦が採集できるのである。ここになんらかの建物があったことは推測できるのであるが、果たしてどのような建物であるのかは今後の学術調査の成果を俟つしかない。

　上石川廃寺出土の瓦は軒丸瓦が3種類あるとされている（図3参照）。この詳細な検討は米山氏の研究に譲るが、ただ、私が観察したかぎりではこれ以上の種類があり、分類数も増えるのではないかと思う。再検討の必要があろう。

　上石川廃寺出土の瓦と同様の文様を持つ瓦として、聖川上流の長野市信更町

図4　専照寺裏出土瓦
（長野市立博物館蔵）

の専照寺裏出土瓦があげられる（図4参照）。この瓦の特徴は、上石川廃寺出土の瓦と陰陽がまったく逆であるということである。米山氏はこの瓦について、「周縁を欠失している」とされているが、もともと周縁部は作られていない。この専照寺裏出土瓦と上石川廃寺との関係をどう考えたらよいのであろうか。

かなり憶測めいてはいるが、私はこの瓦は、軒丸瓦ではなく、近年発掘事例が多くなりつつある陶製の瓦当笵なのではないかと考えている。この点は確証もなく、今後の検討課題としたいが、この辺りに窯跡が多いことや山の斜面から出土していることから、瓦当笵である可能性が十分考えられる。今後、上石川廃寺出土瓦の詳細な検討を通して、もう一度この仮説に挑んでみたい。

上石川廃寺と瓦供給先と思われる長野市信更町の専照寺裏との関係は、まさに聖川を媒体としている。聖川を交通手段として用いていたかどうかは、当時の聖川の様子がわからないかぎり不明であるが可能性はあると思う。確かに現代の感覚では交通路としては考えにくいような勾配を持つ河川ではあるが、重い物資を多量に運ぶ手段としては有用だったのではなかろうか。

⑥ 込山廃寺

埴科郡坂城町坂城の現・坂城小学校の校庭地から東西2間、南北4間と推定される長方形の礎石建物が検出されている。これは、昭和28年に坂城小学校の校庭拡幅工事に伴って確認されてものである。ただ詳細な報告が出ていない点は残念であるが、米山氏の論文によれば、この西方にも長方形の礎石群が存在していたという。この建物群については、金堂や講堂との推定がなされているようである。しかし、こうした長方形の建物が南北に2棟存在するといった形態は寺院とするにはいかがであろうか。こうした長方形の建物群を持つものとしてまず考えられるのは郡家や国府などの官衙的な建物であろう[20]。この

ように問題は多いものの、本稿では従来のように廃寺として扱っておきたい。

　込山廃寺からは軒平瓦2点・軒丸瓦1点が出土しており、これらの軒瓦はすべて国分寺と同笵である。このうち軒平瓦の1点が信濃国分寺・雨宮廃寺の軒平瓦と同笵である。このことはとりもなおさずこの3つの寺院が技術的になんらかの関係にあったことを物語っている。また、この込山廃寺から東へ400m程のところにはこの瓦を焼いた窯跡が確認されている。信濃国分寺建立あるいは再建（補修）を契機としてこの窯が開かれ、それとともに、込山廃寺・雨宮廃寺の2つの寺院に対してその瓦が供給されているのである。こうした例は、殊に国分寺建立が盛んになる奈良時代中頃以降に全国的にみられる様相であり、背景には、郡司の国分寺造営への参画が読み取れる。一般論からまず述べておきたい。史料上、郡司の参画が認められるのは天平19年（747）であるが、これ以降は国分寺の造営事業が軌道にのるという。こう考えると、込山廃寺などが造られたのはまさに天平19年よりもそう遠くない時期のことと想像される。

　込山廃寺も千曲川から接近した場所に位置している。それとともにこの北には日名沢川が流れ千曲川へと合流している。日名沢川をさかのぼった北日名地区からは経塚が発見されており、出土品のひとつである経筒には「保元二年」（1157）の銘が陽刻されている。このことから、古代にあっては極めて重要な地であったことがわかる。また、延喜式内社の論社のひとつである坂城神社もここからさほど遠くない位置にある。このように考えてくると、この地に寺院が建立された背景もおぼろげながらわかってくるように思われる。まさしく、古代にあっては、北信地域と東信地域とを結ぶ交通の要衝であったのではなかろうか。

⑦ 信濃国分寺

　信濃国分寺については多くの研究蓄積があることは縷々述べてきた。これらの研究について議論を挟む力を私は持たない。ここでは、信濃国分寺の建立などの背景についてはひとまず考えないこととしたい[補註4]。

　国分寺は言うまでもなく国府の近くにおかれている[21]。この点は誰しも認めるところであろう。そして、この地が信濃国にあって交通の中心地であったことは確かである。国分寺には当然のことながら官道が近くを通っていたと思わ

れる^(補註5)。それとともに、国分寺の南には千曲川が流れていることに気付く。古代の流路が現在と同じであったかは確証に乏しいが、現流路とそれほどかけはなれていないとするならば興味深い。なぜなら、これまで述べてきたような古代寺院は千曲川流域に立地するという条件を満たしているからである。信濃国分寺にあっても、まさに千曲川近くに建っている。これは他の古代寺院と同じように、千曲川の存在を意識した上で国分寺が建立されたと想像されるのである。確かに、東山道の存在を視野に入れて考えなければならないのではあるが、私は信濃にあっては河川交通の重要性はもっと考えていかなければいけないと思っている。繰り返しになるが、国分寺のような大量の瓦や木材を使う建設事業にあっては、陸路を輸送するよりも、河川を使ったほうが効率的であるからである。このことは国府についてもいえることであり、物資の輸送に際してやはり河川を使っていたのではなかろうか。この点はここで詳しく触れないが、山国にあっては、河川の使用が比較的日常的に行われていたのではないかと思われる。

　次に千曲川を介しての物資輸送という観点から、寺院と瓦窯との位置関係を考えてみたい。

(3) 瓦窯跡と寺院

　近年、長野県内では高速道路網の建設が盛んに行われ、これに関連して多くの遺跡が発掘されている。この中のひとつである中野市の「池田端古窯跡」からは多量の瓦が出土している。以前から瓦片などが出土しており、瓦窯跡であろうと想定されていた。今回の発掘調査で、奈良時代の窯跡であることが明らかとなっている。しかし、発掘成果が現地説明会の資料などのみであり、詳細については明らかにされていない。

　池田端古窯跡の現地説明会資料をもとにこの窯の性格を考えると、当然のことながら国分寺との関係が想定される。しかし、ここで焼かれた瓦はここからさほど遠くない、須坂市左願寺廃寺に供給されたと推定している。国分寺への班給は想定されていないのである。確かに国分寺まではかなりの距離がある。しかし、奈良時代にあって瓦を焼くということはたやすいことではなかったはずである。まして、国分寺造営という大事業にむかって信濃国内の技術が総動

員されたと思われる時期に近い窯である。憶測でしかないが、国分寺事業が始まることによって開かれた窯と仮定できないだろうか。これを裏付けるものとして、2号の窯跡があげられる。この窯は最初は須恵器を焼いていたが途中から瓦を焼くようになったという。これはまさに国分寺造営事業によって、大量の瓦を必要としたためにこのような措置がとられた傍証資料として考えられるのではなかろうか。

　以上の憶測は、まったく資料に即しての検討ではなく、現地説明会という中間報告から想像したものである。今後、正式な資料が公になったとき改めて検討したいと思う(補註6)。

　池田端古窯跡の南には清水山窯跡があるが、ここからは「佐玖郡」と箆書された須恵器が出土している。この窯も明らかに律令制施行後の窯であることは確かである。池田端・清水山などを含めた中野市の長丘丘陵上の窯跡は、現在のところ確たることはいえないものの、国衙工房的な性格を持つ一大窯跡群であったのではないかと想像される。奈良時代から平安時代にかけて使われていたとすれば、まさに信濃国府直営の工房である可能性があり、この全体像をつかめば、信濃国の古代史解明に重要な資料を提供することになるのではなかろうか。

　では、この窯跡の地理的な位置をみてみたい。この窯跡の東、さほど遠くない場所を南北に千曲川が流れている。この窯を開くためには水が必要であるという条件的な面もあろうが、私はむしろそれよりも、ここで造られた瓦を運ぶためにこの千曲川を使ったのではないかと考えている。こう考えてくると、ここから信濃国分寺に送ることは可能であろうし、それ以外の千曲川流域の古代寺院に供給されることも可能であったのではなかろうか。今後、ここで焼かれた瓦や須恵器などが、どのような遺跡に供給されたかを検討することによって、より深い研究がなされよう。

　これとは少し論旨がずれるが、信濃国内の東山道で興味深いのは、東山道が千曲川、犀川をわたる地点に「亘理」の駅家がおかれているということである。東山道にあってこの「亘理」の名が用いられる駅家は信濃のみであり、延喜式所載の駅家を見ると、ほかには北陸道に1つ確認されるだけであるという[22]。この点は今後の課題にしたいが、推測するに、これは単に河川を渡す駅家とい

う意味だけではなく[23]、むしろ、河川交通と陸路とを結ぶ要衝のような性格を持っていたのではなかろうか。憶測の域を出ないが、「亘理」の駅家には千曲川を行き交う船の船着場のような施設が存在していたとも考えられよう。

3　国分寺建立前後の古代寺院

本章では、国分寺建立をひとつの指標として、今まで述べてきた中からある程度のまとめをしてみたい。

(1) 軒丸瓦の類似性からみた千曲川流域の寺院

千曲川流域の古代寺院の中で、善光寺前身寺院の存在は重要視されてきたことはこれまで述べてきた中でお分かりいただけたと思う。しかし、善光寺前身寺院をひとつの地方寺院として扱うと、すでに指摘したように、善光寺前身寺院の瓦と須坂市左願寺廃寺出土の瓦が同笵であるという事実は、まさに両寺院の建立、あるいは再建（修繕）に際してなんらかの協力関係があったことを示すのである。憶測に憶測を重ねるのなら、両寺院の檀越間になんらかの協力関係が読み取れるかもしれない。善光寺前身寺院に供給された瓦の一部は、長野市の若槻地区にある髻窯跡群から供給されている。これとの関連から、左願寺廃寺にもここから瓦が供給された可能性も指摘できよう。しかし、たとえば田中窯跡出土の軒平瓦（図2参照）にあっては、現在までのところ善光寺境内からの出土が確認されていないので、髻窯跡群の瓦がすべて善光寺前身寺院に供給されたとも考えられない。この点は今後の発掘成果によってなんらかの糸口が見いだせるかもしれない。

論旨から少し外れるが、私は以前、この長野市若槻地区に古代寺院が存在したのではないかという指摘をした[24]。その傍証として、近年この若槻地区から白鳳時代の特徴を持つ鴟尾が出土したことをあげた。また、鴟尾が出土した付近には古瓦の散布地があることはこれまでも知られていた。こうしたことを考えあわせると、この若槻地区にも古代寺院の存在が十分予想されるのである。

このほか、国分寺建立以前には、上石川廃寺・雨宮廃寺などの存在も推定されている。これらの寺院は独自の窯を持つことが想定されており、善光寺前身

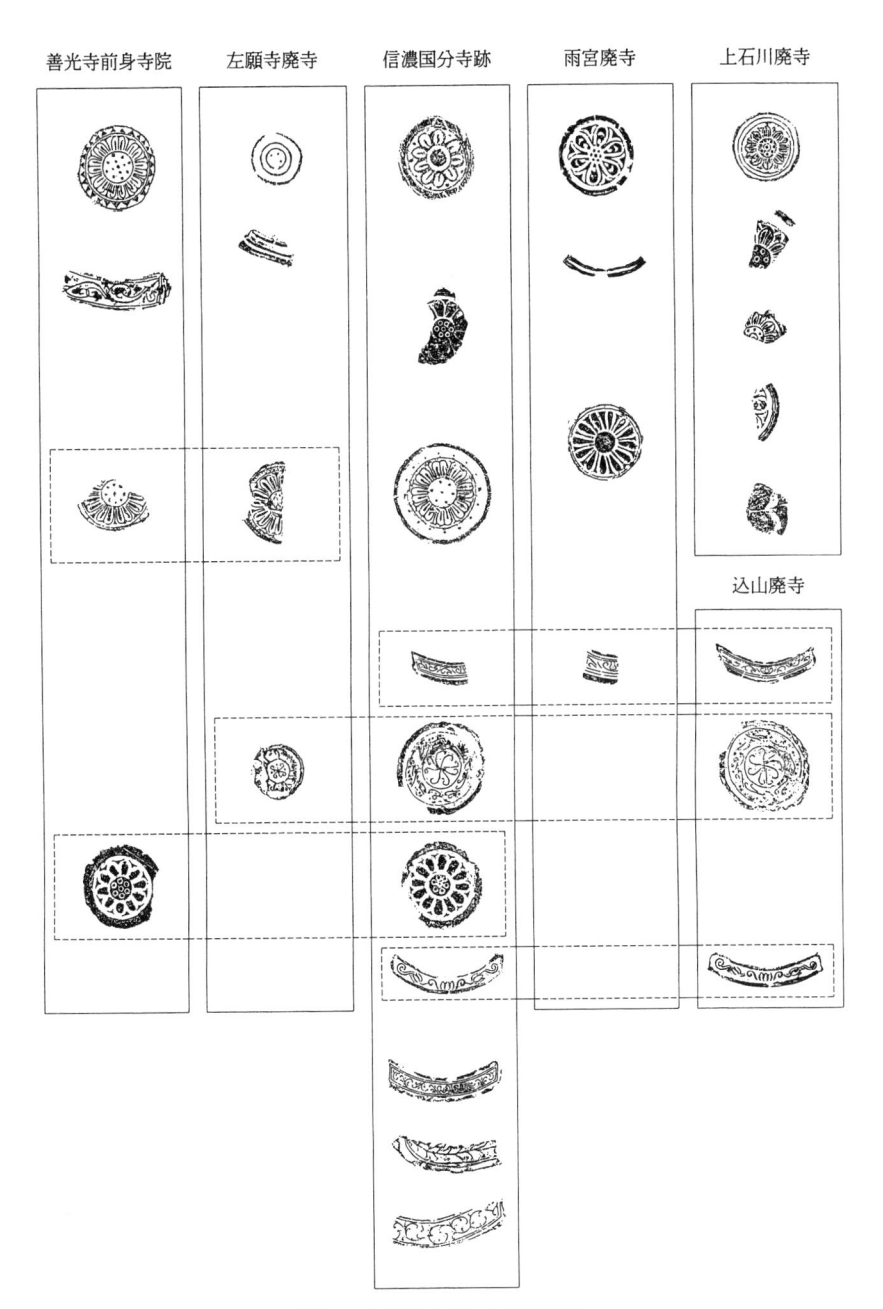

3 国分寺建立前後の古代寺院　127

| 善光寺前身寺院 | 左願寺廃寺 | 信濃国分寺跡 | 雨宮廃寺 | 上石川廃寺 |

込山廃寺

図5　寺院跡出土瓦の相関関係

寺院や左願寺廃寺との技術的な交流はなかったようにも思われる。この点は今後の課題であろう。

　以上のように、国分寺建立以前にあっては、善光寺前身寺院と左願寺廃寺との間になんらかの技術的な交流があったことが読み取れるとまとめられよう。

(2) 国分寺建立を契機とした寺院の変容

　国分寺建立は国家あげての大事業であった。このような大規模な事業にあっては、当然のことながら郡司などの協力なしには遂行し得なかったであろう。こうした協力関係を考える上で、重要な資料として、国分寺瓦の氏寺などへの供給ということがあげられる。信濃国内でのこうした研究は先にも触れたとおり桐原健氏[25]によってある程度の成果が出されている。ここでは、桐原氏の研究に依拠しながら、私なりに国分寺建立を契機として、古代寺院の在り方がどのように変容したのかを考えてみたい。

　国分寺瓦と同范の瓦を持つ寺として、込山廃寺と雨宮廃寺が知られることはすでに述べた。これらの瓦は込山廃寺の近くの土井ノ入窯跡から供給されたのである。私はこの瓦が使われるようになるのは、国分寺造営に郡司が介入する天平19年頃のことと想定している。なぜなら、それ以前にあっては、信濃国分寺はまだ建設が順調に進んでいなかったものと想像されるからである。とするならば、込山廃寺や雨宮廃寺の檀越層らは、国分寺建立を契機として瓦を供給し、その見返りとして同范瓦の使用を認められたと考えられる。こうしたことから、国分寺建立を契機とした2つの寺の変容が読み取れるのである。

　このことは善光寺前身寺院や左願寺廃寺にも当てはまる。

　善光寺出土瓦のうち、八弁式蓮華文（善光寺瓦Ⅰ・善光寺瓦Ⅱ）とはまったく意匠を異にする瓦である素弁式蓮華文の軒丸瓦（善光寺瓦Ⅲ）の存在は注目される。この瓦と同范とはいえないものの、同様文の瓦として信濃国分寺出土の単弁式蓮華文の瓦がある。この点についてすでに米山氏は両者の類似性に注目された上で、「形式の相似から相関関係はあるが、いずれが原型式かはわからない」[26]とされている。確かにこれだけの資料では両者の前後関係については即断できないが、何よりも重要なのは、信濃国分寺の瓦と、善光寺前身寺院の瓦とが相関関係にあるという指摘である。これは取りもなおさず、国分寺造営

のある時期に、善光寺前身寺院の檀越らがなんらかの技術提供をしたことを物語っていると考えられることである。

　同じようなことは左願寺廃寺でも言うことができる。左願寺廃寺出土の軒丸瓦の中で、とくに興味深いのはいわゆる蕨手文といわれる文様を持つ瓦の存在である（左願寺瓦Ⅳ）。この文様についてはその独自性からその始原を求める研究は多いが、左願寺廃寺の蕨手文と信濃国分寺出土の瓦との相関関係について触れたものはない。左願寺廃寺出土瓦についてみるかぎり、このような特殊な文様を持つ瓦が使われるようになる背景には、私はやはり国分寺の建立（再建）を契機としているのではないかと考えている。このほか、左願寺出土の重圏文の軒平瓦については、意匠の差こそあれ国分寺出土の重圏文軒平瓦の系統に属するものと思われる（図には掲載しなかった）。以上の２点を考えあわせるなら、左願寺の檀越にあっても国分寺造営に関してなんらかの技術的援助を行っているとの推測が成り立つように思われる。

　このようにみてくると、千曲川流域の古代寺院にあっては、国分寺造営に際してなんらかの協力関係を持ったことが推測される。ただ上石川廃寺については、信濃国分寺の瓦と相関関係を持つものがあるかといえば特定しづらいので、今後の検討課題ではある。しかし、次に述べる様に、上石川廃寺の存在する更級郡からも瓦が供給されているのは確かなことであり、更級郡からも国分寺造営に際してなんらかの働きかけがあったことは想像できる。

(3) 千曲川流域における古代寺院の相関関係—国分寺と郡司の関係から

　以上のように、信濃国分寺にあっても、国分寺建立以前から存在していたと思われる古代寺院が国分寺造営を画期として技術的な援助関係を結んだであろうことの推測を行ってきた。

　そもそも国分寺造営と郡司の関係については、文献史学の立場から野村忠夫氏[27]が検討されている。野村氏は、奈良時代に多く現れる一種の売位である献物叙位制度は、国分寺の造営や東大寺大仏の造営など、膨大な経費を必要とする時期にそれを補充する意味で行われたとされている。この献物叙位は、第１のピークを東大寺、国分寺の造営期にあて、第２のピークとして西大寺の造営期があてられる。これらは主に地方豪族層などが蓄積した私財を投じること

によって貴族官人的な地位を得るものである。これと同じことは、正史上現れないものの、国分寺造営に際して郡司層が瓦を供給するという関係に置き換えられる。この点は森郁夫氏もすでに言及しているところである。

　信濃国分寺については、従来、信濃国内全体を巻き込んだ造営体制といった考え方はあまりとられてこなかった。しかし、少なからず、千曲川流域の古代寺院にあっては、国分寺系瓦が各所で確認されるといった事実は、千曲川流域の郡司層を中心として、国分寺造営事業にかなりの協力を行っていたことを裏付けているのではなかろうか。また、その中にあって、善光寺前身寺院も、古代寺院のひとつの形態として、まさしくそうしたシステムの中に組み込まれていったと考えられるのである。

　では、千曲川流域以外の郡にあってはどうであったろうか。「更」・「伊」といった線刻の文字瓦が信濃国分寺から出土していることに注目したい。この点については、従来から注目されてはいるものの、信濃国内の造瓦体制にまでは言及されていない[28]。この、「更」は言うまでもなく更級郡を指し、「伊」は伊那郡を指すことは明らかである[補註7]。とするならば、国分寺造営のある時期に少なくとも、この2つの郡が瓦を供給していることを裏付けている。信濃国内にあって、信濃国分寺からいちばん離れている伊那郡からもこうした瓦の供給があったのであり、信濃国分寺の造営は信濃国内全体を巻き込んだ造営体制によってなされたものと考えられるのではなかろうか。このように瓦に貢進主体の郡名を書くといったことが行われた背景には、他郡の瓦窯を使って瓦を焼いたときの目印としての意味を持っていたのかもかもしれない。これは、先にみた中野市の清水山窯跡から「佐玖郡」の線刻を持つ須恵器が出土していることについても同じような理由がつくのかしれない。ただ、武蔵国分寺のように多量の文字瓦を出土するものと違い、文字瓦が少ないため、推測の域をでないことは確かである。

図6　「更」の線刻文字のある軒平瓦

また、別の視点からすると「更」の線刻を持つ軒平瓦の存在は興味深い事実を提供している（図6参照）。この軒平瓦は国分寺瓦窯の第1瓦窯跡から窯の構造材として出土している[29]のであるが、この軒平瓦は国分寺に用いられただけではなく、込山廃寺にも供給されていたことが明らかにされている（図3参照）。このことは、少なからずこの蓮華文を用いた軒平瓦は、更科郡内のみの意匠ではなく、埴科郡にまでも亘っているということがいえるのである。とするならば、国分寺に供給された瓦の文様の意匠というものは供給先の郡がその権利を持つのではなく、むしろ郡をこえた広範な組織のなかで用いられたと考えることができるのである。逆に、この蓮華文を用いた軒平瓦が現在までのところ信濃国分寺と埴科郡の込山廃寺からだけの出土にとどまっているものの、この背景には更級郡の介在があり、埴科郡のいずれかの寺院でも用いられていた可能性を示唆する。

4　新しい研究に向けて―まとめと今後の展望

　以上、思いつくままに駄文を綴ってきたが、ここでこれまで考えてきたことを整理し、今後の研究の指針を示しておきたいと思う。
　まず、長野県における古代寺院研究は、善光寺を一種独特の寺院として扱ってきたことを指摘した。そして、近年では軒丸瓦の文様の特徴からの論究が多くなっている。確かにこうした視点は重要であるが、一面では信濃古代寺院の全体像が見えにくくなっていることも事実である。こうした疑問から、善光寺自体をひとつの古代寺院として扱うことによって、千曲川流域の古代寺院の在り方を考えた。ここから得られたことは、次のようなことであった。①現在知られている古代寺院は、千曲川やその支流近くに立地している。これは、寺院の建立に際して、瓦や材木などの物資輸送との関係が想定できる。②千曲川流域の古代寺院出土瓦を検討すると、善光寺前身寺院と左願寺廃寺などのように技術的な協力関係を持つ寺院が信濃国分寺の建立以前にも確認できる。③信濃国分寺の建立を画期として、従来からの古代寺院は信濃国分寺を介しての瓦供給体制に組み込まれ、新たな技術協力関係が生まれた。
　以上、私なりの今後の展望を含めて検討してきたわけであるが、残された課

題も多い。最大の課題はなんといっても信濃国において古代寺院の発掘は信濃国分寺のみであるということである。これまで私が用いてきた瓦にしても、寺院の構造がはっきりわかっているものはない。まして、そのほとんどは偶然採集された資料にほかならないのである。いくら瓦の検討を詳細にしたとしても、こうした瓦を葺いていた建物の性格が明らかにならないかぎり、砂上に楼閣を築いているだけである。現在、長野市は大きく変容を遂げようとしている。そうしたなかで、これらの遺跡が犠牲になろうとしている。そうなるまえに、なんらかの方法で、学術的な調査が行われなければならないのではなかろうか。1人の歴史学徒として、古代寺院への好奇心は絶えない。

註

⑴『浅川扇状地遺跡群　牟礼バイパスB・C・D地点』長野市教育委員会　1986年
⑵ 拙稿「善光寺平の古代仏教断想」『長野市立博物館だより』19号　1991年
⑶ 米山一政「信濃の古瓦」『一志茂樹博士喜寿記念論集』1971年（以下、米山論文Aとする）
　　米山一政「信濃出土の古瓦再論」『中部高地の考古学』1978年（以下、米山論文Bとする）
⑷ 森郁夫「古代信濃の畿内系軒瓦」『信濃』38巻9号　1986年（のちに『日本の古代瓦』1991年　所収）
⑸ 前掲註⑵に同じ
⑹ 森郁夫「古代信濃の寺」『古代の寺院』上田市立信濃国分寺資料館　1990年
⑺ 牛山佳幸「善光寺創建と善光寺信仰の発展」『善光寺　心とかたち』1992年
⑻ 伊藤延男「善光寺の建築」『善光寺　心とかたち』1992年
⑼ 前掲註⑵に同じ
⑽ 拙稿「信濃定額寺についての試論」『長野市立博物館紀要』第1号　1992年
⑾ 前掲註⑶米山論文B
⑿ 桐原健「信濃国分寺建立に係る一・二の問題」『千曲』第48号　1986年
⒀ 森郁夫「奈良時代における東国の寺院造営」『考古学雑誌』61巻4号　1986年（のちに『日本の古代瓦』1991年　所収）
⒁ 須田勉「古代地方豪族の造寺活動―上総国を中心として―」『古代探叢』1980年
⒂ 森郁夫「水路・陸路に沿った古代の寺院」『大阪湾をめぐる文化の流れ―もの・ひと・みち』1987年（のちに『日本の古代瓦』1991年　所収）
⒃ 石田茂作「善光寺如来は阿弥陀仏にあらず」『一志茂樹博士喜寿記念論集』1971年
⒄ 斎藤忠「長者屋敷考」『一志茂樹博士喜寿記念論集』1971年
⒅『新編信濃史料叢書』第4巻　1971年

⑲『新潟県史』通史編1　原始古代　「栗原遺跡」の項　1986年
⑳ 村上和夫「蕨手文鐙瓦と込山建築址の研究」『信濃の歴史と文化の研究』(2)　1990年。なお、村上氏は込山廃寺を村上居館跡と推定されるが、論証過程に問題も残る。
㉑ 木下良「国府と国分寺の関係について」『人文地理学の視圏』1986年
㉒ 石川好一「千曲川渡渉にかかわる亘理駅についての一考察」『信濃の歴史と文化の研究』(2)　1990年
㉓ 館野和巳「古代における河川—その境界性と交通をめぐって」『地方史研究』238号　1992年
㉔ 拙稿「若槻地区における古代仏教文化の一考察」『二ツ宮遺跡・本堀遺跡・柳田遺跡・稲添遺跡』1992年
㉕ 前掲註 ⑿ 桐原論文
㉖ 前掲註 ⑶ 米山論文B
㉗ 野村忠夫「献物叙位をめぐる若干の問題—各政権の政策と官人構成の視点から」『日本古代の社会と経済』下　1978年（のちに『律令政治と官人制』1993年　所収）
㉘ 櫛木謙周「律令制下における技術の伝播と変容に関する試論」『歴史学研究』518号　1983年
㉙ 上田市教育委員会『信濃国分寺跡　第3次発掘調査概報』1967年

付記

　本編は長野市誌の編纂にかかわる調査の成果の一部である。
　脱稿後、酒井清治氏の「土器と瓦の生産と交易—利根川流域の事例から—」『河川をめぐる歴史像—境界と交流—』1993年　に触れた。酒井氏の論考は本編と深く関係するが検討することができなかった。酒井氏の利根川を媒体とした瓦・須恵器の流通という視点は、そのまま信濃における千曲川などにも当てはまるものと思われる。

補註

　本稿は発表の時点のまま採録された。本稿以後、国分寺周辺の発掘調査や、高速道路関連、新幹線関連の発掘調査が進み、新たな見解が多数示されている。これらの成果をここには反映できなかった。
　こうした成果の中で、特に注目されたのが千曲市の屋代遺跡群の発掘調査であり、この時に出土した大量の木簡は新たな日本古代史像を提供した。また、この遺跡の性格を巡っては、信濃国の初期国府などの見解が提示され、信濃古代史の見直し作業が行われた。こうした成果を生かすことができなかったことをお詫びするとともに、わずかではあるが補註を加えて、これらを補いたい。

(補註1) 2007年に善光寺大本願地籍の発掘で多量の瓦が出土し、大きく報道された。この中にはこれまでに確認されたことのない軒丸瓦が含まれていた。ただ、この遺物は遺構を伴っていないため、これまでの善光寺瓦の出土状況と条件は同じである。善光寺の創建と絡める向きもあるが早計であろう。言い換えるならば、牟礼バイパス出土瓦を巡っての論理が、この瓦の論理に摩り替わっただけであるように感じる。この点については後稿を期したい。

(補註2) 信濃国分寺跡について、私の疑問は「信濃国分寺跡をめぐる諸問題」(『信濃』48-5 1996年) で述べた。また、信濃国分寺周辺の発掘調査などが本稿の発表後に次々と公になっている (たとえば、上田市教育委員会『国分遺跡群』2002年)。これらの成果を反映することができなかった。また、現・信濃国分寺付近の発掘調査から、これまで知られていなかった軒丸瓦が見つかっている (倉澤正幸「地下に埋もれていた古代道路」『千曲』第115号 2002年)。これらの瓦のあり方を考えるとともに、それを出土する遺構についても議論する必要があろう。

(補註3) 『長野市誌』原始古代中世編 (389頁) において、古代善光寺と長者屋敷遺跡とを結ぶと想定される「中道」の存在が指摘されている。

(補註4) 信濃国分寺跡の史跡整備に伴う発掘調査によって、国分僧寺跡付近から「佐久郡」と線刻された須恵器が出土した。佐久郡と国分寺との関係はこれまで指摘されてこなかったが、このことから、何らかの関係を持っていたことが想定される。

(補註5) 近年、国分寺付近から古代の官道と想定される遺構が検出された。(倉澤正幸前掲補註2など) これはいわゆる東山道ではないとの見解であるが、再考の余地はあろう。

(補註6) この遺跡の報告書はすでに刊行されている。ただその後、詳細に検討していない。私にとっては積み残しの作業である。

(補註7) 補註4にあるように、これまで知られてこなかった「佐久郡」の文字資料が国分寺遺跡内から初めて見つかった。このことは佐久郡も国分寺造営のある時期に関与していたであろうことが想定できるのである。

コラム1　善光寺の創建と当初の性格

牛山　佳幸

**善光寺の成立時期を
さぐる手がかり**　信濃善光寺が創建された年代や造営に関与した人々のことなどを記した、当時の確実な記録はない。しかし、おおよその成立時期を推定する手がかりとなる、遺物や美術作品などはいくつか残されている。

　第一に、善光寺境内およびその周辺から出土した古瓦がある。大正13年（1924）の水道工事の際に、本堂床下から発見されて以来、今日まで数ヵ所から出土している。その主体は軒丸瓦（鐙瓦）と軒平瓦（宇瓦）であるが、前者はさらに数種類に分類できる。もっとも古式のものは周縁に鋸歯文をめぐらした八葉複弁の蓮華文軒丸瓦で、細部の手法は飛鳥川原寺（7世紀中～後期の創建）出土のものに近く、白鳳期に東国でも広く使用された様式と考えられている。一方、軒平瓦の文様はいずれも忍冬唐草文で、同様の瓦が法隆寺西院伽藍からも出土しているように、飛鳥から白鳳期にかけて流行したとみられる様式である。

　ところが、昭和56年（1981）から始められた長野市若槻上野地区の県道（牟礼バイパス）新設工事の現場（浅川扇状地遺跡群）で、9世紀後半の住居址群を伴う地点から、これまで「善光寺瓦」として知られていたものと同范とみられる文様を有する、軒丸瓦・軒平瓦が数点出土した。しかし、このことによって善光寺の創建を、平安時代初期に引き下げて考える必要はない。というのは、一般に寺院の瓦は破損したものを絶えず取り換えていく必要があり、法隆寺などでも7世紀から10世紀までの300年近くの間、范を改彫しただけの同文の瓦が製造されつづけていたことが知られるからである。先の例は、善光寺の場合も少なくとも9世紀後半まで、蓮華文と唐草文の軒瓦が使われつづけていた事実を示すものといってよいだろう。

　第二は、いわゆる善光寺式如来像に様式である。今日、善光寺の本尊は絶対

写真1　善光寺境内から出土した古瓦

の秘仏となっていて拝観することはできないが、7年目毎の御開帳の際に大勧進から移される前立本尊をはじめとし、鎌倉時代以降盛んに作られた模刻像によって、当初の像容を推測することができる。すなわち、現在のところ全国各地で約二百数十体の遺作が確認されている善光寺式如来像は、細部の違いはあっても、一つの光背に阿弥陀如来立像と観音・勢至の両菩薩立像を配した（ただし、本来は釈迦三尊像であったとする見方が有力である）、いわゆる一光三尊形式という著しい特徴を有している。これが当初の善光寺の本尊を忠実に模刻したものであるとすれば、法隆寺献納四十八体金銅仏（現在、東京国立博物館保管）のなかにも、すでに同様の形態のものがみられる点などから、飛鳥から白鳳期にかけての様式を備えた仏像であることはまちがいないというのが、美術史家のほぼ一致した意見である。

　美術資料としてもう一つ興味深いのは、文永8年（1271）と弘安2年（1279）の2回も善光寺を参詣した、一遍の生涯を題材とする「一遍上人絵伝」に描かれた伽藍図である。同様のものは、中世に流布した善光寺如来絵伝や参詣曼荼羅図などにもみられる。それらのうちもっとも成立の古い聖戒本の『一遍聖絵』によれば、いちばん外側の門をくぐって境内に入ると、まず正面に五重塔があり、その奥に如来堂が描かれているから、一見して、南大門・中門・塔・金堂・講堂が一直線上に並ぶ四天王寺式伽藍配置の基本部分に類似していることに気づく。大きな違いは金堂が回廊に囲まれている点で、そのため塔と金堂の間に中門が位置しているような構造になっているが、これは鎌倉時代には「生身弥陀」が善光寺信仰の中心となり、それを安置する如来堂（金堂）が重視されたことに対応する、建築上の改変ではなかろうか。そのように考えると、本来の伽藍配置は四天王寺式を模範としていた可能性が強く、善光寺の草

創の問題を考えるうえで、一つの示唆を与えるのである。四天王寺式の伽藍配置は法隆寺式に先行する形式ではあるが、愛知県岡崎市の北野廃寺址など地方にも遺構がしばしばみられ、白鳳期まで流行していたことが知られる。

なお、絵画資料を利用する際には、とりあげられている事件の実年代や登場人物の生きた時代と、実際に描かれた時代との間にズレはないかという点に注意が必要である。聖戒本『一遍聖絵』の場合、実弟の聖戒が一遍の十周忌にあたる正安元年（1299）に詞書（ことばがき）を撰したもので、作成にあたっては絵師の円伊（えんい）を伴い、一遍の遊行した場所をふたたび歩いて確認したといわれ、伊豆（静岡県）三島神社の地形や祖父河野通信（こうのみちのぶ）の墓などは実景に近似していることが指摘されている。善光寺の伽藍も当時の実際の姿を伝えている可能性が高いだろう。

以上のような例からすると、善光寺関係の遺品や美術作品には、飛鳥から白鳳期にかけての文化的要素が多分に認められ、これらが善光寺の創建年代を推定する重要な手がかりであることは否定できない。ただ、飛鳥・白鳳といってもその間100年近くにもわたるが、『日本書紀』の持統天皇五年（691）条に「水内神」（みのちのかみ）に勅使が遣わされたという記事がみえるように、当地のことが朝廷から注目されはじめる時期などを考慮に入れると、どちらかといえば白鳳期前後頃、すなわち、政治史的には律令体制の形成期である7世紀後半の天武・持統朝に、善光寺の創建時期が求められるように思われる。

白鳳期における地方寺院の一般的性格

善光寺のことが中央の確実な文献に登場するのは12世紀初頭であるから、それまではまったくの一地方寺院にすぎず、建立当初も何ら特別の寺ではなかったとみてよい。それでは、草創期にはどのような性格の寺院であったのであろうか。こうした点は、当時存在した地方寺院の一般的性格を検討し、それを当てはめることによって、善光寺の場合もおのずと明らかにされよう。

白鳳期前後頃の寺院址として知られるものは、今日数百ヶ寺にものぼっている。これらの分布状況で注目されるのは、畿内近国のみでなく、東北・西南の辺境地帯を除いた、ほぼ全国におよんでいることであろう。平安時代初期に成立した日本最初の仏教説話集である『日本霊異記』（りょういき）には、この時期の地方寺院

の成立事情を伝える話がいくつか載せられている。

たとえば上巻17話は、伊予国（愛媛県）越智郡の大領の祖先である越智直が、斉明朝の百済救援軍に加わって朝鮮半島に渡った際、唐兵に囚われて拉致されたが、ひそかに船を造り、唐土で入手した観音菩薩像を乗せて誓願したところ、無事に筑紫までたどり着くことができた。これを聞いた天皇は、越智直を召し出して願い事を申上させたところ、「郡を立てて仕へむと欲す」と答えたので、これを許可した。そこで彼は郡を建て寺を造り、この観音像を安置したとある。ここには、寺の建立者が郡司であった点とともに、当時は建郡と造寺が一体のものとして理解されていた事実が反映されている（なお、「郡」の表記は大宝令施行とともに始まるもので、それ以前は「評」の字が用いられ、郡司も「評造」とか「評督」と呼ばれていたらしいが、『日本霊異記』では編纂当時の用語に統一されている。本稿でも便宜上、すべて「郡」「郡司」を使用することとした）。

同じく上巻7話では、備後国（広島県）三谷郡の大領の祖先が、やはり百済遠征から無事帰還できたことを謝して伽藍を建立し、これを三谷寺と呼んだとある。この話で興味深いのは、郡司の建立した寺が郡名をとって呼ばれている点で、同様の例として『日本霊異記』には遠江国（静岡県）磐田郡の磐田寺、讃岐国（香川県）美貴郡の三木寺がみえるほか、六国史等をふくめると、郡名を冠する古代寺院は30ヵ寺近くも所見される。これらの寺院の大半はその建立者が不明だが、備後国三谷寺の例から推せば、郡司層によって造立されたものとみてよいだろう。

『日本霊異記』にみえる寺院建立の事例は、その文献的性格からして、むろんただちに歴史的事実かどうかは断定できない。しかし、奈良時代初めの『出雲国風土記』によると、当時出雲国（島根県）に存在していた寺院11ヵ寺のうち、少なくとも7ヵ寺は郡司の建立によるもので、それも大部分が大領・少領という郡領層であったことがわかり、地方寺院と郡司の関係の深さは否定できないところである。このように、奈良時代以前の寺院は郡司、とりわけ国造の後裔とみられる郡領氏族の氏寺として建立されたものが多く、そのことは当時、地方において仏教受容の中心的存在が郡司層であったことを示して

いる。従来、この時期の寺が「郡名寺院」とか「郡寺」と呼ばれることが多かったのは、以上の理由によるが、近年、飛躍的に進展した考古学の成果からも、このことが立証されるようになった。すなわち、最新のデータによれば白鳳期の寺院址は郡単位のものが多く、また郡家址であることが確実視されている遺跡約50例のうち、周辺域に白鳳期を中心とする寺院が存在するのは半数近くにもおよぶことが明らかにされている。このような寺院を、考古学では「郡家(ぐんけ)(衙(が))隣接寺院」と呼ぶことが多い。

善光寺周辺の歴史的環境と郡家　それでは善光寺の場合はどうであろうか。この周辺の歴史的環境としてまず注意されるのは、善光寺の背後から東方の若槻地区にかけて古墳が点在することである。とりわけ善光寺の裏山周辺には、西長野古墳群とも呼ばれる後期古墳群が残されている。大部分が破壊されていて実数は不明だが、今日でも2基の前方後円墳と数基の円墳が確認できる。この地に遅くとも6世紀頃までに、有力な豪族が定着していたことを物語っていよう。

次に重要なのは、善光寺から1kmほど南西に位置する県町(あがたまち)遺跡である。現在、長野国際会館ホテルのある場所で、昭和44年(1969)に緊急の発掘調査が行われた結果、古墳時代後期から平安時代初期にかけての大集落址であることが判明した。調査面積はわずか300㎡という限られた区域であったにもかかわらず、遺構としては竪穴式住居址22軒のほかに掘り方列、溝6ヵ所、火葬墓址が確認され、また遺物としては、土師器や須恵器などに混じって金銅装飾金具や奈良時代のものと思われる蹄脚硯(ていきゃくけん)片が出土した。溝や掘り方列の存在は単なる農村集落ではなかったことを示唆するものであるし、金銅装飾金具も有位者の居住したことを推測させる遺物である。さらに蹄脚硯は当時一般に官人の使用したものであることから、何らかの地方官衙のあったことは疑いなく、水内郡家(みのちぐんけ)址の比定地としてもっとも有力視されている場所である。

この周辺の地名も興味深いものが多いが、とくに「県(アガタ)」は大和朝廷の地方行政上の単位で、一般に郡(評(こおり))の前身の一つと考えられている。もっとも、長野市の「県町」の場合、近代に入ってからできた町名の可能性も否定

写真2　県町遺跡から出土した蹄脚硯

できず、地字名としての「アガタ」が古くから存在していたものかどうかはさらに検討が必要である。これに対して、県町の東側にある「後町」は、少なくとも鎌倉時代初期までさかのぼりうる地名で、藤原定家の『明月記』には「後庁」として登場する。当時、幕府主導による善光寺造営事業が続行中で、御家人化した在庁官人らが督励のためにここに移り住んでいた。すなわち、国府（当時は筑摩郡、現在の松本市に所在した）の支庁ないしは出先機関が置かれていたことを示すものだが、これなどはかつての水内郡家の一郭が利用されたとも考えられよう。

このような点からも、県町遺跡周辺は水内郡家の所在地であった可能性がきわめて高く、善光寺と郡家とが至近の距離にあったことがわかるが、ここでもう一つ注目される地名が、後町のさらに東にあたる「権堂」である。この地名は、江戸時代に善光寺が焼失した際、当地の往生院がその仮堂とされたことに因むという伝承もあるが、村名としては近世初頭からあったことが知られるから、おそらく中世以前にさかのぼりうるものであろう。

ここで思い起こすのは、『出雲国風土記』にみえる新造院（寺院）の建物がいずれも「厳堂」と記されていることである。これが「金堂」の意であることは明らかで、奈良時代には金堂が「ゴンドウ」と訓まれていたことを示している。したがって、長野市の権堂もきわめて古い地名であることが推定され、草創期の善光寺がじつはこの場所にあったことも、あながち否定できない。この点が認められるとすれば、郡家と善光寺とは当初、さら隣接して存在していたことになろう。

水内郡司金刺舎人氏と善光寺

いずれにしても、善光寺は当時全国的にみられた、郡司層によって建立され、郡家と密接な関係を有した寺であったことは疑いない。それでは水内郡の郡司、とりわけ郡領層は、具体的に

どのような氏族であったのか。郡司の名を記した確実な文献はないが、そのことを推定する手がかりは残されている。『続日本紀』宝亀元年（770）十月二十五日条に、「金刺舎人若嶋」が正七位下から外従五位下に昇叙されたという記事があるが、同書宝亀三年（772）正月二十四日条によると、この人物は水内郡の出身で女孺として朝廷に仕えていた女性であったことがわかる。女孺の職務は主として天皇の食事の世話や、宮中の掃除などの雑用であったから、彼女らは後宮では最下層の女官にすぎなかった。しかし、律令（『後宮職員令』）によれば、氏女または采女から採用され、このうち采女は郡少領以上の者の姉妹子女で、かつ美貌の者が貢上される規定になっている。氏女についてはあまりはっきりしないが、おおむね五位以上の有位者の子女が出仕したらしい。金刺舎人若嶋が氏女であったか采女であったかは、にわかに断定できないが、いずれであっても郡領層の出身であったことは疑う余地のないところで、この点から水内郡の郡領は金刺舎人氏であったことが推定されるのである。

　郡司は原則として世襲の職とされていたから、金刺舎人氏のこの地位は郡（評）成立期の７世紀後半以来つづいたものと思われ、善光寺も同氏によって造立されてとみてさしつかえないだろう。この時期の寺は「郡寺」と呼ばれることがあっても、全国すべての郡に画一的に設置されていたとまではいいきれず、基本的には郡領を勤めた豪族の氏寺（私寺）と考えてよい。しかし、国分寺創建以前には国家的法会も行われていた形跡があり、公的な役割を帯びていたことが推定できる。成立当初の善光寺は、このような半官半民の性格を有する寺院であったのである。

　ところで、金刺舎人氏は同族の他田舎人氏とともに、このほかにも伊那郡・諏方郡・筑摩郡・埴科郡・小県郡の少なくとも５郡の郡領を勤めていたことが知られるが、これは両氏が科野国造の系譜を引く氏族であったからである。大和朝廷のもとでは、国造の支配する民の一部を割いて皇族の私有民である御名代部が設定され、種々の貢物や労力を提供した。それらのうち天皇に近侍し警衛などに勤仕したのが舎人で、「金刺舎人」「他田舎人」という氏姓は、それぞれ欽明天皇（磯城島金刺大宮）と敏達天皇（訳語田幸玉大宮）の時に設置され

た舎人部の、現地における貢納責任者に由来している。舎人部は東国に広く置かれて大和朝廷の軍事的基盤となったが、とりわけ信濃出身の舎人は騎馬に練達しており、壬申の乱には大海人皇子軍を勝利に導くのに大いに貢献したことが知られている。

　舎人部のしくみは、律令制下においても郡領の子弟を兵衛(ひょうえ)として貢上させる制度として引き継がれ、金刺舎人・他田舎人両氏の出身者の中央での活躍が、その後も知られる。それがピークに達したのは9世紀中頃の貞観年間（859〜877）、つまり藤原良房政権の時であった。『日本三代実録』によると、当時朝廷に出仕していた金刺舎人貞長と他田舎人直利の両名は、ともに外従五位下の位階に達し、相ついで近衛府の三等官である右近衛将監や国司の次官などを歴任している。この間に注目されるのは、両名と同族である信濃在住の郡司らが昇叙されたり、一族に関係のある寺社が優遇されていることである。とくに神社の中では、諏方郡の建御名方富命彦神(たけみなかたとみのみことひこかみ)（諏訪大社）の神階の上昇が著しく、貞観9年（867）には従一位に至っている。また、貞観8年（866）には一族が郡領を勤めていた伊那・筑摩・埴科3郡をふくむ、あわせて5郡5ヵ寺が一挙に官寺である定額寺に列格した。こうした信濃国内の寺社の待遇の変化は、在京して立身出世していた、先の両名の仲介なしには考えがたいことであろう。

　ところで、今日善光寺の山号の一つに「定額寺」という呼称を伝えているのは、善光寺もかつて定額寺であったことを示すものだという説が古くからあった。山号の点のみでは根拠としては弱いが、実は善光寺は定額寺の属性の一つである、国司から寺領を与えられていたことが知られるから、その可能性は極めて高いだろう。いずれにしても、金刺舎人貞長と他田舎人直利が郷里の信濃国内の寺社の顕彰に熱心であった点からして、善光寺のことが都で宣伝されたとすれば、この貞観年間頃が最初ではなかったかと思われる。

資料所蔵者・写真提供
写真1・2　長野市立博物館蔵／写真提供

平城京内出土軒瓦と信濃国分寺出土軒瓦

山崎　信二

はじめに

　奈良時代の信濃国分寺の造営で、どの程度の数の瓦が必要だったのでしょうか。信濃国分寺の講堂は基壇（きだん）の規模が正面34m、側面20mと復原されています。奈良国立文化財研究所が復原した平城宮の朱雀門（すざくもん）の基壇規模は正面32.7m、側面17.7mで、二重目の屋根には平瓦11,288枚、丸瓦5,586枚、軒平瓦（のきひらがわら）376枚、軒丸瓦（のきまるがわら）378枚、面戸瓦320枚、熨斗瓦（のし）2,127枚、鬼瓦8枚、隅木蓋瓦（すみきふた）4枚の瓦の合計20,087点の瓦を用いました(1)が、信濃国分寺の講堂の屋根瓦数もこの朱雀門の二重目の屋根と同じか、それよりやや多い数であったと言えます。

　信濃国分寺では講堂の他に、金堂・中門・塔・僧房（そうぼう）・回廊（かいろう）が検出されているので、これらがすべて瓦葺（かわらぶき）とすれば国分僧寺だけでも、朱雀門二重目の瓦数の5倍程度、即ち10万枚程度が必要になるということになります。

1　軒瓦の文様

　屋根の全体を覆（おお）っているのは丸瓦と平瓦で、軒先には文様を付けた軒丸瓦と軒平瓦を用います。文様の付け方は、まず木製の板に文様を彫り込んだもの（范型（はんがた））を用意します。軒丸瓦は、その木製の范型に粘土をつめて円板形の粘土をつくり、丸瓦と接合して完成させます。軒平瓦は幅広の凸型台の上であらかじめ粘土の全形をつくり、横から范型を打ち込んで文様を付けます。

(1) 信濃国分寺軒瓦の第一の特徴

　信濃国分寺では、奈良時代の軒瓦としては軒丸瓦・軒平瓦とも1種類の文様の范型の瓦しか出土していません。木で出来た范型は、長期に回数を多く使用すればするほど、やわらかい木質の表面は磨耗して木目痕（もくめこん）があらわになり、細かな凹凸が出現します。信濃国分寺では、ほとんどすべての軒瓦が、きれいな文様の表面をしていますから、それほど長期間にわたっての瓦製作は考えられないと思います。即ち信濃国分寺の軒瓦は1種類の軒瓦文様の組み合わせで、

比較的まとまった期間の間に瓦が製作されたであろうこと、これが第一の特徴です。

(2) 信濃国分寺軒瓦の第二の特徴

　信濃国分寺の軒瓦の文様は、瓦の研究者が「東大寺式」[(2)]と呼ぶグループに近いものです。これが第二の特徴となります。

　東大寺は745年聖武天皇により創建され、751年に大仏殿が完成し、翌年開眼供養を行った有名な寺です。この東大寺では軒丸瓦として6235型式D・E・F・G・K・Mが出土し、軒平瓦として6732型式D・F・G・H・I・J・V・Wの文様をもつものが発掘で出土しています。

　ここで、型式番号4桁と、アルファベットの説明をしなければなりません。軒丸瓦6235型式における6は奈良時代の軒瓦の意味です。残り3桁の数字では200〜369までを複弁蓮華文とし、外区に珠文だけを配する軒丸瓦を珠文縁として、230〜259の番号を付けています。さらに、6235型式という東大寺式軒丸瓦の文様をもつものは、⒤複弁蓮華文で8弁をもつこと、⑪外区内縁に珠文を配し、珠文数は16個が多い（12種中10種）、⑫外区外縁は素文で傾斜縁である、⑬間弁は独立する、⑭中房の蓮子数が1＋6をもつものが多い（14種中11種）という5つの条件を満たしていれば、典型的な6235型式ということになります。

　一方、軒平瓦の6732型式とは、軒丸瓦と同じく6は奈良時代の軒瓦の意味です。残り3桁の数字では、東大寺式と呼ぶものは730〜733の番号を付けており、中心飾り上部に対葉花文を付けたものです。さらに、中心飾り下部に上開きの三葉文を付け、文様が整っているものを6732型式と呼びます。これが東大寺式軒平瓦の文様の特徴です。

　一方、信濃国分寺の軒平瓦は6734型式の中に入ります。6734の文様では、中心飾りは三葉の花文と上に巻く唐草とで構成され、瓦全体の文様では左右に唐草文が展開し、外区に圏線を配しています。

　つまり軒瓦全体としては、信濃国分寺の軒丸瓦は東大寺式6235型式の典型例ですが、軒平瓦は東大寺式6730〜6733の典型例ではなく、6734型式の中に入ります。ただし、左右の唐草文の構成は非常によく似ているので、東大

1 軒瓦の文様　147

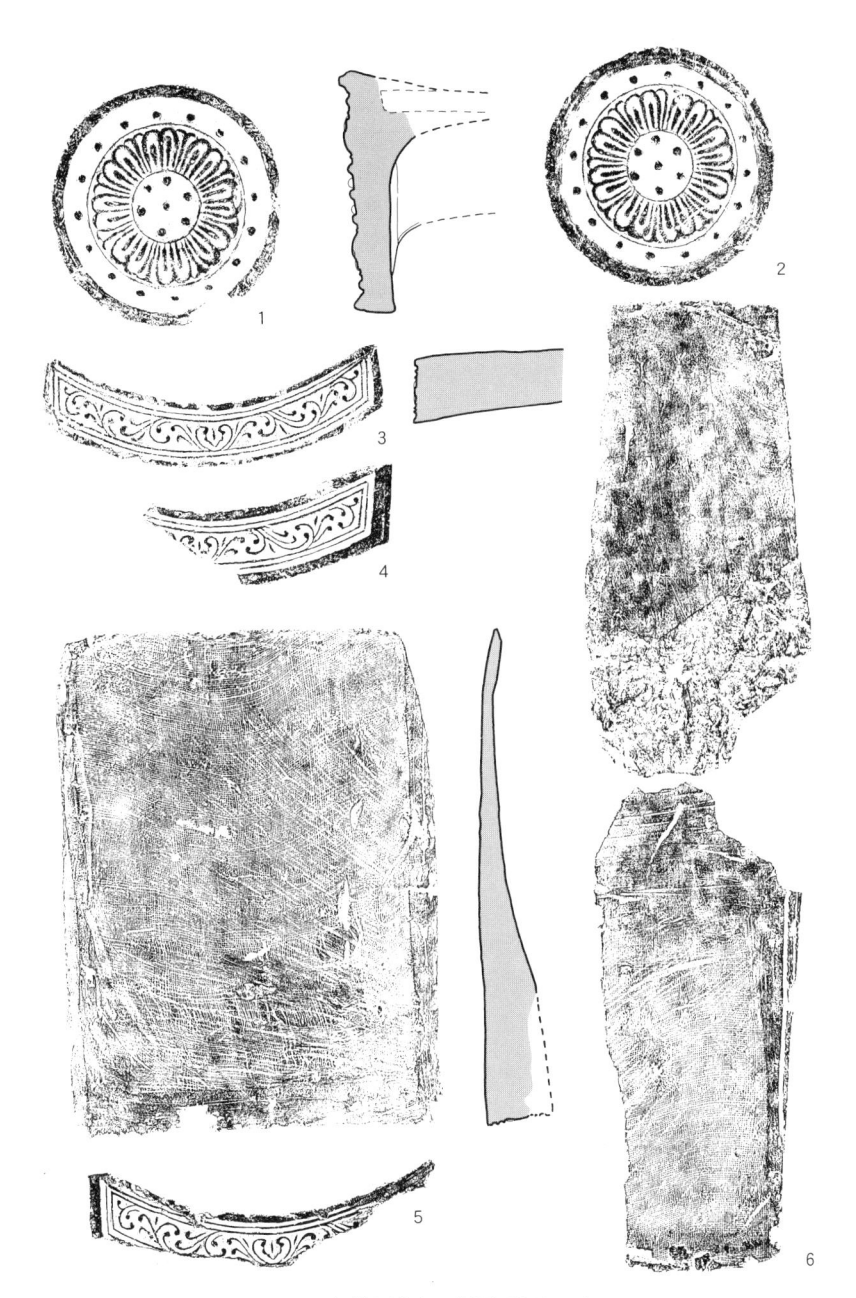

図1　信濃国分寺の軒瓦（縮尺1/6）

寺式6732・6733と隣合わせに信濃国分寺の6734型式がおかれているのです。
　以上からみると、文様的には東大寺式のグループに入れてよい文様ですが、微妙にズレる部分があるということ、これが信濃国分寺軒瓦の第二の特徴となります。

(3) 信濃国分寺軒瓦の第三の特徴

　信濃国分寺の軒丸瓦の文様は東大寺式軒丸瓦ですが、細かく分類すると、東大寺出土の「東大寺式軒丸瓦」よりは、興福寺出土の「東大寺式軒丸瓦」[2]に近い文様となっています。これが第三の特徴です。
　興福寺は奈良市の現在の地に藤原不比等が8世紀初頭に建てた藤原氏の寺院で、8世紀には官寺的な性格を有した大寺です。天平勝宝八年（756）の古文書には、造東大寺司が興福寺に3万枚の瓦の製作を依頼したことがみられ、興福寺出土の「東大寺式軒丸瓦」は、これ以降の年代と考えてよいでしょう。
　さて、東大寺出土の東大寺式軒丸瓦は6235型式D・E・F・G・K・Mであるのに対し、興福寺出土の東大寺式軒丸瓦は6235A・J・新の三種です。東大寺出土例では、外区の珠文と中房の蓮子の珠文はすべて大きく、興福寺出土例では珠文は小さい。信濃国分寺の軒丸瓦の外区の珠文と中房の蓮子の珠文は、興福寺出土例と同じように小さい珠文が特徴です。

(4) 信濃国分寺軒瓦の第四の特徴

　信濃国分寺の軒平瓦文様6734型式は、中心飾りは三葉の花文と上に巻く唐草とで構成されていると説明しました。この中心飾りに三葉の花文をもつ平城宮・京出土の軒平瓦は他に6759型式があり、類似の三葉の花文を多用するのは大和栄山寺にあります。
　栄山寺創立は藤原良継の死去である宝亀八年（777）以降という田村吉永氏の考え[3]に従えば、ほぼこの頃にこれらの花文系列の軒平瓦があるのではないかと思います。なお、中心飾り花文軒平瓦の中では、6734型式軒平瓦が最も古いでしょう。まず、信濃国分寺軒平瓦6734型式の一群があらわれ、次いで平城京出土6759型式の一群と栄山寺出土軒平瓦の一群が出現するという順になり、いずれも文様的には奈良時代末と考えられます。

1 軒瓦の文様　149

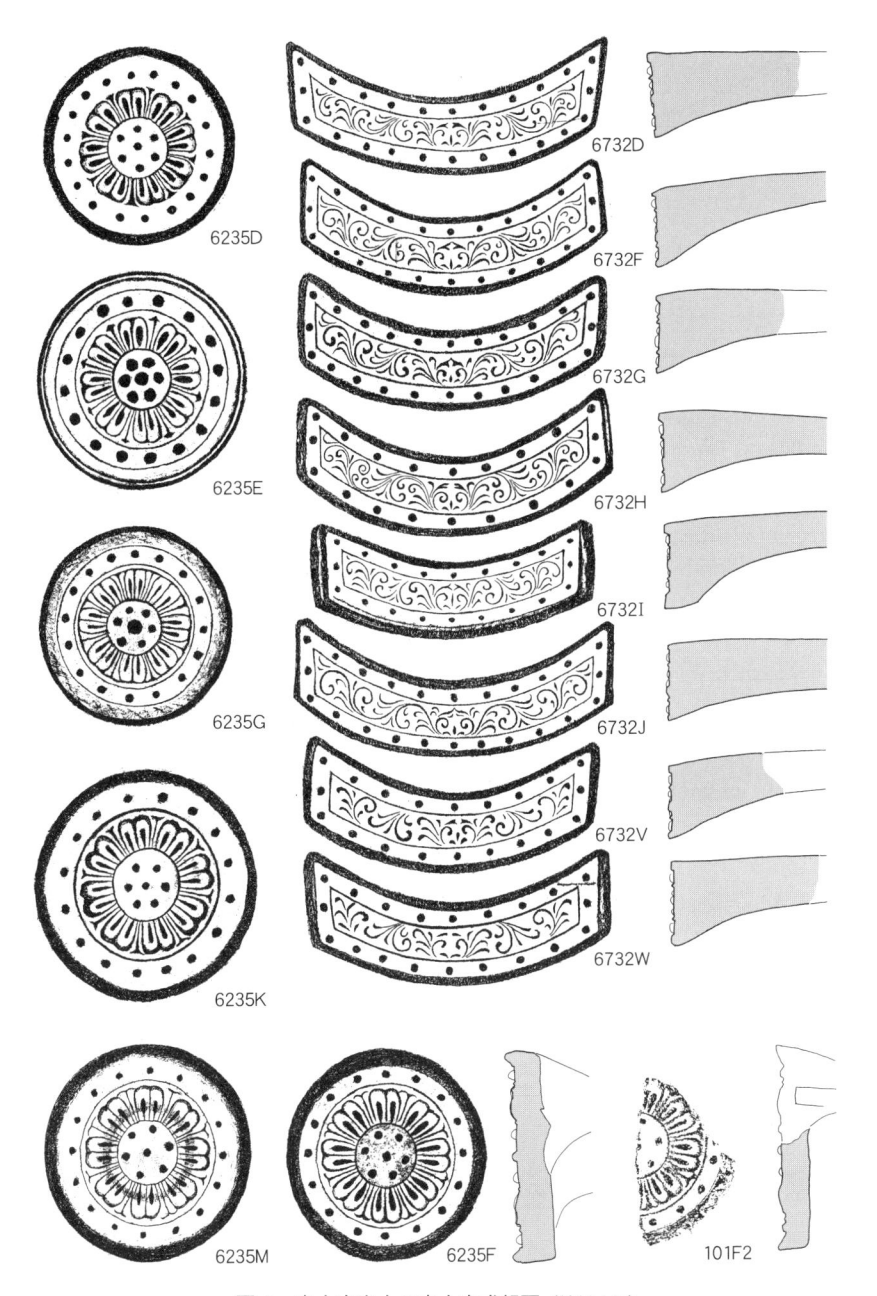

図2　東大寺出土の東大寺式軒瓦（縮尺 1/7）

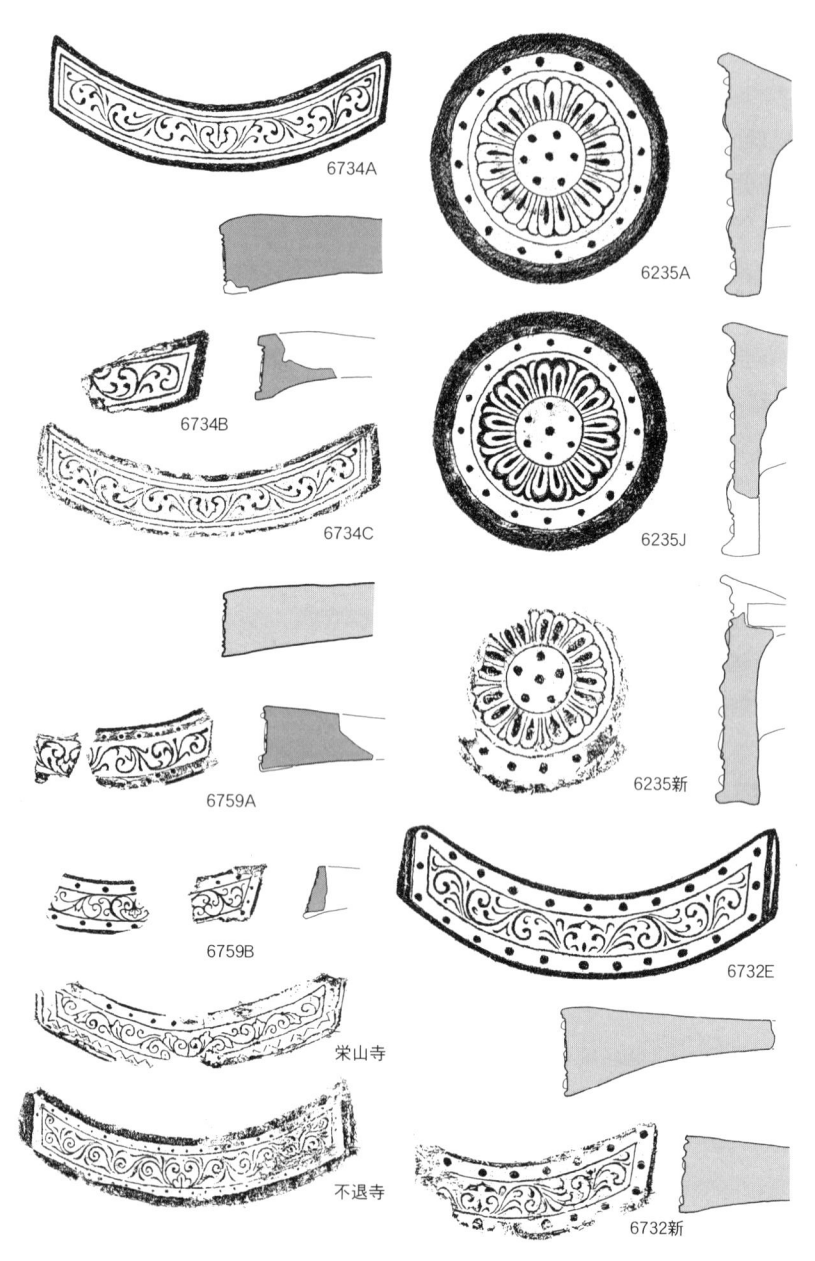

150 平城京内出土軒瓦と信濃国分寺出土軒瓦

図3 花文唐草文軒平瓦（左）と興福寺の東大寺式軒瓦（右）（縮尺1/6）

つまり、花文という軒平瓦の文様構成から奈良時代末と考えた方がよいのではないかというのが第四の特徴となります。
　なお東大寺式軒平瓦の編年では、東大寺出土6732F・G・Jと興福寺出土6732Eを750年代に置き、東大寺出土6732D・Hと西大寺出土6732M・N・K・Rを760年代に置き、東大寺出土6732Ⅰ・Ⅴ・Ｗは770年代から80年代にあると一般的に考えられています。

(5) 信濃国分寺軒瓦の第五の特徴

　信濃国分寺軒平瓦は平城京出土軒平瓦6734型式C種と同笵(どうはん)であることが判明しました。これが第五の特徴です。平城京出土例は、2003年11月の奈良市教育委員会による平城京右京二条二坊十六坪の奈良市西大寺国見町1丁目2137-85-66番地の発掘調査（奈良市504次調査）で出土しました。同笵を確認したのは2006年5月のことで、奈良市教育委員会の中井公・宮崎正裕・原田憲二郎の各氏によって確認されました。三名の瓦研究者は、上田市立信濃国分寺資料館に平城京出土の軒平瓦を持参して両者を現物どおしで対比して同笵を確認したのです。
　平城京出土例の文様の残る部分が4割程度しかなく、明瞭な笵傷(はんきず)もないので100％間違いないと断言はできませんが、残っている部分の微妙な続き具合や文様細部の対比からは、90％以上同笵は確実と言えるでしょう。なお、6734型式A種・B種については、平城京内で散発的に出土するだけで、集中的に出土する場所は今のところ確認出来ていません。

2　軒瓦の製作技法

　瓦の文様だけでなく、瓦の製作技法（作り方）を追求することによって、瓦の年代や瓦工の系譜そして瓦工派遣の有無などを検討することができます。
　例えば表面上はよく似た瓦でも、各時代にしかみられない製作法で作られていれば、作られた年代を特定できます。また、同時代の瓦でも、二つの異なった製作法で作られていれば、Aグループの瓦工の製品であるか、Bグループの瓦工の製品であるかが判明し、瓦生産の実態に少しでも近づくことができます。

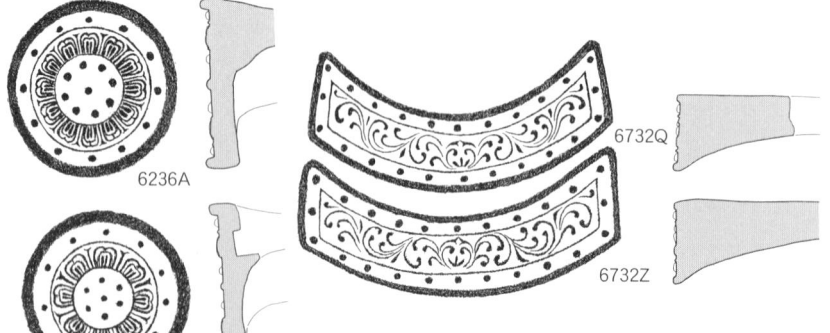

図4 西大寺出土の軒瓦 (縮尺1/7)

また瓦の文様だけでなく、瓦の製作技法が同じという場合は、瓦が移動したのか、瓦工が遠い場所に出張して瓦を製作したのか、瓦工が移動しなくても同じ製作技法が出現するのか、などの問題を考えることができます。以下、東大寺式軒瓦と信濃国分寺出土軒瓦との製作技法について考えてみましょう。

(1) 東大寺式軒平瓦の製作法

平城宮出土の軒平瓦には平瓦部凹面に布目と共に糸切痕(いときりこん)が残り、平瓦部凸面には縄叩(なわたた)きの痕跡が残るものが一番多い。これは、粘土素材を糸切りでスライスし、凸型台の上に粘土板を置き、補足粘土を加えて、ほぼ軒平瓦の形にし、上から縄叩き板で叩き締めて全形を仕上げる方法です。ただし、凸面を縄叩きの後、タテケズリを行なう軒平瓦の数も、かなりあります。これらをすべて含んで、「糸切り素材・縄叩き全形仕上げ法」（Aグループ）とでも呼んでおきましょう。

一方・東大寺出土の「東大寺式軒平瓦」（6732D・F・G・H・I・J・V・W）や、西大寺出土の「東大寺式軒平瓦」（6732K・M・N・Q・R・X・Z）では、平瓦部凹面には布目だけで糸切痕は全くなく、平瓦部凸面では縄叩き痕がなく、代りに布目が残りタテケズリで仕上げている。そして一枚の布の圧痕が凹面～狭端面～凸面に連続しており、成形台の片端は型枠状を呈していたと考えられます。

さらに粘土素材の用意の仕方は、粘土をブロック状または板状に手でのばし、途中で押しつけ、粘土を順次加えていきます。最後の成形は、縄叩きや叩き板を用いることなく、板状工具を縦方向に動かし粘土を削り、粘土を締めて、成形するものです。これを「粘土ブロック素材・削り粘土締め全形仕上げ法」（Bグループ）とでも呼んでみましょう。

東大寺式軒平瓦の製作技法をそれぞれ出土地別にみると、東大寺出土のもの、西大寺出土のものはBグループの成形法ですが、平城宮出土の「東大寺式軒平瓦」（6732A・C・O・L）は、典型的なAグループの成形法で、タテケズリも全く行っていません。

一方興福寺の「東大寺式軒平瓦」（6732E・新）は、平瓦部凹面に糸切痕を残し、平瓦部凸面に縄叩き痕とタテケズリを残すのでAグループの成形法です。ただし、完形の軒平瓦がまだ発見されていないので、平瓦部狭端面に布目が残る

可能性は残ります。

　文様は東大寺式軒平瓦とは異なりますが、薬師寺出土の6763Bでは、平瓦部凹面に布目と糸切痕が残り、平瓦部凹面の布目は平瓦部狭端面まで連続しています。これは凸型台の狭端部の形状が「立ち上がりをもつ型枠状を呈していた」ことを示すもので、この点では東大寺や西大寺出土の「東大寺式軒平瓦」と一部共通するといえます。

　このように薬師寺6763Bは、Aグループの変種とでも言うべきものですが、興福寺の「東大寺式軒平瓦」が、今のところ、Aグループの典型なのか、6763Bと同じAグループの変種なのかはよくわかりません。

(2) 花文唐草文軒平瓦の製作法

　信濃国分寺出土軒平瓦は、平城京出土6734型式C種と同笵ですが、この花文唐草文軒平瓦6734A・B・Cの平城京出土例での製作技法をみておきましょう。

　平城京での出土例は、いずれも数が少なく、破片なので詳しいことがわかりません。

　まず、6734Aでは平瓦部凹面は布目だけで糸切痕は認められず、平瓦部凸面はタテケズリのみの部分が残存しています。6734Cでは、平瓦部凹面は布目だけで糸切痕は認められず、瓦当よりをヨコケズリしている。平瓦部凸面はタテケズリのみの部分が残存しています。

　以上からみると、平城京出土の花文軒平瓦は資料不足で、現在の資料からみると、AグループかBグループかの分類すら、困難な状況にあります。

(3) 信濃国分寺出土軒平瓦の製作法

　私は1993年7月に、上田市立信濃国分寺資料館を訪問したことがあり、軒平瓦については、次のような観察をおこなっています[4]。

　「軒平瓦の製作技法については、信濃国分寺出土の50例以上を検討したが、叩き板の痕跡をもつものは全くなく、いずれも平瓦部凸面は縦方向の削り調整によって仕上げており、堀川神社裏出土品（図1-5）では丹念に削り過ぎたため平瓦部狭端に近い部分では1cm程度の薄さとなっており、「30」と番号付け

る軒平瓦（図1-4）では平瓦部凸面に布目を残し、また平瓦部凹面から狭端面まで連続して布目を残す例（図1-6）がある。以上からみて、信濃国分寺出土軒平瓦は東大寺出土の東大寺式軒平瓦と技法的に同一と言ってよい。」[4]

　ところが、以上の観察は、部分的ではあるが、かなり重要な誤りがあるのではないか、と「東大寺式軒瓦について」の論考（2003年）を書いた後、思い続けていたのです。それは、図1-5および6の平瓦部凹面には糸切痕があるのではないか、という点です。この点は再度、2006年10月15日に上田市立信濃国分寺資料館を訪問する際に確認したいと思っているのですが、以下では糸切痕があるという前提のもとで議論していきましょう。

　この場合は、粘土素材を糸切りでスライスし、凸型台の上に粘土板を置き、補足粘土を加えて、ほぼ軒平瓦の形にし（ここまではAグループの製作法と同じ）、凸型台（成形台）の片端は型枠状を呈し、叩き板を全く用いることなく、板状工具を縦方向に動かし粘土を削り、粘土を締めて成形する（後半はBグループの製作法と同じ）ものとなります。

　ここにAともBとも異なる第三の製作法が提示されます。これを「糸切り素材・削り粘土締め全形仕上げ法」（Cグループ）と呼んでおきましょう。

　それでは、このCグループの製作法を示す軒平瓦は平城京内では全くないのでしょうか。

(4) 西隆寺出土軒平瓦6761Aの製作法

　西隆寺は称徳天皇の767年に、西大寺に2年遅れて、西大寺（僧寺）に対する尼寺として、国家によって造営が始められたものです。西隆寺出土の軒平瓦で6761Aが最も数が多く、軒平瓦の約半数を占めています[5]。

　この6761Aは、瓦当文様での笵傷進行から第Ⅰ段階→第Ⅱ段階→第Ⅲ段階への変化が指摘されています[6]。まず、第Ⅰ段階では平瓦部凹面に糸切痕を残し、平瓦部凸面に縄叩き痕を残しており、「糸切り素材・縄叩き全形仕上げ法」（Aグループ）の技法を示しています。次に、第Ⅱ段階の個体の一部に「わずかにタテの縄叩きを残す例が存在し」、「この狭端面には、凹面から連続する布目が残り」、かつ凹面に糸切痕が残っています。これはAグループ技法の変種としてよい。

156 平城京内出土軒瓦と信濃国分寺出土軒瓦

6763B

6235C
6761A第Ⅰ段階
6761A第Ⅱ段階
6761A第Ⅲ段階
6775A

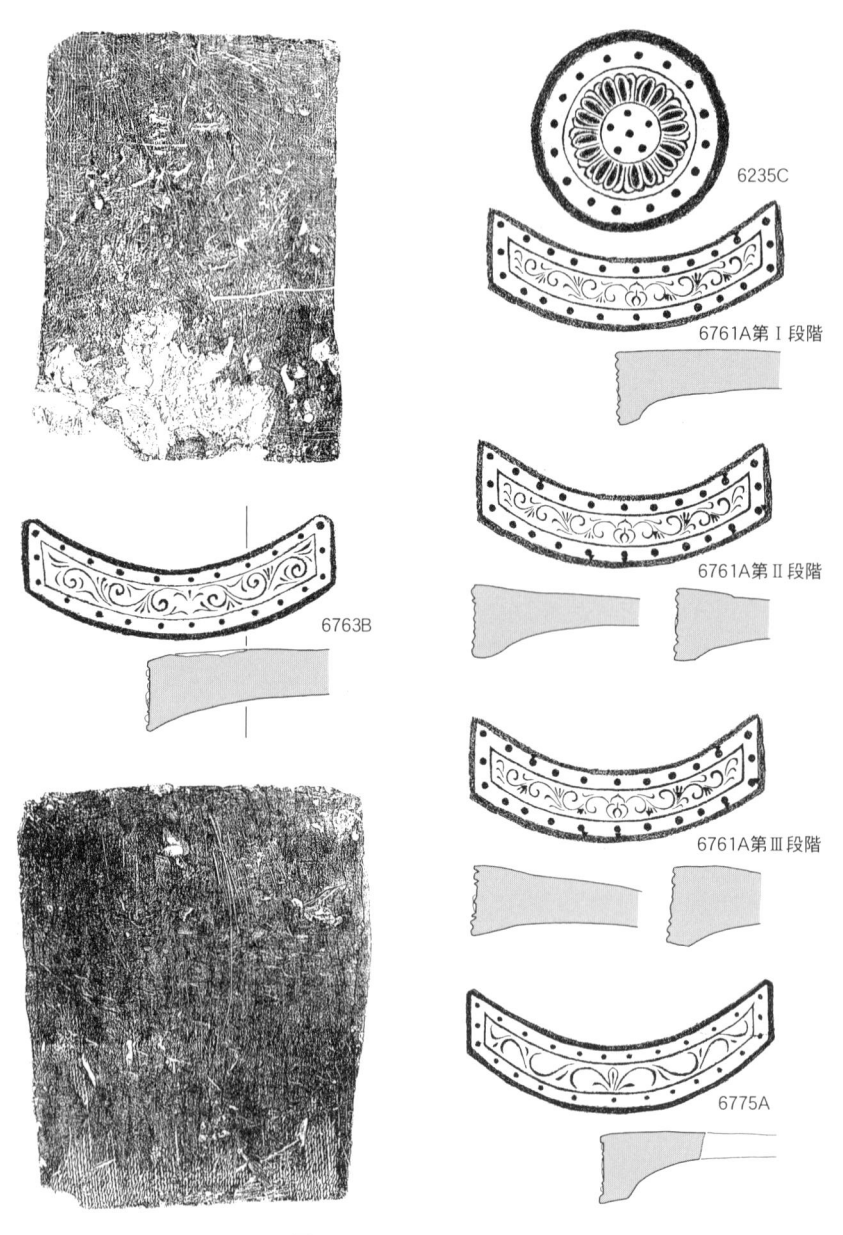

図5　6763Bと西隆寺軒瓦

さらに第Ⅲ段階では完形の軒平瓦があり、平瓦部凹面には糸切痕が残り、平瓦部凸面には全面に縦方向のヘラケズリが施されており、叩き痕跡を残す例はなく、また凹面から狭端面にかけて連続する布目を残しています。また、瓦全体が磨耗しているため、范傷進行の段階は不明ですが、6761Aの中に平瓦部凸面に布目痕を広範囲に残す例があります。以上からみると、6761A第Ⅲ段階の軒平瓦は「糸切り素材・削り粘土締め全形仕上げ法」（Cグループ）ではないかと思います。

3　同笵瓦出現の様相とその背景

全国の国分寺で、平城京内と同笵の軒瓦を用いる寺院は、ほとんど存在しないのです。その点では、信濃国分寺はきわめて特殊な例であるといえます。

(1) 平城京内での6734Cの出土地点

平城京で6734Cが出土したのは、平城京右京二条二坊十六坪で、西隆寺の寺地よりさらに三坪分南の位置にあたります。この6734Cは井戸から出土しており、同じ井戸から他に多くの軒平瓦が出土し、それはすべて西隆寺所用瓦であるといいます（奈良市教育委員会の教示による）。

西隆寺地内のこれまでの調査では、6734Aの破片が1点出土しただけで、6734Cの出土はないけれども、将来的には出土する可能性はあるとみてよいでしょう。

(2) 信濃国分寺6734Cの製作年代

西隆寺の創建は、続日本紀神護景雲元年（767）八月に、従四位上伊勢朝臣老人を造西隆寺長官に為すとあり、この頃造営が開始されたと考えられます。しかし、宝亀二年（771）八月には西隆寺等に寺印を頒たれたことがみえ、すでに寺としての様相をほぼ整えていたとみられています。

この4年間を、西隆寺で最も出土量の多い軒平瓦6761Aにあてはめるなら、Ⅰ段階（A技法）・Ⅱ段階（A技法変種）が767年から769年まで、Ⅲ段階（C技法）を769年から771年頃までと位置付けることができます。もし、「造西

隆寺」の役所に属する瓦工の一部が、信濃国分寺へ派遣されてC技法を出現させたとすれば、それは神護景雲三年(769)以降という年代が設定できるでしょう。

(3) 信濃国分寺の造営

文献上から信濃国分寺の造営年代を示すものはなにもありません。ただ、続日本紀神護景雲三年 (769) には、八月十九日に「従五位上弓削宿禰大成を信濃員外介」とし、九月十七日に「従四位下藤原朝臣楓麿を信濃守」(公卿補任は七月) としています。和銅から神護景雲二年まで、これまでの信濃守・介は従五位下のみである (12例ある[7]) のに対し、神護景雲三年のみ上位の官人二人をあてているのは、なにか特別な事情が存在するとみてよいのではないでしょうか。

そして信濃員外介である弓削宿禰大成は、正倉院文書の東大寺「充厨子彩色帳」にある「第一厨子、花厳宗、充弓削大成」と同一人物かと指摘されており、画師の可能性が高い。

また「従四位下」藤原朝臣楓麻呂は、天平神護元年 (765) 正月、押勝の乱の論功に勲四等を授けられており、その後の称徳天皇・道鏡ラインの主導する「太師誅せられてより、道鏡はかりことをほしきままにし、軽しく力役を興し、務めて伽藍をつくろふ」動きの中に、配下としていたであろうし、信濃国分寺完成に深くかかわったものとみてよいでしょう。

もちろん、道鏡の「伽藍」とは西大寺・西隆寺・法華寺・弓削寺等の造営であり、信濃国分寺がこれに入っているとは言えません。しかし、信濃国分寺の造営・完成が西大寺や西隆寺と同じく、道鏡の全盛期 (765〜770) になされた可能性はきわめて高いように思われます。

元来国分寺造営は国府造営と同じく、原則的に国家地方財政によってまかなわれるべきものであり、その造営の財政的基礎は、自国からあがる稲の収入の一部を割いたのであり、国分寺の造瓦においても自国に在住する瓦工を動員して使用する場合が圧倒的に多い。ところが、信濃国分寺では「造西隆寺」の役所に属する瓦工の一部を派遣して造瓦を行った可能性があり、きわめて特殊な事情のもとでの造瓦と考えてよいでしょう。

註

(1) 文化財建造物保存技術協会『平城宮朱雀門復原工事の記録』1999年3月
(2) 山崎信二「東大寺式軒瓦について」『古代瓦と横穴式石室の研究』同成社、2003年11月
(3) 田村吉永「栄山寺の草創と延喜式阿陀墓に就いて」『大和志』6-1、1939年1月
(4) 山崎信二『平城宮・京と同笵の軒瓦および平城宮式軒瓦に関する基礎的考察』1993年度文部省科学研究費一般研究C印刷、1994年3月(『古代瓦と横穴式石室の研究』に所収)
(5) 奈良国立文化財研究所『西隆寺発掘調査報告書』(奈文研学報第52冊)1993年3月
(6) 小沢毅「西隆寺創建期の軒瓦」『西隆寺発掘調査報告書』1993年3月
(7) 宮崎康充『国司補任第一』1989年6月、続群書類従完成会

追記

　私は講演会の前日である2006年10月14日に、信濃国分寺の軒平瓦(6734C)の平瓦部凹面に糸切痕があることを確かめ、Cグループの製作法であることを確認した。

　ところで、当日の講演会での私の持ち時間は1時間半であり、小論で述べたのはその前半部分に該当する。後半部分では、全国的な国分寺の造営時期を瓦の編年から4期に細分し、第Ⅲ期の道鏡の時期に、かなり多くの国分寺が造営され、完成したことを述べた。

　西隆寺の造営では、767年に伊勢朝臣老人が造西隆寺長官に、池原禾守が造西隆寺次官に任命されているが、老人は1年後から平城宮の修理長官を併任し、禾守は2年後から修理次官を併任することになる。平城宮用の「理」の刻印瓦4種が、西隆寺で出土するのは、この時期において修理長官・次官による生産力の転用が可能であったことを示しているようである。

　そのようにみると、769年に信濃守になった藤原楓麻呂は5年前に美濃国守であり、その時の介は池原禾守であった。池原禾守と藤原楓麻呂との関係、および池原禾守が3年後に造西隆寺次官になることが、西隆寺の瓦工を信濃国に派遣する条件を作りだしたのではないか、と述べた。

　講演会当日の会場は熱気にあふれるもので、これまでで最も気持ちよく講演を終ることができた。このテーマを与えてくださった上田市立信濃国分寺資料館の倉澤正幸館長に深く感謝します。

古代科野の神まつり

桜井　秀雄

はじめに

　神まつり・祭祀において古墳時代は大きな画期にあたる。かつて大場磐雄氏は、古墳時代を弥生時代とは信仰形態に著しい差が起こり、民族宗教として固定してきた時期（「原始神道期」）であるととらえたが［大場 1970］、私も律令時代以降の祭祀には、古墳時代に形作られた祭祀形態がその原型をなしているとの認識をもっている。したがって律令時代の祭祀を理解する上では、古墳時代の祭祀の様相を知ることが必要であると考える。また、古墳時代の祭祀研究には考古資料（祭祀遺構・祭祀的遺物）のみならず、文献史料（古事記・日本書紀）や文学作品（万葉集）、民俗学的知見なども祭祀研究に援用できるため、多方面からのアプローチが可能となってくる。このような多種多様な研究材料の存在も、古墳時代を古代祭祀研究の第一歩に置く理由のひとつにある。

　以上のような問題意識に立って、本稿では主として古墳時代の神まつり・祭祀について検討を行ない、律令時代へ続く祭祀形態の原型を探っていくことを主眼としたい。

1　古代日本の神観念

　「考古学研究者は、解釈の難しい遺構・遺物がみつかった場合には、安易に祭祀と結びつけてしまう！」との批判がしばしば聞かれる。たしかにそうした面が多分にあることは否めないと私も感じている。かようにもの言わぬ物質資料たる考古資料から「祭祀」という精神文化に属するものを解釈していくことは非常に難しい作業である。

　なぜ難しいのか？　それは、金関恕氏が「古い時代を考えるとすれば、その材料は今日まで地下にのこされ、発掘によって偶然に出土した遺物や遺跡にたよるほかはない。そのような物的資料は、当時の技術についてはいくらか語りかけてくれる。技術の変化や、遺物・遺跡の分布などから当時の社会とその動きをかろうじて察することもできないことはない。しかし、それらの物をつくった人々が、どのような想いをもって創造活動にはげんだか、さらには、いかな

る世界観をもっていたかという問いかけには、けっして答えてくれない。」と指摘するように、「考古資料」のみから直接に「精神文化」を導き出すことはできないからである［金関 1986］。このように「考古資料」と「精神文化」とが異なる範疇にあるにもかかわらず、ダイレクトに両者を結びつけようとするあまり、形状など現象面の一部をもって、無理矢理にその考古資料がもつ精神文化に何とか説明をつけようとするきらいが生じてしまうのであろう。そのためにその作業は困難を極めることになるわけである。

　私は、「考古資料」に基づいて「精神文化」を考えていくためには、この両者をつなぐための「作業仮説」を設ける必要性があると思う。

　祭祀に関する議論が、とかく水かけ論に陥ってしまいがちなのは、どちらかがあるいは双方がともに前提とする「作業仮説」が明確でないことに起因するケースが多いのではなかろうか。

　考古資料を用いた祭祀研究にはまず論者がよってたつ「作業仮説」を明示し、その作業仮説というフィルターを通して、考古資料を検討することが必要なのである。こうした段階を踏まえた上で、その考古資料がもつ「精神文化」を導き出していくという方法手順が欠かせないのである。

　したがってまずは論者がよってたつ「作業仮説」の提示が不可欠となってくるのである。もちろんこの「作業仮説」は学問的に高い妥当性が認められるものでなくてはならないことはいうまでもない。またその妥当性を常に検討し続けていくことも必要である。

　さて、それでは本稿で必要とされる「作業仮説」は何であるのか。それは古墳時代の「神観念」である。祭祀は神まつりである以上、その「神」についていかなる観念をもっていたのかを提示しなければ議論は先へは進まないであろう。

　これについて私は岡田精司氏の論考を今回の作業仮説として提示する。岡田氏は古墳時代後期から奈良時代の神観念の特色として次の4点をあげている［岡田 1985］。

　① あらゆるもの（物体でも生物でも）に神霊が宿っていると考えられ、多様な神格が存在する。
　② 神は平常は人里には住まず、遠方の清浄な地（山の奥や海の彼方）から、

まつりの日だけやってくる。
　③　神は目に見えないものである。
　④　神と死者の霊とは本来は全く区別されたものであった[1]。
　現段階では私はこの岡田氏の指摘する論点が、祭祀研究に必要最小限かつ最も妥当性のあるものと考えている。

2　遺跡に残された祭祀の痕跡

　神はまつりの日だけに遠方の清浄な地（聖地）より到来する。そのためには神を迎える場所を設けなくてはならない。これが、祭場である。神は遠方の聖地と祭場を往復するわけである。また神は目に見えないため、この祭場に神を招き迎えて、憑り移らせるもの（依り代）が必要となる。この依り代には樹木や岩石（磐座・イワクラ）などが用いられ、また後には器物（刀剣・鏡など）にも同様な性格が付与されるようになる。他方、万葉集巻13で「斎串立て神酒据ゑ奉る神主のうずの玉陰見ればともしも」と歌われるように、斎串や榊などで神籬（ヒモロギ）を作ったり、複数の石をもって磐境（イワサカ）とするなど、人工的に依り代を設営することもある。
　遺跡には、こうした祭祀に関わる「場」とその際に用いられた「道具（祭具）」が残されているのである。そして考古学ではこの両者を手がかりに祭祀研究を進めていくことになるわけである。

3　石製模造品からみた科野の古墳時代祭祀

(1) 石製模造品とは何か

　古墳時代には多様な祭祀遺物の出土をみるが、最も代表的なものは石製模造品である。石製模造品とは、滑石などの加工しやすい軟質の石材を使用して各種の器物を模したものであり、武器・武具類（剣・刀・鏃・甲等）、農工具類（鎌・鍬・斧・刀子・鑿・やりがんな等）、容器類（坩・槽・案・臼・杵等）など写実性が高く、主に古墳の副葬品である一群と、勾玉形品・有孔円板・剣形品、臼玉などの仮器化の進んだ粗製の祭祀専用具とに分かれるが、今回は後者の祭祀専用

具である石製模造品（石製祭祀具）について論じていきたい。なお、私は子持勾玉についても、石製模造品と同様な性格を有していたと理解しているため、あわせて触れていくこととする。

(2) 大和政権と石製模造品

　石製模造品はおおむね４世紀後半頃に出現するとみられるが、盛行するのは５世紀代から６世紀前半頃である。また石製模造品の分布については、東北地方から九州地方、近年では朝鮮半島南部にまで認められるが、そのなかでも近畿地方と長野県以東、仙台以南の東日本に出土が集中する一方、日本海側ではその出土は非常に希薄である、など地域的偏在性が指摘されている[2]。石製模造品の盛行する時期は、大和政権の勢力拡大時期とほぼ軌を一にしており、分布についても、東日本に出土が多いのは大和政権の東国経営に伴うものであることで論者の見解はほぼ一致をみている。また出土の少ない日本海側のうち北陸での限られた出土事例をみると、ヒスイ産地およびその周辺の地に存在する製作遺跡であり、それはヒスイの生産地と重なっている。このことから寺村光晴氏は石製模造品製作遺跡が、ヒスイ生産遺跡とともに大和政権の支配形態に大きく影響されていたと指摘する［寺村 1995］。

　椙山林継氏は「この時期の祭祀は、地方により多少の偏りがあるとはいえ鏡、剣、玉を中心とした石製の模造品を使用することでは、前後にみられないほど斉一化されている」ことを指摘し、「これら祭祀と前後して分布した所謂『前方後円墳』の時代の強い力を感じさせる文化現象であり、あるいは『五世紀型国家祭祀』の存在も考えてよいかもしれない」と述べ、この時期の祭祀の特質を「五世紀型国家祭祀」という言葉をもって表現している［椙山 1991］。

　このように石製模造品は大和政権の深い関与のもと、流布されていった極めて斉一性に富む祭祀遺物なのである。

(3) 石製模造品出現前の科野の様相

　石製模造品を伴わない時期の祭祀遺跡としては、まず長野市石川条里遺跡があげられる［長野県埋文センター 1997］。本遺跡は長野市篠ノ井塩崎に所在し、微高地部分と低湿地部分からなる。低湿地には水田遺構がひろがり、祭祀遺物

としては鳥形木製品が出土している。一方の微高地は生活域として縄文時代・古墳時代・中世の各時代の遺構が検出された。このうち古墳時代の遺構面においては4世紀末〜5世紀初頭頃の極めて特異な遺構が発見された。微高地において約400基の土坑群を幅10〜13mの大溝が取り巻き、その西外側に平行する溝址、東外側には遺物集中が配されている。土坑には祭祀行為に関連する廃棄土坑（大量の土器、炭化物を含むものが多い）、井戸址、柱穴址などの複数種類が含まれている。祭祀遺物としては各種玉類、石製腕飾類（石釧・車輪石）、筒型石製品、紡錘車形石製品、銅鏃、銅鏡などが出土している。石製腕飾類や銅鏃・銅鏡など古墳出土品と共通する稀少な遺物を出土することから、近隣にある川柳将軍塚古墳との関連性が指摘されている。この遺跡の性格については豪族居館であるとの見方も否定はできないが、それにしては居住域としての性格が弱く、私は、前方後円墳被葬者クラスによる祭場であると考えている。

　他に祭祀の色合いが強い遺構としては、4世紀代にあたる大町市借馬遺跡49号住居址で赤色塗彩された坩、手捏土器、ヒスイ玉などが出土する事例、同遺跡建物址27で柱穴から器台、器台（あるいは高坏）の脚部、坩底部が出土する事例［大町市教委1980］、飯田市恒川遺跡群の溝址15の4層で4箇所にわたり土器集積箇所がみられ、4世紀代の一括土器群が出土する事例［飯田市教委1986］などをあげる程度である。

　このように石製模造品出現以前の段階では、集落遺跡および生産遺跡では、土器を主体として、他には鳥形木製品や手捏土器など弥生時代以来の伝統を引く祭祀遺物がみられる一方で、首長クラスでは石製腕飾類（石釧・車輪石）・銅鏡など古墳副葬品と同一なものが用いられており、また祭祀終了後には土坑に廃棄されていることがわかる。なによりも概して祭祀の様相をうかがわせる痕跡・資料が極めて少ない段階でもある。

(4) 科野における石製模造品の出現

① 峠遺跡

　日本には約1万におよぶ峠が存在するというが、古墳時代に祭祀の痕跡が考古学的に認められるものは、科野に存在する4つの峠、つまり美濃国との国境にある神坂峠、佐久に所在する雨境峠・瓜生坂、上野国との国境にある入

168　古代科野の神まつり

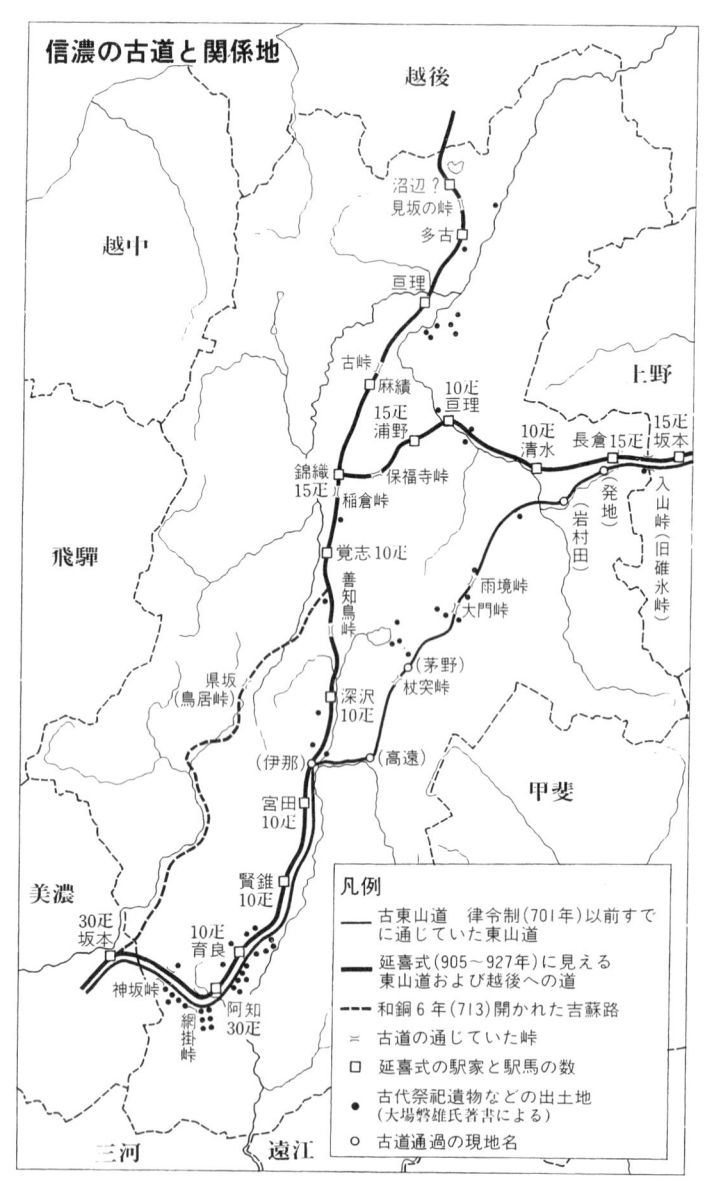

図1　古東山道・東山道ルート（『図説　長野県の歴史』河出書房新社 1988 より）

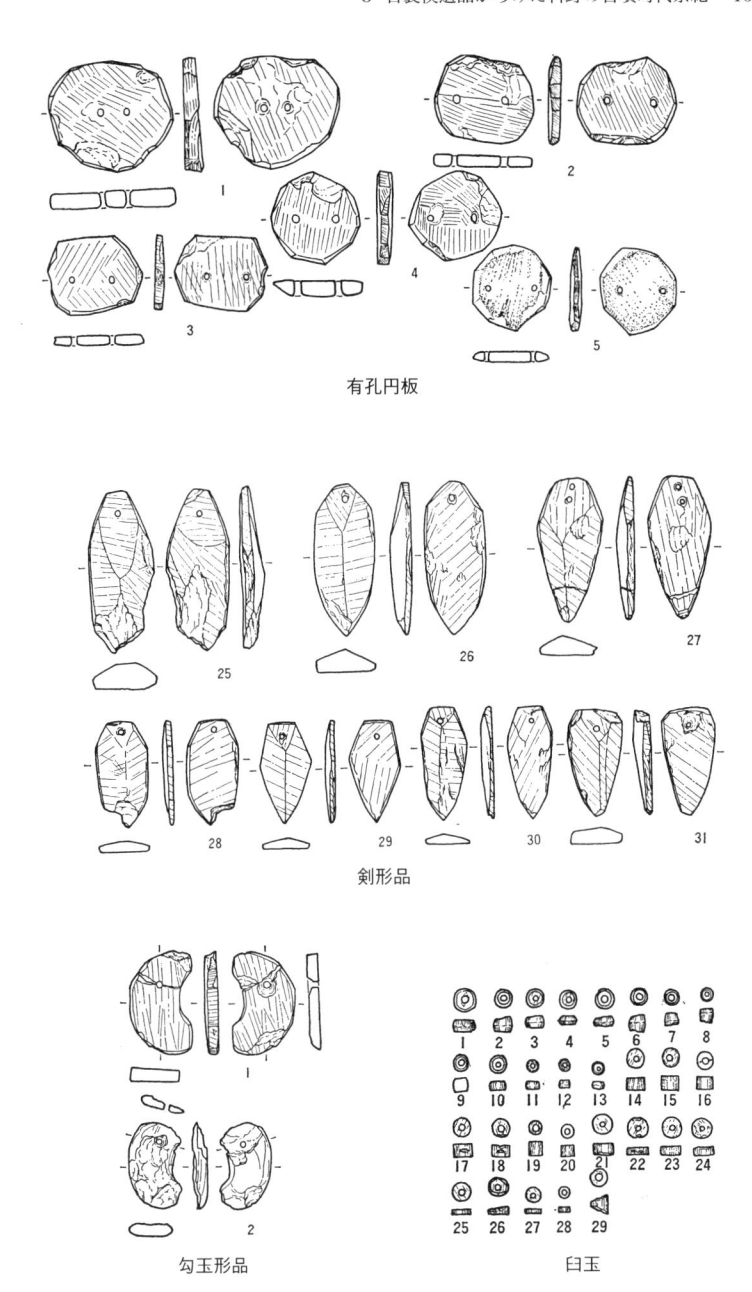

3 石製模造品からみた科野の古墳時代祭祀　169

有孔円板

剣形品

勾玉形品　　　　　　臼玉

図2　入山峠出土石製模造品（軽井沢町教育委員会 1983 より）

山峠を数えるにすぎない。この点からしても、科野における峠祭祀のもつ意義は大きい。また発掘調査が実施されたのも瓜生坂を除く3遺跡のみである。

　神坂峠は長野県阿智村と岐阜県中津川市の県境に位置し、標高約1570mをはかる。昭和43年に実施された発掘調査では、遺構としては石畳状の遺構と土坑が検出され、豊富な祭祀遺物が出土した［阿智村教委1969］。石製模造品には、剣形品310点（未製品・破片を含む）・鏡形模造品1点、有孔円板49点（他に小破片31点）、無孔円板3点（他に小破片31点）、勾玉4点（他に破片19点・未製品4点）、臼玉863点（他に破片31点・未製品9点）、刀子形模造品3点（他に破片12点・未製品1点）、斧形模造品1点、馬形模造品2点が認められ、玉類では、管玉21点、棗玉1点（他に未製品1点）、ガラス小玉29点、石製小玉3点がみられる。鉄製品では鉄鏃2点、鉄斧1点、刀子3点、やりがんな3点などが、他の遺物では獣首鏡片1点等が出土している。土器については、土師器、須恵器、緑釉陶器、灰釉陶器が出土し、古墳時代から中世までの時期のものが認められる。これらは小破片が多く、摩滅も著しいため器形の復元は難しいが、器種は土師器ではS字状口縁台付甕3個体分・碗、須恵器では甕が多く、他に坏・甕・壺などがみられる。

　入山峠は長野県軽井沢町と群馬県安中市松井田との県境に位置し、標高は約1034mをはかる。昭和44年に行なわれた発掘調査では、遺構は検出されなかったが、石製模造品・鉄製品・土器片などが出土した［軽井沢町教委1983］。石製模造品には勾玉5点・臼玉273点・双孔円板25点（うち破片5点）・単孔円板15点・無孔円板2点・剣形品約170点・刀子形模造品1点がみられ、他にも未製品とみられるもの約85点が認められる。鉄製品としては刀子や鍬先状と思われる小破片がある。土器は土師器の2000点を超す破片資料のみであるが、碗・高坏・壺・S字状台付甕などが図化されている。神坂峠とは異なり、古墳時代以降の土器は認められていない。

　雨境峠は蓼科山麓の、佐久と諏訪を結ぶ一鞍部にあたり、北佐久郡立科町に所在する。標高は約1580mをはかる。雨境峠には古墳時代に比定される5遺跡（鳴石・勾玉原・赤沼平・鳴石原・鍵引石）と中世の積石塚である4遺跡（法印塚・中与惣塚・与惣塚・賽の河原）からなる遺跡群が存在する。昭和41年に桐原健氏による踏査および平成5・6年には発掘調査が実施されている［桐原1967、

写真1　雨境峠「鳴石」(筆者撮影)

立科町教委 1995]。鳴石遺跡には「鳴石」と呼ばれる鏡餅状に重なった2個の巨石と周囲に築かれた方形の集石遺構が存在し、勾玉原遺跡とともにかつては多量の石製模造品が採集できたという。発掘調査報告書によると6世紀以降の遺物が伴うということである。

　瓜生坂は佐久市（旧望月町）に所在する、小規模ながら尾根筋を通る峠である。昭和42年に藤沢平治氏によりかつて表採された滑石製臼玉70点と手捏土器5点、伴出したと伝えられる土師器3点の報告が行なわれている［藤沢 1967］。臼玉は大型化・粗製化の進んだものであり、6世紀後半～7世紀代に特徴的なタイプと思われる。

　この神坂峠－雨境峠－瓜生坂－入山峠を結ぶ古墳時代のルートを大場磐雄氏は、律令期に整備された東山道の前身にあたるものととらえ、「古東山道」と命名した。そしてこの古東山道は軍事的性格が強く、大和政権による東国経営に重要な意義をもつものであると論じたのである。峠祭祀が科野のみに認められることは、この古東山道が大和政権の東国への最重要路線であり、科野はその玄関口・足がかり的な位置を占めていたからであろう。

この峠祭祀において石製模造品の出現時期をとらえることは難しい問題である。それは土器には破片資料がほとんどであることに加えて、石製模造品との共伴関係の把握がなかなかつかめないことによる。出土土器からすれば、入山峠と神坂峠については4世紀後半には祭祀が開始されていることが理解できる。その開始時から石製模造品を伴っていたかどうかの判断には議論があろうが、石製模造品もその頃には出現していた可能性は高いものと考えられよう[2]。

② 祭祀遺跡

　科野では、5世紀中葉に石製模造品を用いた大規模な祭祀遺跡があらわれる。長野市駒沢新町遺跡と松本市高宮遺跡である。駒沢新町遺跡は、浅川扇状地の末端部の長野市上駒沢新町に所在し、古墳時代の祭祀遺構5基等が発見された［笹沢 1982］。このうち最大規模を誇る1号址は4.2×3mの長方形の土坑を40cm程掘り下げて構築されており、その中から多量の完形土器と祭祀遺物が出土した。石製模造品（臼玉900点、剣形品2点、有孔円板3点）、管玉2点、ガラス小玉15点、鉄鏃、刀子などがみられる。土器は壺・甕類、坩、小型丸底土器、高坏がそれぞれ100点以上を数え、土師器甑、坏、器台は数点、手捏土器26点などが認められている。明確な掘り込みを伴う遺構はこれだけであり、他は遺物集中箇所である。遺物量からみても大規模な祭祀行為が推測される遺跡である。須恵器は伴っていないが、TK73型式古段階と対応する箆描線刻文が描かれている土師器甑が出土している。

　高宮遺跡は、松本市南部の高宮北に所在し、竪穴住居址3軒、土坑12基等とともに祭祀遺構である土器集中区15箇所等が発見された［松本市教委 1994］。このうち最も規模の大きなものが1号土器集中区である。南北5m、東西8m程の範囲から多量の土器（約400個以上）が出土し、石製模造品臼玉5166点（他に破片134点・勾玉16点、剣形品9点、双孔円板4点など）、ガラス小玉9点、土製模造品（勾玉1点、鏡形1点）、鉄製品（鉄鏃52点、刀子15点）、ミニチュア土器（61点）なども認められている。須恵器は少量の直口壺片・把手付碗片が混じっていたにすぎない。他の土器集中区は規模が小さいものとなっている。

　なお、駒沢新町遺跡での土師器甑の存在や高宮遺跡での多量な鉄製品の出土をはじめとして質・量ともに豊かな遺物を有する両遺跡は、単なる集落祭祀ではなく、首長層が積極的に関与したもの、もしくは首長層の主宰する祭祀であ

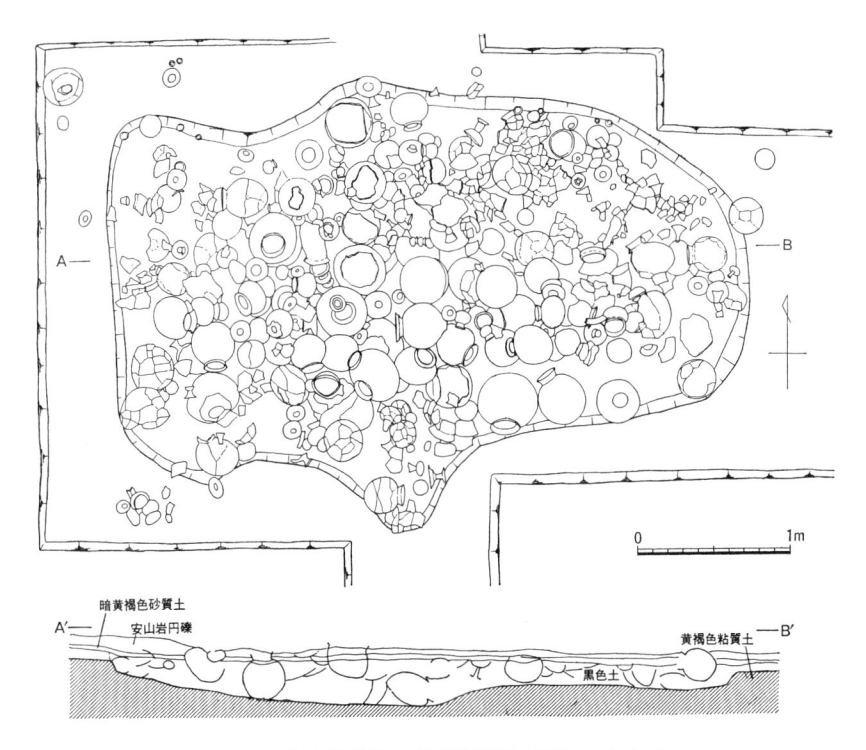

図3 駒沢新町遺跡1号祭祀遺構（笹沢1982より）

るととらえるべきではなかろうか[3]。とりわけ駒沢新町遺跡については、笹沢浩氏により東北方向にある全長47mの前方後円墳である三才古墳と時期的に一致することが指摘されており、その被葬者が深く関与した祭祀である可能性が高いといえよう［笹沢1994］。

③ 集落遺跡

　管見では、5世紀中～後葉には、各地で石製模造品を伴う竪穴住居址が認められるようになる。これは科野各地で須恵器が導入される時期を相前後する頃であり、祭祀遺跡である駒沢新町遺跡や高宮遺跡よりもやや後出すると考えられる[4]。初源期のすべての事例の把握はできていないが、ここでは飯田市恒川遺跡群、長野市本村東沖遺跡・榎田遺跡、御代田町前田遺跡の状況をみておきたい。

　恒川遺跡群では、恒川X期（東国土器研究編年4段階）の田中・倉垣外地籍の

174　古代科野の神まつり

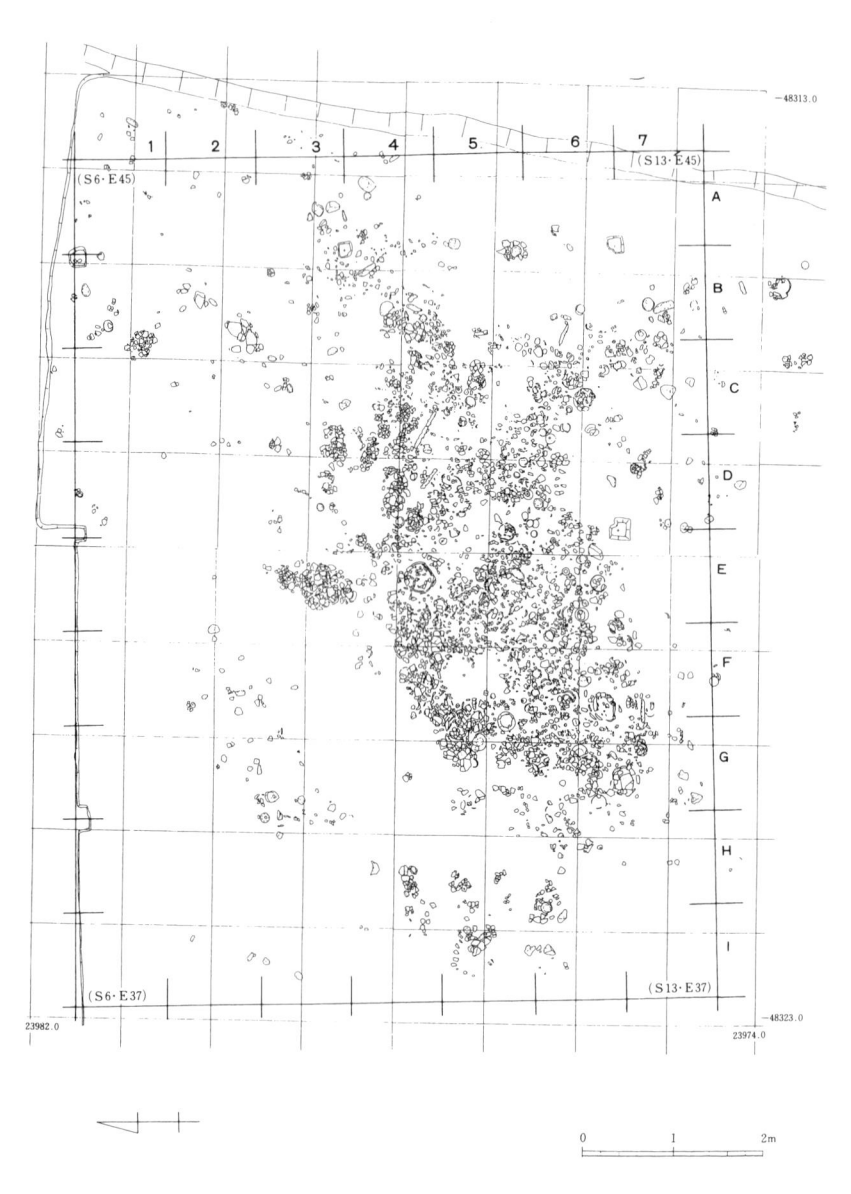

図 4　高宮遺跡第 1 号土器集中区（松本市教育委員会 1994 より）

4軒の住居址（16号住—11点、23号住—144点、75号住—23点、90号住—3点）から臼玉が出土している。このうち75号住居址では須恵器模倣の土師器甑が検出されており、報告者は当該期から初期須恵器が流入したことを指摘する［飯田市教委1986］。本遺跡群は弥生時代中期から平安時代にわたる複合大集落遺跡であり、古代には伊那郡衙の推定地とされている。

　浅川扇状地遺跡群の本村東沖遺跡は、弥生時代の集落が一旦途絶えた後、5世紀中葉に再び集落形成がはじまり、6世紀初頭までに住居址56軒を数える。善光寺平の古墳中期を代表する遺跡のひとつである［長野市教委1993］。石製模造品は、5世紀後葉の27号・36号住居址からの出土をみる。ともに石製模造品製作に関連した住居址と想定され、未製品が検出されている。とりわけ36号住居址では125点におよぶ研磨段階の剣形品未製品が、また同時期の31号住居址では完形の子持勾玉が出土している。本遺跡の5世紀後半の住居址の特徴としては、こうした石製模造品・子持勾玉の出土や製作工人に関する住居址の存在の他、一辺8m以上の大型の住居址が集中する傾向が強いこと、出現期のカマドとともに、間仕切り溝やベッド状遺構などの特殊な施設を画一的とも言いうる状況で有する住居址が多いこと、古式須恵器が比較的多量に伴うこと、が指摘されており、このことから当該地における拠点的集落と考えてよいだろう。古式須恵器についてみれば、27号住ではTK208型式の無蓋高坏が、31号住では坏（TK208〜TK23）・須恵器甑（TK208）・壺（TK208〜TK23）・甕（TK216〜TK208）が伴出している。本遺跡は立地や遺跡の存続期間の共通性、出土した須恵器の特徴などにより、犀川以北地域の盟主的な存在である地附山古墳群との深い関連性が指摘されている。

　榎田遺跡は長野市若穂綿内に所在し、千曲川右岸の自然堤防及び後背湿地に立地する。弥生時代から中世にいたる複合遺跡であり、検出された竪穴住居址は約1000軒を超える。古墳時代では5世紀中葉から集落が形成されはじめ、中葉〜後葉のⅡ期（東国土器研究編年4・5段階）には住居址68軒を数える。これらの8割以上にカマドが付設され、住居址数が爆発的に増加したと同時にカマドがほぼ一斉に導入されたことをうかがわせる。本村東沖遺跡と同様に長野県内でも比較的早い時期にカマドが導入されており、拠点的集落ととらえてよいだろう。石製模造品の出土は臼玉151点を出土したⅡ期のSB825、臼玉

と須恵器甑の模倣壺が出土したSB477をはじめとする多くの住居址で認められており、また子持勾玉も2軒の住居址から出土をみている。本遺跡の特徴で注目されるのは木製品・建築部材等の大量出土である。その中心は5世紀代であり、工具や農具・紡織具・武具・馬具・容器類・祭祀具などの木製品には未製品・木屑なども含まれており、木製品製作集団の存在の可能性も高いという。木製農耕具には鉄刃を有するものも認められる。このようにカマドや鉄刃を有する農耕具など新技術・新文化の導入が、5世紀中葉からの集落展開とともにみられることは、報告者が指摘するように、背後に新技術を導入、管理し、集落を開発できる地域の有力者層が介在したと考えることが自然であろう。

　本村東沖遺跡及び榎田遺跡はこのように拠点的集落ととらえられるが、さらに両遺跡とも古墳時代前期から集落が継続するのではなく、5世紀中葉において、さきにあげた新技術・新文化を伴って、大規模な集落形成が開始される点が一致している。私はかつて子持勾玉を出土する住居址の性格として、その出現は、拠点的集落からであるということを指摘したことがあるが、石製模造品も同様なありかたをしているのである［桜井2004］。

　最後に御代田町前田遺跡の事例をみておきたい。佐久平の北部には、御代田町・佐久市・小諸市の3市町にまたがり、あわせて約50haにもおよぶ広大な面積の発掘調査が行われた鋳師屋遺跡群が存在するが、本遺跡はこの遺跡群を構成する一遺跡である。奈良・平安時代が中心的時期であり、竪穴住居址357軒・掘立柱建物址434棟が発見された佐久地方では有数の古代集落遺跡である［御代田町教委 1987］。さて、前田遺跡では5世紀中葉に集落がはじまる。第Ⅰ期の集落は竪穴住居址5軒からなるが、このうちのH61号住居址から滑石製の有孔円板2点と粘板岩製の有孔円板の未製品1点が出土している。これらは佐久平における石製模造品の出現最初期に位置づけられるものである。火処には炉が使用されているが、陶邑産のTK73およびTK216型式の初期須恵器甑と共伴している。石製模造品を出土したH61号住居址は床面積約65㎡を測る大型住居址であり、他の4軒が床面積10～20㎡であるのに比べてもその大きさは群を抜いており、集落の中心的存在であったことをうかがわせる。須恵器では他にもH60号住居址でTK208型式の甑1点が、H65号住居址からTK216型式の坏蓋1点が出土しており、この段階で須恵器とともに石

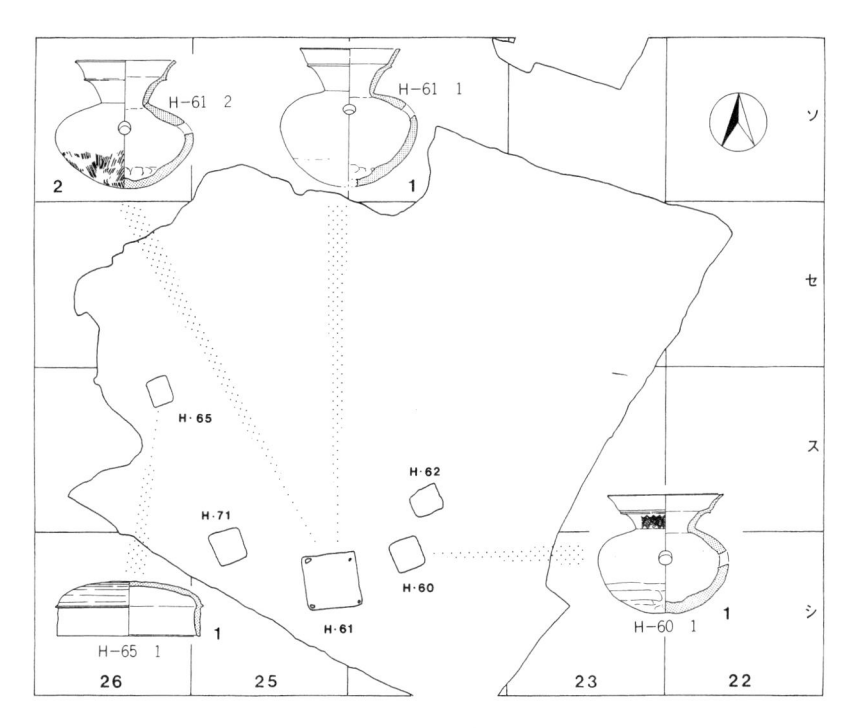

図5　前田遺跡第Ⅰ期集落と須恵器の分布（御代田町教育委員会 1987 より）

製模造品も導入されていることが理解できる。続く第Ⅱ期も5軒の竪穴住居址からなるが、この段階でカマドが導入される。注目したいのは前田遺跡およびその周辺は、後の東山道ルート推定地及び長倉駅比定地のひとつにもあたっているが、弥生時代には集落密集地帯から遠く離れた外縁部であり、居住域としては利用されなかった場所にあることである。集落規模は小さいものの、新開の地で、新文化を伴う拠点的集落として形成されたのが本遺跡であるといえよう。

　以上、代表的な4遺跡の事例をとりあげてきたが、ここで注目されるのは集落遺跡における出現期の石製模造品は、初期須恵器と共伴する事例が多く、その関連性の深いことである。初期須恵器には祭祀的性格がみられることはすでに坂本和俊氏や笹沢浩氏により指摘されている［坂本1987、笹沢1991］。また長野県内の初期須恵器について検討した西山克己氏は、初期須恵器を出土す

る遺跡は「おそらくは各地域における在地中・(小)首長の存在を考えさせられる集落であり、各地域の拠点的集落であったろうと考えられる」と論じている［西山 1988］。たしかに前述した本村東沖遺跡では犀川以北地域の盟主的な存在である地附山古墳群とのつながりが想定され、祭祀遺跡でも駒沢新町遺跡は三才古墳との関連性が指摘される。こうした拠点的集落で最初期の石製模造品が出土することは、大和政権との結びつきの強い首長層により先導された祭祀形態である可能性が高いことを物語るのではなかろうか。

　また須恵器のなかでも甕と共伴する事例が多く、土師器模倣の甕の出土も少なくない。初期段階の石製模造品は甕と強く関連したものであったことがうかがえよう。

　以上、科野における石製模造品の出現時期について概観してきた。それによると峠遺跡では明確な時期をつかむことはできないものの、4世紀後半〜5世紀初頭頃には出現したものと考えてよいだろう。また祭祀遺跡では、5世紀中葉に首長層の強い関与のもとで、駒沢新町遺跡・高宮遺跡という多量な土器等に石製模造品を伴う大規模な祭祀址があらわれる。一方、集落遺跡では前述した祭祀遺跡よりやや後出した段階で、新文化を伴った拠点的集落から最初期の石製模造品が登場してくることが理解できるのである。

　一方、集落遺跡出現期における石製模造品の分布をおおまかにみるならば、古東山道沿いの下伊那地方および佐久地方、善光寺平の拠点的集落に多く認められている。そして、出現する時期は各地でほとんど差異はみられず、ほぼ同時期と考えてよい。これは石製模造品が古東山道という「線」と拠点的集落という「点」を通じて流入したことのあらわれであり、大和政権の東国経営のありかたを如実に示すものといえよう。なお、こうした出現時期は畿内をはじめとする全国的な動向に遅れることはなく、時間差を置かずに科野にも導入されたことが知られるのである。

(5) 石製模造品の盛行と消滅

　さて、このように出現した石製模造品は、5世紀後半から6世紀前半には、とりわけ集落遺跡においてその出土が増加してくる。竪穴住居址のみならず、集落内の小規模な祭祀遺構などでの検出も少なくない。また、千曲市屋代遺跡

群では水田址および灌漑用水と考えられる溝から石製模造品の出土が認められ、生産遺跡でも石製模造品を用いた祭祀が行なわれていることが理解できる［長野県埋文センター 1998］。

こうした盛行期の科野での石製模造品の分布をみてみると、出現期同様に古東山道沿いの下伊那地方および佐久地方、それに善光寺平での出土が多い反面、これ以外の地域では極めて少ないことが指摘できよう。これについては当該期の集落遺跡の総数やその立地などの検討が必要であるが、現時点では科野国内でも偏在性のあることを強調しておきたい。

以上のように、石製模造品の出土場所は、祭祀遺跡、豪族居館[5]、一般集落遺跡、生産遺跡など多岐におよんでおり、祭祀行為がいたるところで行なわれていたことが知られる。一方、祭祀の主宰者という観点でみると、王権によるまつり、首長によるまつり、集落・共同体のまつり、イエ単位のまつり、と様々なレベルで、石製模造品を用いた祭祀がひろく用いられていることがわかる。このように大和政権により新たに作り出された石製模造品という祭具は、多様な場所・階層でとりいれられるものとなり、ここに祭祀の「重層性」と「統一化」が進んできたことが読み取れるのである［桜井 1990］。

さて、6世紀後半になると、剣形品・勾玉形品・有孔円板の出土は少なくなり、大型粗製化の進んだ臼玉の出土が目立つようになる。竪穴住居址での出土数は多くて数点、大半は1〜2点程度の出土であり、5世紀代にみられるように一つの住居址から100点以上の臼玉が検出される事例はなくなる。数量の僅少さを大きさでカバーするかのようなありかたであるともいえようか。そして7世紀代をもってほぼ石製模造品の出土はみられなくなるのである。

(6) 製作遺跡の僅少さ

ところで、科野では石製模造品の製作遺跡が極めて少ない。石製模造品製作に関係する遺跡としては長野市本村東沖遺跡・篠ノ井遺跡群、千曲市五輪堂遺跡、坂城町東裏遺跡および入山峠、神坂峠の6遺跡をあげるにすぎない。本村東沖遺跡36号住居址では剣形品の研磨段階の未製品125点が出土しているが、他工程のものはなく、やや特異なありかたをしている。五輪堂遺跡・篠ノ井遺跡群は詳細が不明であるが、3軒の住居址で工作ピットを伴っている東裏

遺跡でも規模は小さいものである。一方、入山峠と神坂峠では製品に混じって少なからずの未製品の出土をみているため、両峠でも製作された可能性が高いが、すべてをまかなっていたとは考えにくいだろう［桜井2005］。隣接する上野（群馬県）では30を超える製作遺跡が発見されていることと比べると格段の差である［埋蔵文化財研究会2005］。製品とともに少量の未製品が検出される住居址出土の事例があることから、自給していた可能性もあろうが、その場合もやはりすべてとは考えにくいと思われる。消費地としての石製模造品の出土量が決して少なくない現状からしても、製作地の僅少さは際立っている。これは今後の研究課題のひとつであるが、私は、とりわけ出現期には上野（群馬県）で製作されたものが、古東山道を通して、科野へ持ち込まれた可能性もあるのではないかと考えている。

(7) 石製模造品を用いた祭祀行為の復元

では、こうした石製模造品は、その祭祀行為においてどのような用いられ方をしていたのであろうか。

祭祀に関連する遺跡から出土する遺物の主体を占めるのは土器類である。これは到来する神への饗応として、飲食物を捧げることが、古墳時代祭祀にとって最も重要な要素であることを示している。また金属製品の出土も少なくないが、これなども貴重品を神へ捧げる行為のあらわれであろう。

一方、石製模造品は神への捧げものではなく、あくまでも祭具なのである。石製模造品には穿孔が施されているが、これは懸垂するためであり、神を招き寄せる依り代として、祭祀を執り行なう人物の手に執られた榊の枝にとりつけたものであると私は考えている［桜井1996］。

以上のように、石製模造品は祭具として用いられたものであるが、副次的に呪物としての性格を有する場合も派生するようになる［桜井2002b］。竪穴住居址のカマド袖や貼床下に埋め込む出土例などがこれに該当しようが、しかしながら一義的には祭具として理解すべきだろう[6]。

4　祭祀の「場」

　祭祀に関わる「場」は「祭祀遺構」と呼ばれているが、これを即、「祭場」ととらえることはできない。遺跡の発掘調査によって我々の前に姿をあらわす祭祀遺構は、祭祀の終了した段階で、放置あるいは片付けられた姿を示すものなのである。

　さて、ここで注目したいのは前述した駒沢新町遺跡と高宮遺跡である。両遺跡は、「片付け」という行為の観点からすると、非常に対照的なありかたをしている。

　駒沢新町遺跡1号址は、湧水点まで掘り下げた土坑内に祭祀に用いられた土器や祭祀遺物を埋設しているが、これは奈良県纒向遺跡の事例をもとに、石野博信氏が「纒向型」として分類した祭祀形態である。石野氏によれば、この「纒向型」祭祀は弥生時代以来の系譜をたどりうるものであるとされる［石野1990］。たしかに前代の石川条里遺跡でも同様な廃棄土坑が多数検出されており、その伝統が駒沢新町遺跡でも続いていることになる。こうした伝統的祭祀形態に、石製模造品という新たな祭具が付与されたと理解できよう。

　一方の高宮遺跡1号土器集中区については「器物集積遺構・下芝パターン」として理解できるものである[7]。この「器物集積遺構・下芝パターン」とは群馬県下芝天神遺跡において洞口正史氏により提唱された祭祀遺構であり、①土器設置によって構造を形成する。②構造外の場所で土器内へ臼玉を入れる・土器を重ねる。③構造外の場所から構造内へ完形土器を集積しこれにより行動が完了する。という一連の行動の結果形成された集積遺構をいう［洞口1998］。これは祭祀終了後の片付け段階において行なわれた行為と私は考えるが、壺・甕類など集積された土器自体またはその一部が意図的に配置されていると考えられるこうした事例は5・6世紀代の群馬県・埼玉県で少なからず認められ、洞口氏は高宮遺跡もこの下芝パターンの遺構として認識している。

　このように弥生時代以来の伝統を引く駒沢新町1号址と群馬・埼玉でもみられる下芝パターンをとる高宮遺跡1号土器集中区という2つのタイプがほぼ同時期に存在することは、祭祀の「場」においても5世紀中頃に大きな転

換点があったことを示しているのではなかろうか。

また、祭祀遺跡には6世紀末以降のものは、全国的にみても事例は少ないが、そのなかで埴科郡坂城町青木下遺跡は特筆すべき祭祀遺跡である［助川 1997］。本遺跡では、5世紀後半から7世紀前半までの祭祀址が約17基発見されているが、その最終段階に位置する7世紀前半の祭祀址は、直径約8mの環状を呈し、約330点の土師器・須恵器が配列されている。全国的にも例を見ない形態と言え、祭祀行為が終了したままの状態をとどめていると考えられる。「放置」という概念で理解すべき遺跡であろうが、7世紀代という祭祀遺跡が少ない時期にあたり、かつ土器を環状にめぐらすという類例のない形態を有する本遺跡は、今後の祭祀研究に重要な資料を提示してくれるものである。

5　祭祀の「場」の固定化

駒沢新町遺跡では古墳時代の祭祀址のうち4基は、3号址→1・4号址→2号址の順に構築されており、5世紀中頃からほぼ半世紀の間、この地で祭祀が行なわれていたことがわかる。

屋代遺跡群では、⑥区とした調査区の5世紀代の遺構面において、湧水を中心とした祭祀遺構が発見されている。報告者は湧水関連の導水型の水辺の祭祀であるととらえ、その主宰者は後の郡司層につながる首長層であった可能性を指摘している。本遺跡群ではこうした導水型祭祀施設の他に、7世紀末頃には導水施設を伴わない湧水坑祭祀施設が登場し、9世紀代まで続き、この場所で水辺の祭祀が継続されている。

また特異な環状土器列が発見された青木下遺跡では、5世紀後半から7世紀前半まで祭祀址が認められており、かなりの長期間にわたり、この場所で祭祀が行なわれていたことが理解できる。

このように祭祀遺跡においては、祭祀の「場」の固定化という現象が認められるのである。祭場としてふさわしい「場」の観念が存在していたことのあらわれともいえよう。

古代史学者の井上光貞氏は、祭りの場の形成について福岡県沖ノ島祭祀遺跡では6世紀末〜7世紀初頭頃におこったものと理解し［井上 1984］、穂積裕昌

氏は三重県城之腰遺跡においては古墳時代前期に祭りの場の形成をみている［穂積1998］。科野の場合は、固定化した祭りの「場」の形成は、5世紀代には形成されていることが指摘できるだろう。

6　律令時代の祭祀へ

7世紀代をもって石製模造品はほぼ姿を消す。そしてこれに代わるかのように祭祀遺物としては人形・馬形・斎串などの木製祭祀具の出土が目立つようになる。全国的には他に人面墨書土器や土馬などが認められるが、科野ではほとんど出土をみない[8]。

千曲市屋代遺跡群での木製祭祀具は、7世紀後半には斎串・人形・馬形・蛇形という基本4種がすでに存在するが、7世紀末～8世紀初頭頃になると、人形の出土が急激に増加するなど変化が感じられるという［長野県埋文センター2000］。律令祭祀の導入・定着が進んできたことのあらわれであろうか。

ところでこうした木製祭祀具の多くは「祓い」に関連するものといえようが、これは古墳時代と比べて「祓い」が重視されてきたことのあらわれであり、古墳時代祭祀と律令時代祭祀の大きな相違点だと私はとらえている[9]。

一方、祭祀に用いられた土器が多量に出土する事例は、律令時代以降には減少するが、神に飲食物・稀少価値の高いものを捧げて饗応するという古墳時代の祭祀形態は、神饌や幣帛などとしても、律令時代以降の祭祀においても基本をなしていくものである。

おわりに

以上、古墳時代の祭祀について石製模造品を中心に考察してきた。大和政権により流布された斉一性の高い祭祀遺物である石製模造品は、各階層・多岐におよぶ場所で用いられており、ここから律令祭祀以前の段階でも祭祀の「統一化」が進んでいたことが理解できる。また科野では古東山道沿いおよび拠点集落で石製模造品の初段階での出土をみることは、東国進出への足がかりとなる重要な玄関口・中継地および戦略地であったことを示しているといえよう。

そして律令時代の祭祀には新たな祭祀具の登場もみられるが、古墳時代の祭祀形態の伝統を基本的には引いており、のちに神祇信仰として形成されていく原型をここにみてとることができるのである。

註

(1) 「神」と「死者」が本来は区別されたものであったかどうかは議論のわかれるところである。柳田國男氏は、祖先の霊が神観念の原始形態とするが、宗教学者の原田敏明氏は、神と祖先霊は全く異なるものと考えている［原田 1985］。そもそも私は森田悌氏が指摘するように、「古代日本人は死後の世界に明確なイメージをもっていない」と理解しており、その点からも岡田氏・原田氏の論に賛意を示すものである［森田 2007］。

(2) 寺沢知子氏は、弥生時代からすでに鏡・玉・剣を使用した祭祀の原型に接していた畿内以西には、石製模造品の出土がまれであるのにたいして、古墳時代になって天的祭祀を受け入れた畿内以東では、そのイデオロギー的普及が急務であったことが、古墳時代中期以降の石製模造品の密なる分布から推定されるという［寺沢 1990］。なお、子持勾玉についての分布も関東と近畿地方に集中しており、秋田県から愛知県までの東国は全体の半数以上の出土が認められるという［篠原 2002］。

(3) 峠祭祀も古東山道が東国進出に極めて重要な位置を占めていたことを踏まえるならば、単なる不特定多数の旅人によるものとは考えにくく、王権の強い関与のもと行なわれたものと理解すべきであろう。

(4) 本稿では、古墳中期の土器編年については『東国土器研究　第5号』で冨沢一明・広田和穂・直井雅尚・島田哲男・山下誠一の5氏が設定した6段階編年に従う。これによればおおむね3段階をもって小型丸底土器は姿を消し、4段階で須恵器が出現するなど、3段階と4段階の間に土器様相の大きな画期をみることができる。またカマドの初源も4段階には認められる。一方、祭祀遺跡では駒沢新町遺跡・高宮遺跡が3段階に位置づけられ、集落遺跡ではおおむね4段階から石製模造品の出土をみる。この時期は祭祀の面でも大きな変革期にあたるといえよう。

(5) 科野では当該期の発見はないが、群馬県三ツ寺I遺跡など全国的にその事例は多い。

(6) 「祭具」であるという観点からしても、峠祭祀における石製模造品は「手向けの幣」ではないと私は考えている［桜井 2002a］。

(7) 洞口氏は群馬県寺尾東館1号祭祀址・埼玉県城北遺跡1号祭祀址も下芝パターンの代表例として分類している。

(8) 土馬の限られた出土は、諏訪市荒神山遺跡・唐沢遺跡をあげる程度である。また神坂峠では陶馬が出土している。

(9) 古墳時代祭祀においては、後の時代のような「清浄性」は要求されていなかったのではないだろうか。青木下遺跡をはじめとする固定化されてきた祭祀の「場」

でも、以前の祭祀址をしっかりと片付けているとは言いにくい状況である。

引用参考文献

阿智村教育委員会　1969『神坂峠』
飯田市教育委員会　1986『恒川遺跡群』
石野博信　1990『古墳時代史』雄山閣
井上光貞　1984『日本古代の王権と祭祀』東京大学出版会
大場磐雄　1970『祭祀遺跡』角川書店
大町市教育委員会　1980『借馬遺跡Ⅱ』
岡田精司　1985『神社の古代史』大阪書籍
金関　恕　1986「古代思想の原点」『日本古代史３　宇宙への祈り』講談社
軽井沢町教育委員会　1983『入山峠』
桐原　健　1967「長野県北佐久郡立科町雨境峠祭祀遺跡群の踏査」『信濃』19巻6号
坂本和俊　1987「東国における古式須恵器の研究」『第8回三県シンポジウム　東国における古式須恵器をめぐる諸問題』
桜井秀雄　1990「古墳時代の祭祀をめぐる一考察」『信濃』42巻12号
桜井秀雄　1996「石製模造品を用いる祭祀儀礼の復元私案」『長野県考古学会誌』79号
桜井秀雄　1998「住居跡出土の石製模造品―古墳時代祭祀の再検討―」『貞末尭司先生古希記念論集　文明の考古学』海鳥社
桜井秀雄　2002a「峠祭祀と石製模造品」『信濃』54巻8号
桜井秀雄　2002b「「祭具」と「呪物」」『長野県の考古学Ⅱ』長野県埋文センター
桜井秀雄　2004「住居跡出土の子持勾玉」『金沢大学考古学紀要27』
桜井秀雄　2005「峠祭祀・雑感」『金大考古』第51号
笹沢　浩　1982「駒沢新町遺跡」『長野県史考古資料編　主要遺跡（北・東信）』
笹沢　浩　1991「3　須恵器の編年　中部高地」『古墳時代の研究6』雄山閣
笹沢　浩　1994「駒沢新町遺跡」『信州の大遺跡』郷土出版社
篠原祐一　2002「子持勾玉小考」『子持勾玉資料集成』付録　國學院大學日本文化研究所
椙山林継　1991「律令期直前の祭祀」『律令制祭祀論考』塙書房
助川朋広　1997「長野県埴科郡坂城町青木下遺跡Ⅱの祭祀遺構」『祭祀考古』8号
立科町教育委員会　1995『雨境峠』
寺沢知子　1990「石製模造品の出現」『古代』90号
寺村光晴　1995『日本の翡翠』吉川弘文館
東国土器研究会　1999『東国土器研究』第5号
長野県埋蔵文化財センター　1997『石川条里遺跡』
長野県埋蔵文化財センター　1998『更埴条里遺跡・屋代遺跡群―弥生・古墳時代編』
長野県埋蔵文化財センター　1999『榎田遺跡』
長野県埋蔵文化財センター　2000『更埴条里遺跡・屋代遺跡群―総論編』

長野市教育委員会　1993　『本村東沖遺跡』
西山克巳　1988　「信濃国で須恵器が用いられ始めた頃」『信濃』40巻4号
原田敏明　1985　『神社』至文堂
藤沢平治　1967　「中山道瓜生坂祭祀遺跡」『信濃』19巻4号
穂積裕昌　1998　「水のまつり③城之腰遺跡」金子裕之編『日本の信仰遺跡』雄山閣
洞口正史　1998　『下芝天神遺跡・下芝上田屋遺跡』群馬県埋蔵文化財調査事業団
埋蔵文化財研究会　2005　『古墳時代の滑石製品―その生産と消費―』
松本市教育委員会　1994　『高宮遺跡』
御代田町教育委員会　1987　『前田遺跡』
森田　悌　2007　「埴輪祭式と顕事・幽事」『第12回東北・関東前方後円墳研究会大会《シンポジウム》埴輪の構造と機能』発表要旨資料

木製祭祀具の考察
―馬形木製品・蛇形木製品―

宮島　義和

はじめに

　長野県千曲市（旧更埴市）屋代遺跡群で出土した、7世紀後半〜8世紀前半を中心とする祭祀遺構および祭祀遺物は大宝律令制定を前後する時期において地方で行われていた祭祀の実態を把握するための格好の資料となった。祭祀遺物の中でも木製祭祀具は、その種類、量ともに豊富であり、出土状態も良好で、祭祀具の組み合わせを捉えられる事例が多数存在する。報告書［宮島義和 1999］においては「木形」という大分類のもとに、斎串、動物形、農工具形、武器形、その他の5分類を設定した。この中で注目されるのが、馬形木製品の出土量が非常に多い点と蛇形木製品と呼ぶ特殊な祭祀具が存在する点である。両者は屋代遺跡群で行われていた祭祀を考える上でキーポイントとなる遺物と思われる。そこで本稿においては、7世紀後半に出現する多様な木製祭祀具のうち、多量多種な馬形木製品と、現在のところ他ではほとんど類例をみない蛇形木製品について考察していきたいと思う。

1　馬形木製品に関わる祭祀の考察

(1) 馬形木製品とは

　馬形木製品とは短冊状の板を素材として、その木口と木端に加工を施し、馬（?）の側面を形作ったと考えられている、主として古代の遺物である（図1、2）[1]。通常腹部にあたる木端部分に1箇所（まれに2箇所）串を差し込む孔がみられる。また、表裏面に2箇所ずつ串を差込み、四足状にするものもある。同様の板を素材として作成された「祭祀具」と考えられている遺物には、人形、鳥形、斎串、刀形等があり、金子裕之氏によって「木製模造品」という総称が与えられていることは周知の通りである［金子 1980, 1988］。

　本稿でまず馬形木製品を考察の対象として選んだのは、屋代遺跡群の発掘調査に携わり、馬形を含む多量の木製祭祀具の整理に関与した結果、これらの木製品に関わって、古代の祭祀に対する数々の疑問が生じたことに起因する。以下その疑問点を提示しながら現段階でできうる限りの考察を行っていきたい。

(2) 馬形木製品の造形

ここで馬形木製品として報告されている遺物について、その形状の特徴を確認しておきたい（図1、2）。

造形の基本は短冊状の板の外周を加工し、背、腹、頭、尾と考えられる形を作りだしている点である。しかしそれぞれの形状を比較する中で、馬を象っているという決定的な特徴となるのは「鞍」の表現の有無である。屋代遺跡群に遺物を見学にこられた多くの方々に、馬形木製品に対して何を象ったものかを伺ったところ、多くの方は返答に窮していた。「馬を象ったものです」と説明しても、「なぜ馬なのか」という質問がだされた。そこで鞍の表現について言及すると、初めて納得してもらうことができた。このことは、客観的にみた場合にこれらの木製品が「鞍」以外に馬を想起させる決定的な造形をもたないことによるものだと考えられる。また、足の表現が見あたらないことも理解に窮するひとつの原因となっていると思われる。

(3) 馬形木製品は「馬」なのか

まず第1の疑問となるのが、馬形木製品と総称されるこれらの遺物が実際に「馬」を象ったものなのか、という点である。馬を象った遺物として代表的なものとしては、馬形埴輪と土馬があげられる。双方とも立体的な表現であるため、疑問の余地はない。本稿で考察の対象としている、扁平で、側面観のみを表した遺物は、素材の制約からかなり抽象的な表現とならざるを得ないことは、人形、刀形、鳥形といった他の木製品からもみてとれる。この場合、表現しようとする対象の特徴を表す部分が作りだされているかどうかが解釈のてがかりとなるのは言うまでもない。例えば人形ならば顔・手・足の表現であるし、刀形ならば刃、把の表現となるだろう。この点、側面観を表す鳥形とされるものにも疑問をもたざるを得ない遺物がある。

さて馬形であるが、金子裕之氏が馬形木製品の初現とした藤原宮跡出土の馬形（図1-2-32）の造形はどうだろうか。この遺物を発掘現場で直接みた方は、その瞬間どのように思われただろうか。筆者は客観的にみて、どうしても「馬」を象ったものとは思えない。抽象的表現と言われればそれまでだが、馬を示

1 馬形木製品に関わる祭祀の考察　191

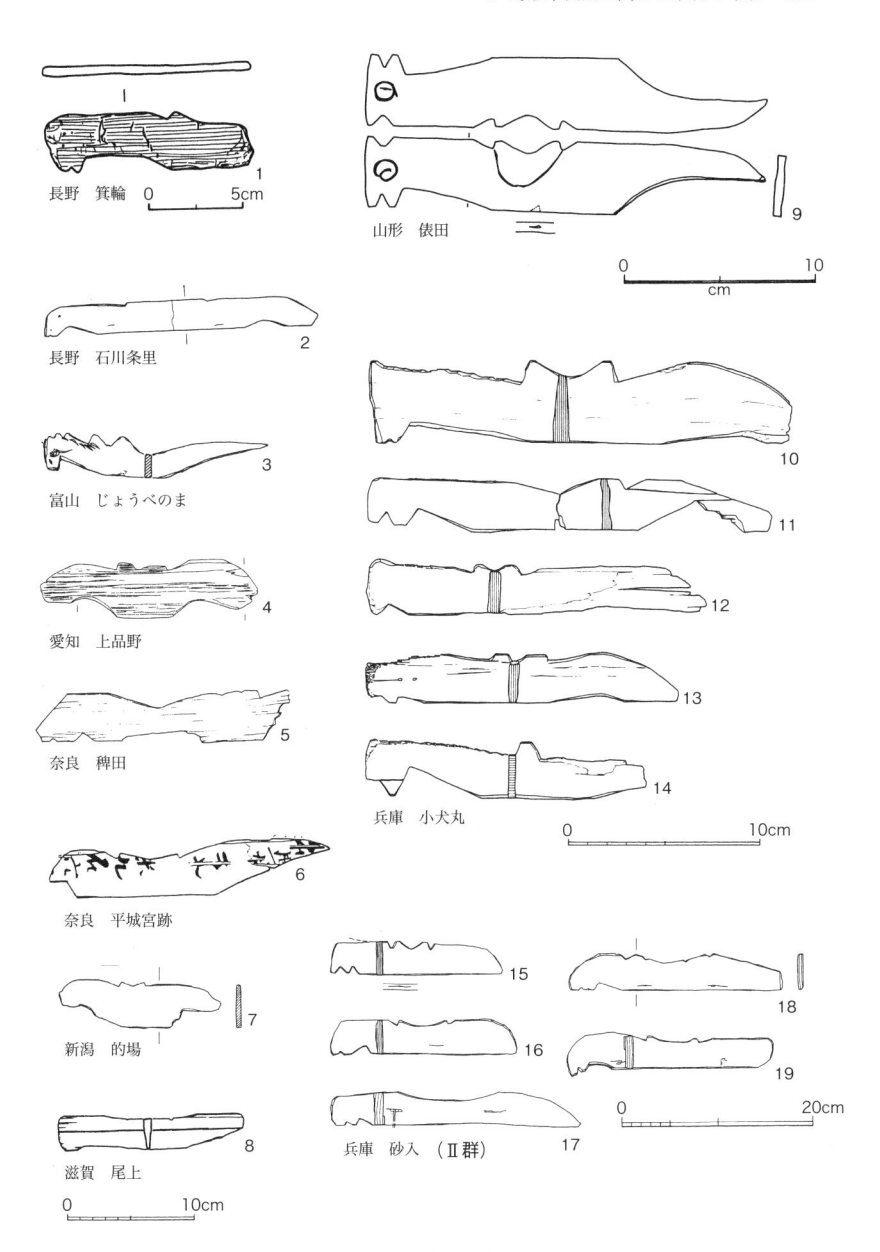

長野　箕輪 1
長野　石川条里 2
富山　じょうべのま 3
愛知　上品野 4
奈良　稗田 5
奈良　平城宮跡 6
新潟　的場 7
滋賀　尾上 8
山形　俵田 9
兵庫　小犬丸 10, 11, 12, 13, 14
兵庫　砂入（Ⅱ群） 15, 16, 17, 18, 19

図 1-1　馬形木製品　Ⅰ群

192　木製祭祀具の考察

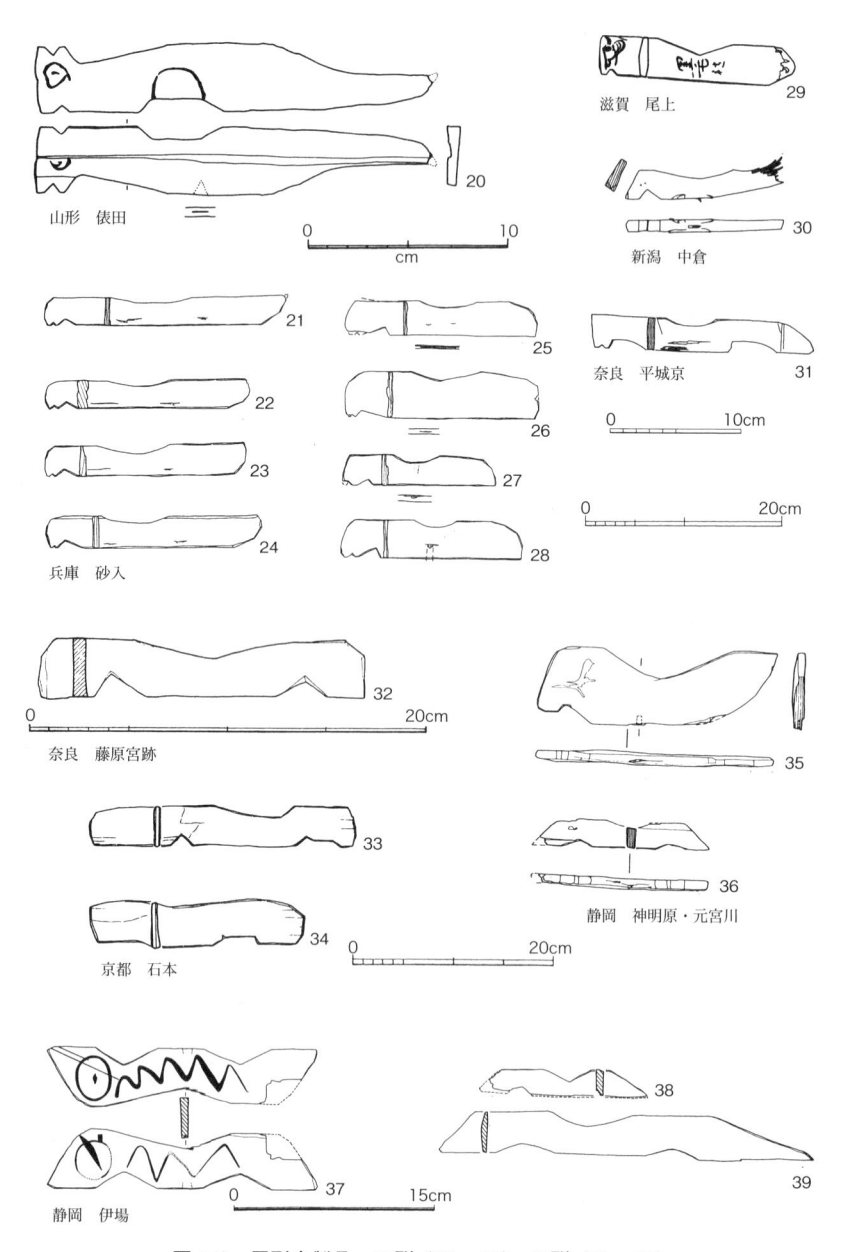

山形　俵田
滋賀　尾上
新潟　中倉
奈良　平城京
兵庫　砂入
奈良　藤原宮跡
京都　石本
静岡　神明原・元宮川
静岡　伊場

図1-2　馬形木製品　Ⅱ群（20〜31）　Ⅲ群（32〜39）

1 馬形木製品に関わる祭祀の考察　193

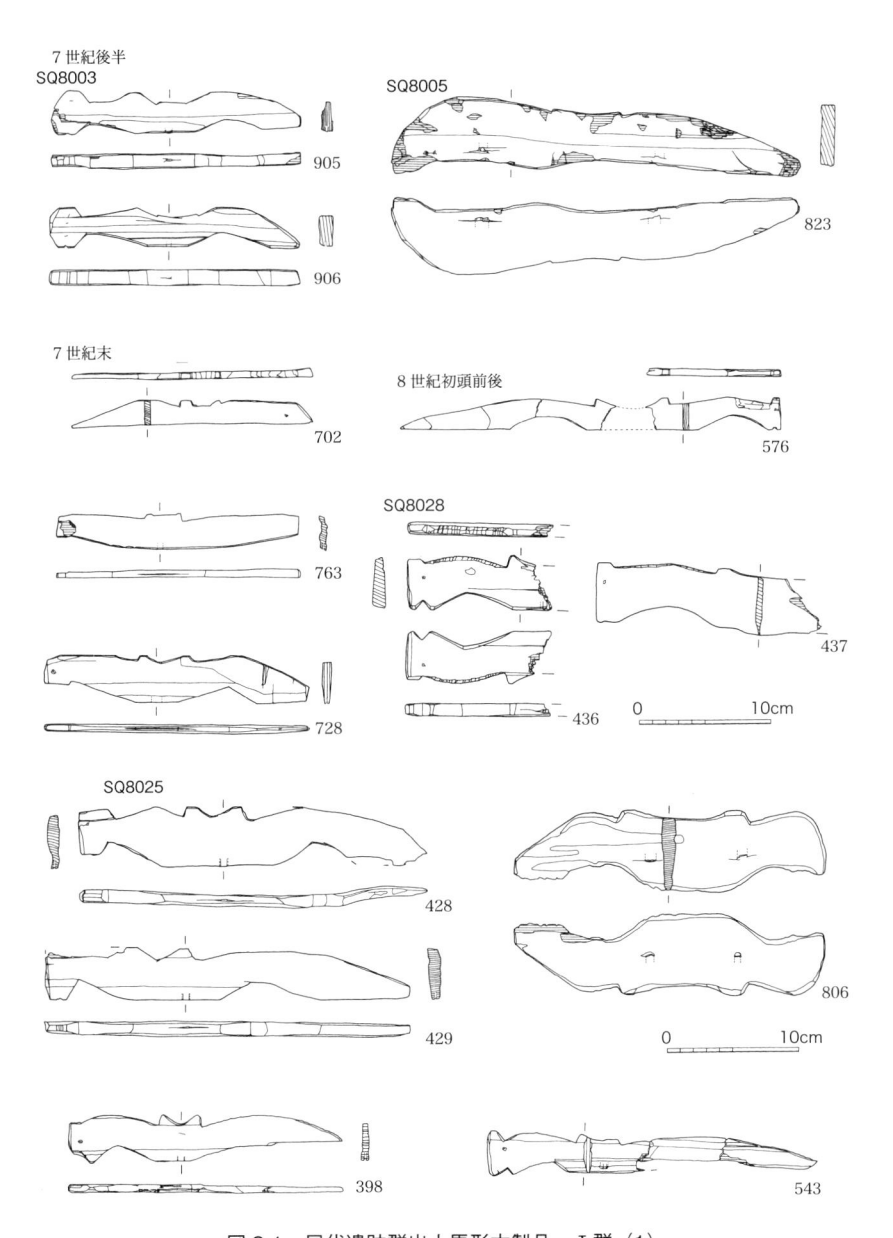

図2-1　屋代遺跡群出土馬形木製品　Ⅰ群（1）

194 木製祭祀具の考察

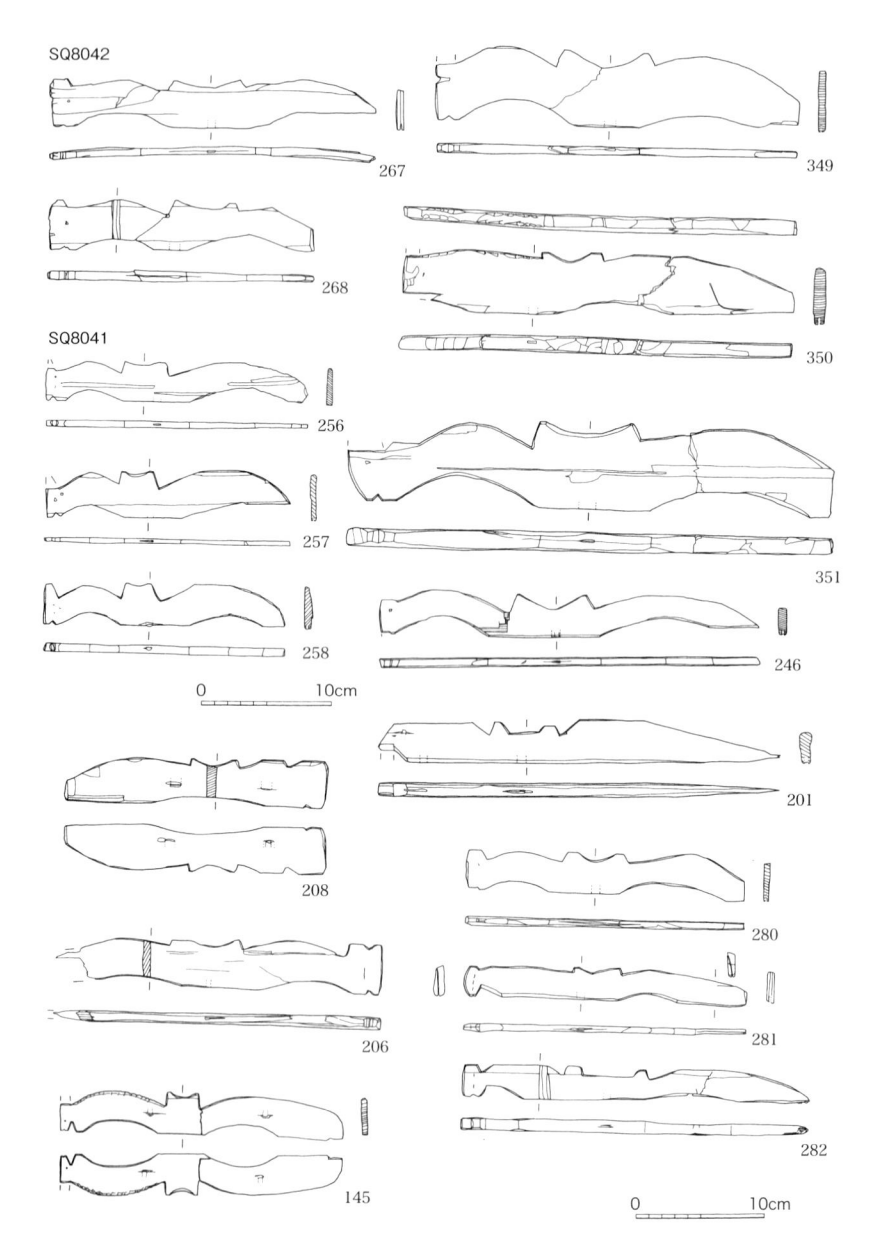

図2-2 屋代遺跡群出土馬形木製品 Ⅰ群（2）（8世紀前半）

1 馬形木製品に関わる祭祀の考察　195

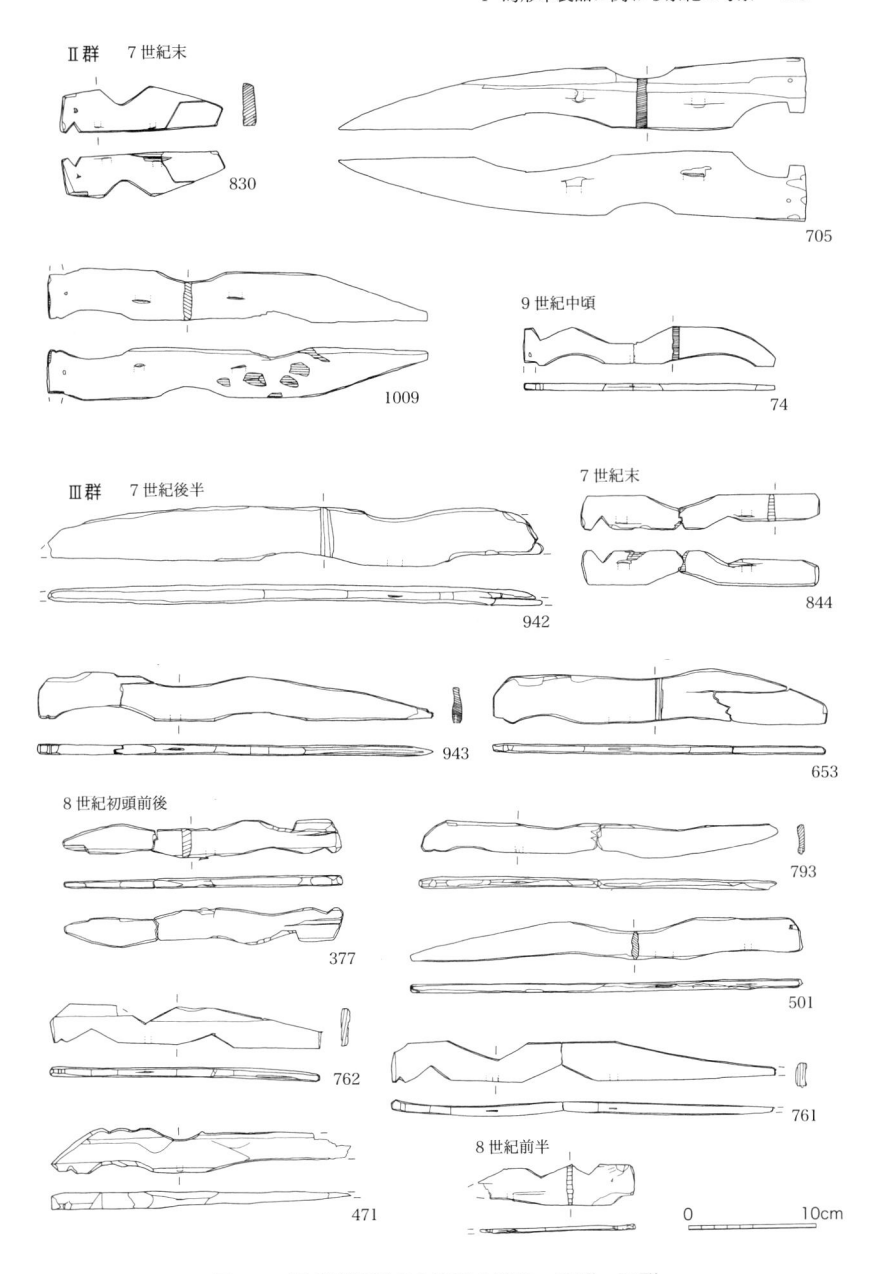

図 2-3　屋代遺跡群出土馬形木製品　Ⅱ群・Ⅲ群

す要素があまりにも欠落しているようにみえる。

　これを馬形と考えたのは、沖ノ島出土の石製品と、かつては非常に稀少であった長野県箕輪遺跡出土の鞍の表現をもつ木製品（図1-1-1）の造形から類推してのことと思われる。後に全国規模での発掘の増加により、鞍の表現を持つものの出土例が増加する。これによって鞍のないものを「裸馬」、鞍のあるものを「飾馬」を表現したものと捉え、藤原宮跡の裸馬（7世紀後半）を初現とし、それ以後地方に伝播するとともに後続して飾馬が登場するという説が一般化していくこととなる。

(4) 鞍をもつ馬形

　ここで重要となるのは「鞍」の表現である。前述のように限定した素材であるがゆえの制約から、表現するもの特有の造形が判断の材料となるとすれば、「鞍」はまさに「馬」と判断する恰好の材料となる。しかし現在のところ、出土量は増加しているものの、「鞍」をもつ馬形の出土は奈良県（平城宮跡・稗田遺跡）、兵庫県（砂入遺跡・姫谷遺跡・小犬丸遺跡など多数）、富山県（じょうべのま遺跡）[2]、山形県（俵田遺跡SM60出土例）、長野県（屋代遺跡群多数、石川条里遺跡、川田条里遺跡、家下遺跡、箕輪遺跡）、愛知県（上品野遺跡1例）、新潟県（的場遺跡）、石川県（小島西遺跡）とここに沖ノ島の石製品が加わるのみである。特に注意したいのは、都城での出土例が極めて少ない点と、馬形木製品の報告例が非常に多い静岡県に鞍のあるものが見あたらない点である。なお、鞍のある馬形の最古のものとしては屋代遺跡群において7世紀後半の出土例が確認されている（図2-1-905・906）。出土地点は、千曲川旧河道が埋没した後に造営された水田と集落の立地する自然堤防にはさまれた、支流状の流路内である。堆積土の観察から、木製品が多数出土した層は湿地状の堆積となり、ほとんど水流が認められない。このような層位が各時期に起きた洪水の砂に覆われ、遺物の上下移動は認められない。さらに紀年銘をもつ木簡や、時代を判断する内容をもつ木簡が出土した層が存在することから、遺物の年代をかなり詳細に把握することができた。詳しくは報告書を参照されたい［長野県埋蔵文化財センター1999］。

(5) 鞍のない馬形の系譜

　全国で馬形木製品として報告されているものには、鞍がない場合が非常に多い。前述の藤原宮跡の馬形と静岡県伊場遺跡出土の馬形に関する情報が広まることにより、その造形に近いものについて「馬形＝裸馬」という判断を行ったものと考えられる。ここでもう一度藤原宮跡の馬形をみてみよう。上部中央の浅いV字型の加工は背の表現、下部左右にみられる逆V字型の加工は頭部と尾部の表現とされる。確かに各地で報告されている馬形にも基本的に同様の加工がみられる。しかし、もしこれが馬形木製品の初現として、発生当初の馬の側面の造形がなぜこのような極めて抽象的なものになったのかが理解できない。また、この造形が地方に伝播した後、どのような過程で兵庫や長野、山形にみられるような鞍つき馬形が発生したのかも説明が難しい。藤原宮跡の馬形の系譜としてどうしても注目されるのが、京都府石本遺跡の馬形である（図1-2-33・34）。報告によると6世紀後半～7世紀初頭の年代観が与えられているが、金子氏は疑問をなげかけている。ここに同じくその年代観に疑問が提示されている［金子1988、佐藤1998］静岡県神明原・元宮川遺跡で出土した多量の馬形の例（図1-2-35・36）を加えると、非常に単純な造形をもつ一群の存在がみてとれる。

　鞍がないという点でだけで判断すると、俵田遺跡（図1-2-20）、尾上遺跡（図1-2-29）、砂入遺跡（図1-1-17、図1-2-21～28）、屋代遺跡群（図2-3-74）も上の1群に含まれる。しかし、これらは同じ遺跡で出土している鞍のある馬形と極めてよく似た造形をもつ。特に俵田遺跡の例は同じ遺構で供伴しており、この場合は必要に応じて鞍をつけない馬形（裸馬）が製作されたことを示している。さらに注目されるのは、小犬丸遺跡の他兵庫県の砂入遺跡、姫谷遺跡などを加えた馬形は、後頭部の突き出し、口の表現など俵田遺跡、屋代遺跡群の馬形とかなり共通した部分がみられる点である。現時点では屋代遺跡群の馬形が7世紀後半～8世紀前半を主体とするため、時期的にやや先行するが、この3地域に関しては同種の造形を意識して馬形が製作された可能性がある。

　これに対し、前述の藤原宮、京都府石本、静岡の各遺跡で出土した馬形を、製作技法のみで上記の裸馬と同じ一群と捉えてよいか疑問である。

ここで便宜的に馬形を以下のように大別しよう。

馬形Ⅰ群…鞍をもつもの

馬形Ⅱ群…同一遺跡で出土したⅠ群に酷似しているが鞍をもたないもの[3]

馬形Ⅲ群…Ⅰ群、Ⅱ群以外のもの

馬形Ⅰ・Ⅱ群とⅢ群の系譜の違いを示唆する資料として、屋代遺跡群の祭祀具集中廃棄があげられる。屋代遺跡群の木製祭祀具の中には折り重なって廃棄された状況で出土するものが多く、その供伴関係をつかむことが可能であった。それらはSQとして報告したが、その中で注目されるのがSQ8016（図3）である。出土したのは斎串、人形、鳥形、馬形、土師器甕等であるが、斎串は形状から4タイプに分けられ、それぞれがグループとしてまとまった状況を示す。時期は8世紀初頭前後であり、屋代遺跡群ではこの段階で人形が初めて祭祀具の一括廃棄の中に供伴する形で登場する。3点の馬形のうち、1点763は鞍のあるⅠ群で、2点761・762は屋代遺跡群の中でも非常に特徴的な造形をもつもので、他の馬形Ⅰ群には類似するものがなく、Ⅲ群に含むのが妥当と考えられる。2点の鳥形755・756については、弥生から古墳期にかけてみられる

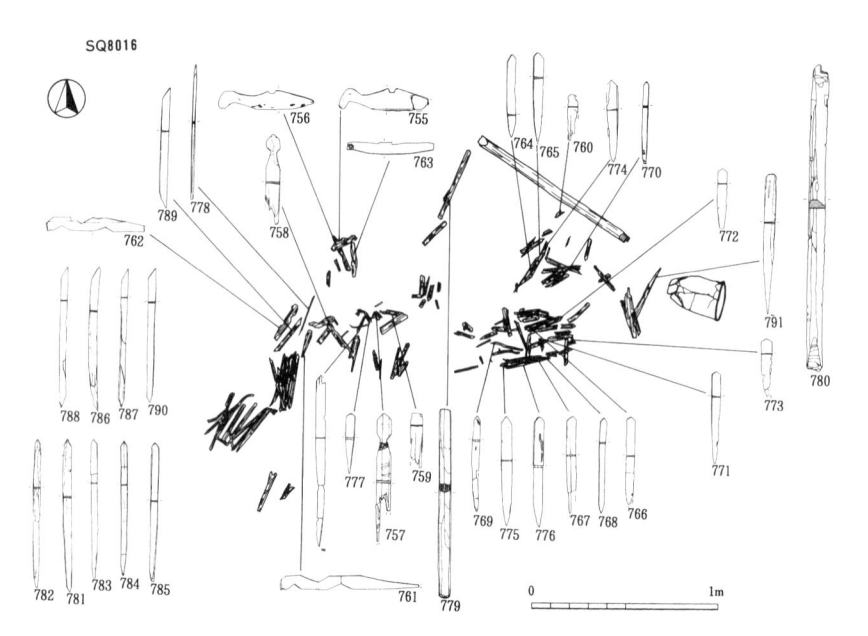

図3　屋代遺跡群 SQ8016

立体の鳥形とされる木製品の側面形に類似することから、そのように判断を行った。このようにSQ8016では、人形と鳥形に加え、馬形Ⅰ群を「鞍をもつ馬」と捉える限り、馬形Ⅲ群をその造形からみて「鞍のない馬」とみなすことは非常に困難である。ここでは斎串に人・馬・鳥にもう一種を加え4種の形代が供伴しているものと考えざるを得ない。

例えば、伊場遺跡の馬形（図1-2-37）をみてみよう。削りの状況が曲線的であるが、製作方法は藤原宮馬形をはじめ、多くの馬形と共通する。他と異なるのは、表裏に蛇行した線（朱墨）が描かれている点で、これは手綱を表すという。つまり手綱という特有の表現によって馬を表したということになるのだろうが、それにしては本体の造形があまりにも馬とはかけ離れすぎている。もし丸の部分が目とすればなおさらである。筆者はこの手綱といわれる蛇行線が、いわゆる鱗を表す連続三角紋に対応するものと考える。屋代遺跡群では同様の墨線や刻線が描かれた斎串が出土しており、また側部を交互に切り欠き、あるいは抉り加工した蛇形と呼ぶ木製品も多数出土した（図5）。また、図2-3-942・943のように蛇形に近い造形をもつものもみられる。このように馬形Ⅲ群の中には、馬ではなく蛇、あるいは竜蛇といった信仰上の動物の造形を含むものもあるのではないだろうか。

(6) 馬形木製品に関わる祭祀

古代の遺跡から斎串、人形、馬形等の木製祭祀具が出土した場合、「律令的祭祀の祓が行われた」と解釈される場合が多い。しかし、単純に遺物の存在だけからその使用された祭祀の性格をつかむことは難しい。この場合その遺物がいかなる出土状況で発見されたかが大きなてがかりとなる。前述のように屋代遺跡群の木製祭祀具の多くは一括廃棄の状況で出土しており、祭祀具の供伴関係をつかむことができる。この中で7世紀後半の段階での祭祀具出土状況に特筆すべき点がある。それは、獣骨（馬）とともに出土する例が多い点である。図4は7世紀第Ⅲ四半期から末葉に含まれる祭祀具の出土状況を示したものである。SQ8001は斎串の集中でウマ大腿骨、SQ8003は馬形Ⅰ群の集中でウマ下顎骨、SQ8004は蛇形A類と斎串の集中でウマ下顎骨、SQ8005は馬形Ⅰ群と斎串の集中でウマ下顎骨、SQ8007は斎串の集中でウシ脛骨をそれぞれ

200 木製祭祀具の考察

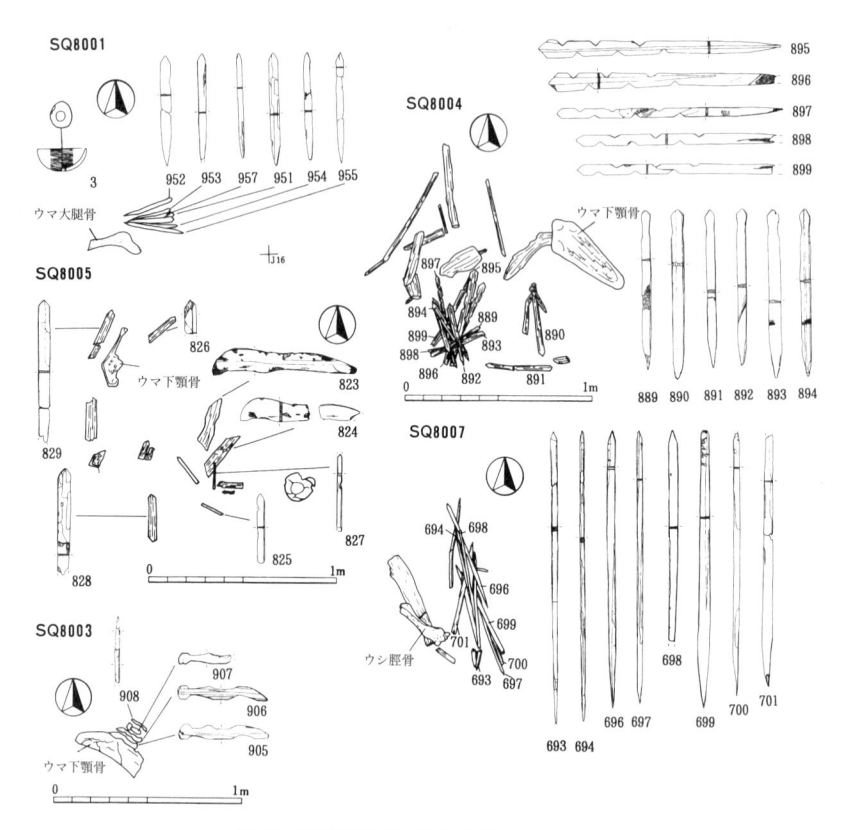

図4 屋代遺跡群 獣骨を伴うSQ遺構

伴う。

　廃棄の場＝祭祀の場という図式は必ずしも成り立たないが、廃棄までが祭祀行為に含まれるとすると、以上の木製祭祀具が使用された祭祀には実際の動物が関わっていることは明白である。ただ、それぞれ各部分の骨であることから、祭祀のある段階でウマあるいはウシが殺害されるいわゆる殺牛馬信仰といわれるものに該当するか、部分的に獣肉が使用されたのか、当初から骨の状態であったのかは判断できない。しかし、いずれにしても罪穢れを祓う概念とは遠いものと思われる。7世紀後半代の屋代遺跡群では湧水坑の掘削によって湧水を得て、その場である種の祭祀行為を行っていた。湧水坑中からは卜骨、石製模造品と多量の獣骨が出土している。しかし、木製祭祀具類は一切出土せず、木製

祭祀具を使用する祭祀とは性格を異にする可能性もある。しかし、一連の祭祀の中で使用され、最終的に木製祭祀具はまとめて廃棄されたという判断も成り立ち得る。このような 7 世紀後半の段階で行われていた祭祀は律令的な祭祀成立以前の古い要素をもつものであり、木製祭祀具もそのような背景の中で使用されていたことがわかる。祭祀の対象については推測の域を出ないが、湧水坑での卜骨による占い、木製祭祀具の廃棄といった非常にマジカルな要素が目立つ。もしこれを予祝的な祭祀行為と仮定すると、水田の北側には繰り返し洪水を引き起こす大河川千曲川が存在することから、やはり、木製祭祀具類は水に関わる自然現象を願うあるいは鎮める要素をもっていたものと予想される。

(7) 木製祭祀具の画期

馬形Ⅰ群が主流となる 8 世紀初頭前後の段階で、木製祭祀具の使用状況に大きな変化がみられる。それは、一括廃棄の中に人形を含むものが現れる点である。人形は 7 世紀後半にも存在するが、数が少なく、足の部分が剣先状になるものも含め 8 世紀以降の人形と造形上の雰囲気が異なる。また、単体の出土で、他の木製祭祀具との共伴は確認できない。しかし、8 世紀初頭前後には人形の数、種類が急増するとともに、馬形（Ⅰ群・Ⅲ群）や斎串と共伴するようになっていく。ここで初めて馬形と人形の祭祀における関わりが発生する。人形は藤原 - 平城 - 長岡 - 平安と鉄製・銅製も含め豊富な出土量とバリエーションが認められ、延喜式の記載等にもみられるように、律令期における祭祀には頻繁に使用されたものであることが金子氏によって指摘されている。このように、人形という祭祀具に関しては、都城を中心とする国家的祭祀の中に受容されていたことは明確に捉えることができる。屋代遺跡群における木製祭祀具の変化もやはり、このような人形を使用する祭祀の流入に大きく関わるものと考えられる。

人形の祭祀における用法に関しては古代の文献に残るように、祓うという行為に大きく関わるものであったことがわかる。出現当初からその性格をもつ祭祀具であったかどうかは検討を要するが、天武・持統朝以降その数を増す人形は主に祓う目的をもって使用された可能性が高い。8 世紀初頭前後を画期として急増する屋代遺跡群の人形はこのような中央の祭祀体系の整備に呼応するも

のかもしれない。この段階で従来行われてきた、馬形Ⅰ・Ⅱ群、Ⅲ群、蛇形、斎串および獣骨を使用する祭祀に加え、中央からの影響を受けた人形を使用する祭祀が加わり、人形、馬形の組み合わせが存在することからもわかるように、祓うという祭祀行為の中に、以前はそれとは異なる使用法がなされた祭祀具が取り込まれていったものと考えられる。

　しかし、この段階で木製祭祀具を使用する祭祀が人形主導によるものに一新されたと考えることはできない。それは、人形を伴わない祭祀具の組み合わせが未だ存在し、特に蛇形は一貫して馬形（Ⅰ群・Ⅱ群）、人形といった別の形代を伴わない点からも理解できる。

　さらに馬形に観点を戻して考えると特に注意を要するのが、藤原 - 平城 - 長岡 - 平安と続く都城での馬形木製品の出土量が地方に比べて非常に少ない点である。出土したものをみてもⅠ群、Ⅱ群ともに屋代や砂入、俵田にみられたような形状の類似性をもつものが見あたらない。これに対し土馬の出土量は豊富であるが、現段階では土馬と馬形木製品の役割を並列して考えることは難しい。馬形木製品という祭祀具に限定する限り、都城ではこの祭祀具を使用する祭祀はそれほど発達していなかったと判断せざるを得ない。

　この反面、長野・兵庫・山形にみられる馬形Ⅰ群・Ⅱ群は、前述のように細かな部分については異なりがあるものの、後頭部の突出、顎および口の表現、目の表現と鞍の作りだしにおける類似性が認められ、この祭祀具製作にあたって一定の造形概念（雛形）が存在した可能性を示唆する。日々発掘事例が増加している現在において正確に把握ができているわけではないが、都城にはみあたらないこの造形が地方の、かなり距離をおいた地域に８世紀〜９世紀という幅広い時間軸の中に存在したことは重要である。このことによって、人形という都城で豊富に出土する祭祀具とは異なる祭祀具の伝播経路（ネットワーク）を想定することが必要となる。この点、馬形Ⅲ群（例えば竜蛇形）の屋代と伊場の類似性も重要な観点となるだろう。静岡では馬形Ⅰ群の出土例が今のところ見あたらないが、Ⅲ群の出土例が豊富である。つまり、この地域に関しては本稿でいう馬形（Ⅰ群）に関わる祭祀は積極的に選択されず、Ⅲ群に関わる祭祀が受容されていたことを物語る。さらにそれらには他地域との造形上の類似性が認められ、Ⅲ群に関わる祭祀においてもⅠ群とは異なる範囲でのネット

ワークが存在していたことがわかる。長野、静岡ともにこのⅢ群の存在期がⅠ群に比し古い点（8世紀以前）である点も注意したい。この点Ⅲ群の系譜が神明原・元宮川遺跡、石本遺跡のように6世紀代に遡る可能性をもつのもうなずける。

　確かに人形の発達によって中央主導型の祭祀が地方にも色濃く現れていることは否めない。しかし、木製祭祀具の形状、使用法（組み合わせ）等が中央の指示に従って一様に行われていたと考えることはできない。ここで想像されるのは、天武・持統朝以降体系化された祭祀の地方への伝播の状況というのはかなりアバウトなものではなかったかということである。これについては国衙のレベル、郡家のレベルあるいはそれ以下のレベルで祭祀の状況を比較していかなければならないが、文献史料においてはここまで細かく読みとることができない。現段階ではやはり祭祀具の存在が律令的祭祀の地方浸透を裏付ける重要なてがかりとなっている。しかしここまでみてきたようにその祭祀具自体のありかたが、各時期の都城と異なっていることは明白である。逆に地方レベルにおいて国家レベルの祭祀形態を利用し、各地方に伝統的に存在した祭祀形態とミックスしながら、ある意味で地方独自な祭祀のあり方を創出していったのではないだろうか。特に在地との結びつきの強い郡レベルでは古墳時代以来培ってきた独自の祭祀を継承しながら、国家的な祭祀も受容するといった二面性をもつことが権力の維持に繋がっていったのではないだろうか。

　実際郡家の可能性が指摘されている屋代遺跡群の場合、木簡による文書行政が8世紀初頭前後から根付いていることが明らかになっている。しかしその反面、古墳時代からの伝統である湧水に関わる祭祀は継承され、7世紀後半からみられる木製祭祀具および獣骨に関わる祭祀を行っている。また、同じく7世紀後半には後に定額寺となる屋代寺の存在が指摘される反面、付近には8世紀前半の段階まで古墳が築造されている［長野県埋蔵文化財センター　1997］。また、人形自体も神明原・元宮川遺跡で7世紀前半以前に遡る可能性をもつものが出土しており、屋代遺跡群の7世紀後半の人形も含め、7世紀後半以降の都城でみられる人形と雰囲気を異にするものが存在する。都城において中国思想から人形を取り入れそれを地方へ伝播させたという前提に立ってしまえば、7世紀後半以降の都城の人形と類似する造形をもつ地方の人形はそれ以前には

遡り得ないという結論に到達してしまう。しかし、馬形や蛇形にみたように必ずしも発信地が都城とは言えないものが存在する限り、人形についてもそう断言することはできない。平川南氏は人面墨書土器について東国各地での出土事例を検討し、従来宮廷内の国家的祭祀から次第に9世紀以降変質をとげ地方に伝播したものという説に対し、「従来から在地における土着神に対する祭祀に人面墨書土器祭祀が比較的早い時期にとり入れられ、都での国家祭祀と重層的に存在したと理解すべき」とし、「これまでの畿内中心にみたあり方だけでなく、在地においては多様な祭祀形態の中で活用されたといえるのではないだろうか」と述べている［平川 1996］。これは人面墨書土器に限らず、多様な祭祀遺物についてもあてはまることではないだろうか。

　これまで、都城で出土したものと類似する形状の木製祭祀具が地方において出土した場合、「律令的祭祀に関係する遺物」として紹介される場合が多かった。確かに8世紀から9世紀の遺跡で出土する場合が多いが、それは「律令期の祭祀遺物」という表現はできても、必ずしも「律令的祭祀の遺物」とは言い難い。都城で出土する祭祀遺物はその発信地は都城なのではなく、各地方で受容されていたものを取捨選択する形で国家的な祭祀の中に取り入れ体系化し、それを地方に向けて再発信したと考えるのが妥当と思われる。そして地方レベルにおいては従来の祭祀のあり方に変容を加えることがある程度必要とはなっても、都城から発信された祭祀に関しては、その状況に応じて取捨選択し、残すべきものは残し、取り入れるべきものは取り入れることによって在地の祭祀を再編成したのではないだろうか。この状況を示すのが屋代遺跡群の木製祭祀具の変遷であり、馬形や蛇形にみられる独自の祭祀具の存在形態であると考える。

(8) 小　結

　馬形木製品について、現時点で述べられることをまとめてみた。しかし、重要な馬形の形状に関わるネットワークの存在を予想しただけで、追求することができなかった。また、資料的にもまだ不十分である。現在でも馬形木製品の出土例が各地から伝わってくる。それらが今後また多くの情報を与えてくれるものと思う。

2 蛇形木製品の系譜

(1) 蛇形木製品の形状と分類

　まず、「蛇形木製品」という名称は、その遺物の形状から「蛇の形を表した木製品」という意味で、筆者がつけた造語であり、人形、馬形、刀形、舟形といったような、動物や道具類を模して、あるいは抽象化して作られた祭祀具の一種と考えている。

　さてその形状であるが、短冊状の板に対して一方の木口を圭頭状に、もう一方の木口を剣先状に加工を施こすのを基本としており、この点では「斎串」と分類される木製祭祀具と同様の造形をベースとして製作されている。しかし特徴的なのは、両側面に対し左右交互に三角の切欠きあるいは曲線的な削りを施す点であり、蛇行した様が蛇の形を想起させる。前者を蛇形A類、後者を蛇形B類とする（図5-1～4）。ほとんどが7世紀後半以降の湿地状の東西流路内からの出土で、屋代遺跡群土器編年古代1期前半（7世紀後半）、1期後半（7世紀末）、1期末～2期初頭（8世紀初頭前後）、2期（8世紀前半）の層位（第5～第3水田対応層）に多く、わずかに6期～7期（9世紀前半～中頃）の層位（第2水田対応層）にも存在が認められる。

　出土状況は単体の場合もあるが、複数体が集中して出土する場合が多い。馬形、人形、斎串などを含む木製祭祀具集中廃棄（SQ）は古代1期末から2期にかけ、祭祀具の組み合わせが豊富になっていく。しかし蛇形だけは、側面左右に交互の切欠きあるいは削りのないもの（斎串）を伴う場合があるのみで、馬形、人形、鳥形などとは一切共伴しない。このことは、蛇形木製品を使用する祭祀が他の木製祭祀具を使用する祭祀とは系統を異にしていることを示している。蛇形の集中廃棄として代表的なSQ8004（図4、古代1期前半）は斎串と蛇形（図5-1-895～899）が交互に放射状に重ねられていたもので、馬の下顎骨を伴う。また、SQ8026（古代1期末～2期初頭）の蛇形（図5-3-391～393）には表面に連続する斜線がみられ、明らかに刀子等で切り込みが施されており、鱗を示している可能性がある。蛇形B類の中で135（図5-4）は、廃棄の際に故意に3分割された可能性が高く、これは、馬形木製品にみられる廃棄方法

206　木製祭祀具の考察

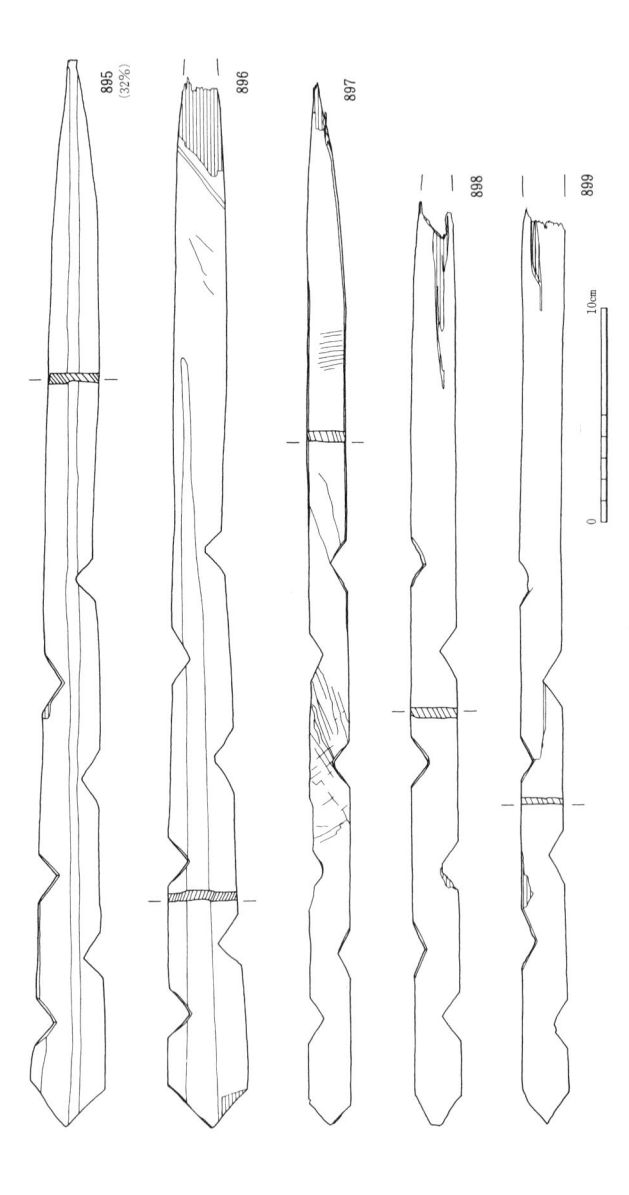

図 5-1　屋代遺跡群出土蛇形木製品　古代 1 期前半（7 世紀後半）

2 蛇形木製品の系譜　207

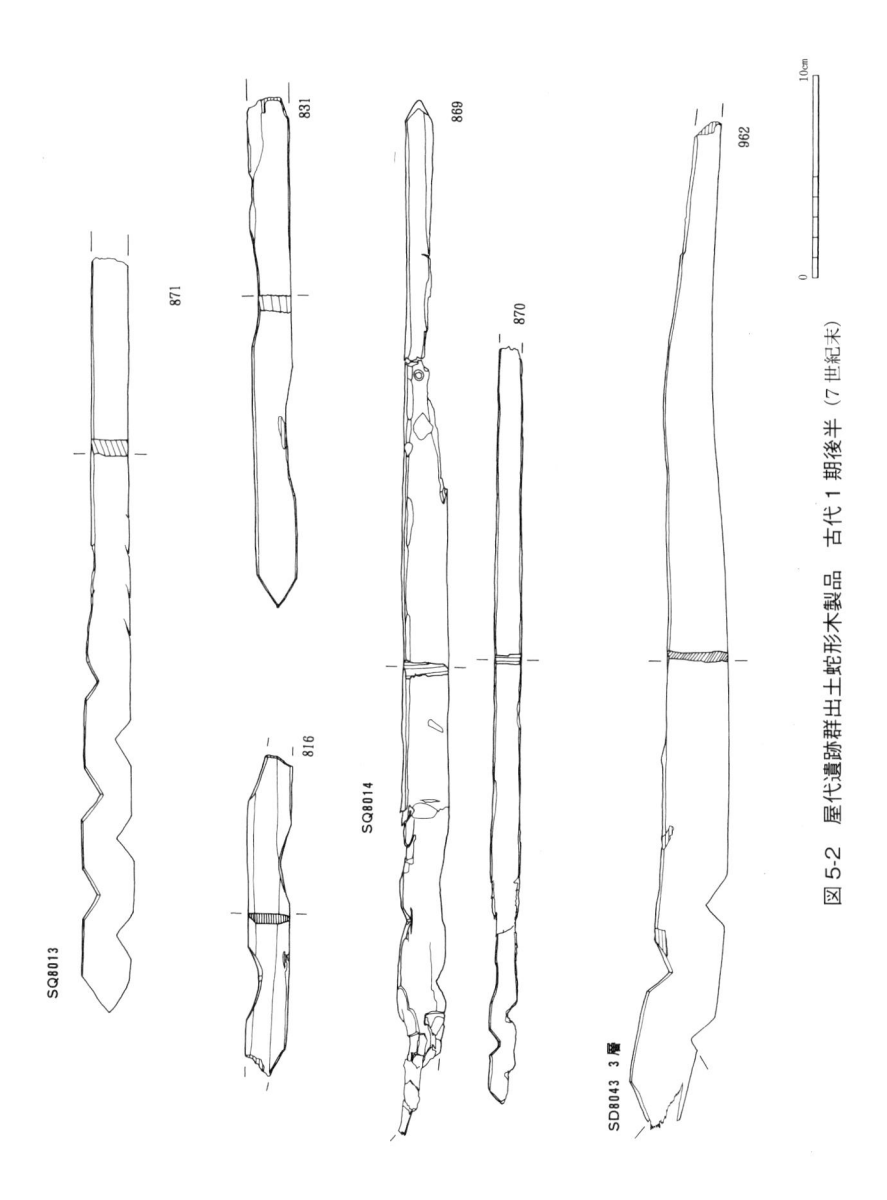

図 5-2　屋代遺跡群出土蛇形木製品　古代 1 期後半（7 世紀末）

208　木製祭祀具の考察

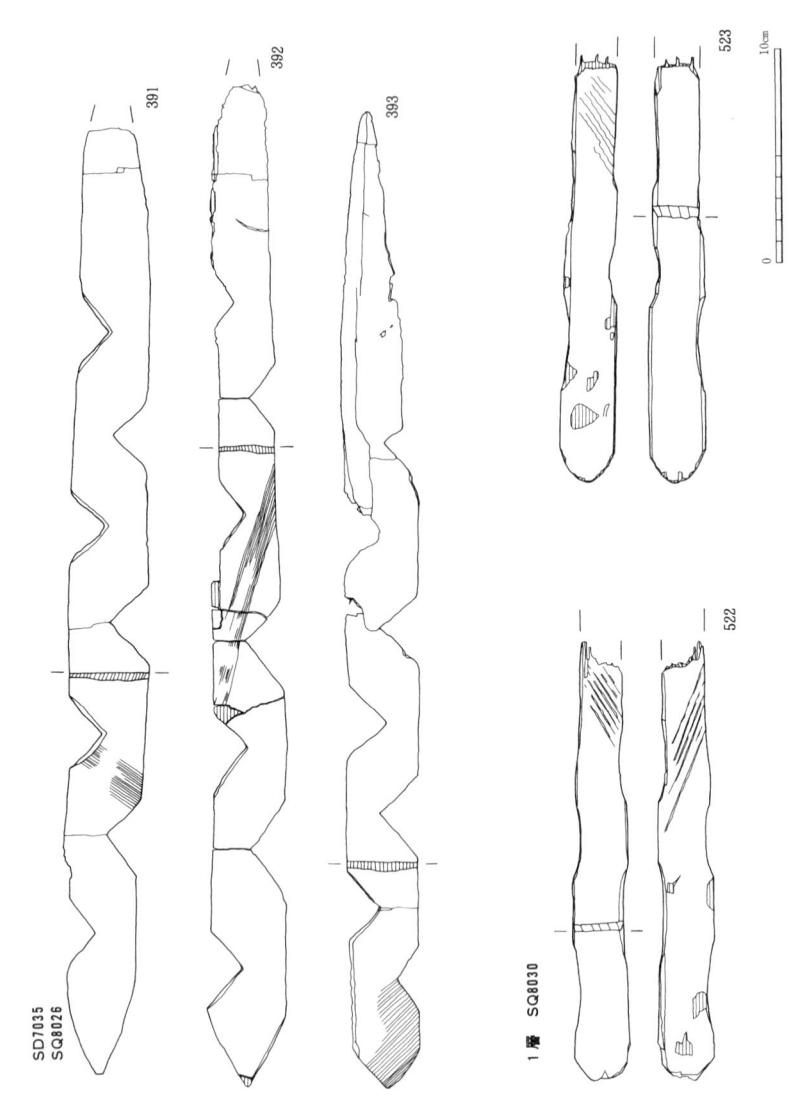

図 5-3　屋代遺跡群出土蛇形木製品　古代 1 期末〜 2 期初頭

2 蛇形木製品の系譜　209

SQ8039

SQ8045

図 5-4　屋代遺跡群出土蛇形木製品　古代 2 期（8 世紀前半）

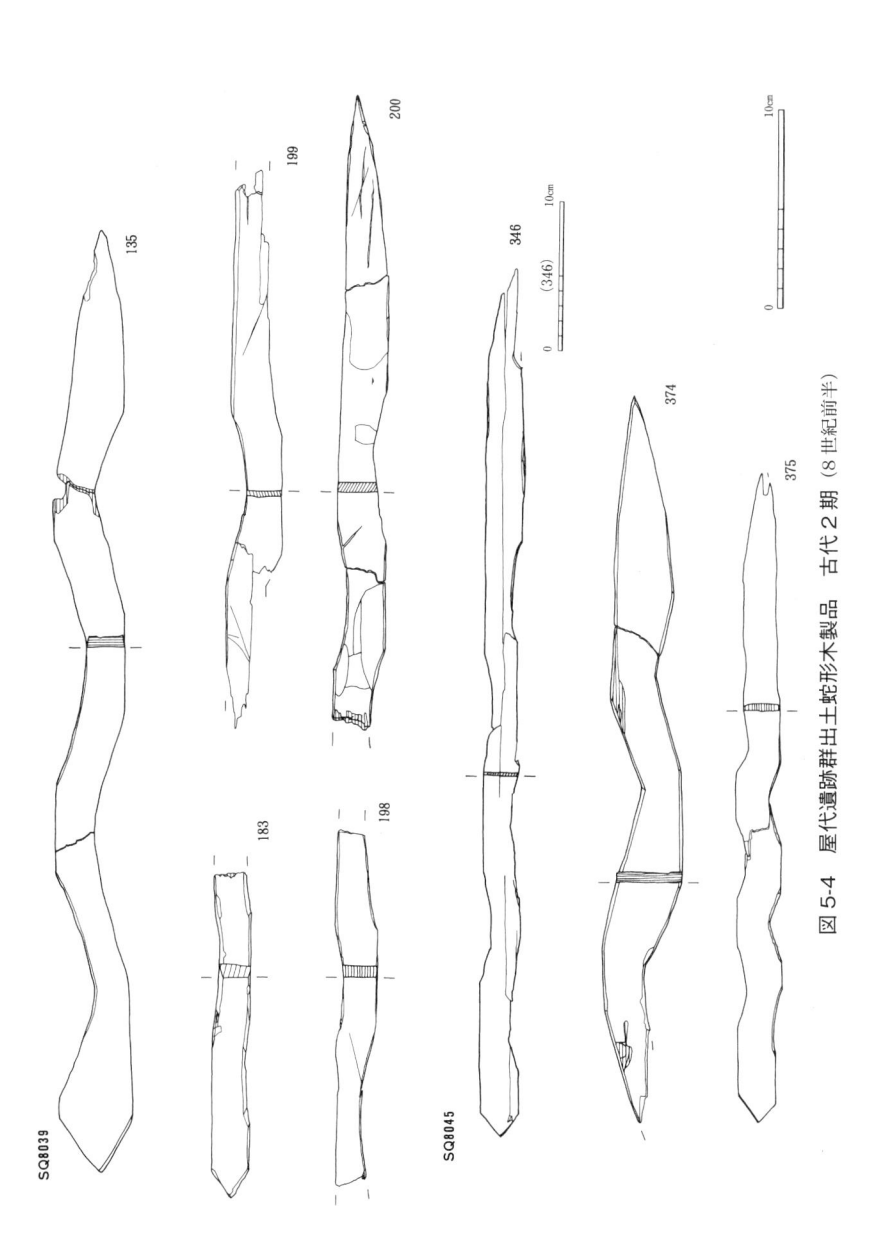

と共通している。また、346（図5-4）は端部がやや欠損しているものの全長58.5cmを測る、蛇形の中でもっとも長大なものである。

出土層位からみて蛇形A類がやや先行し、古代1期前半～1期末および2期初頭（7世紀後半～末、8世紀初頭）の層位（第5～第4水田対応層）において主体となり、古代2期（8世紀前半）の層位（第3水田対応層）ではB類が主体となる。

(2) 蛇行剣の配布

現段階では類例がほとんどみられない[4]蛇形木製品の系譜をどこに求めたらよいかは非常に難しい問題ではあるが、ひとつの切り口として、蛇に類似した形状をもつ、「蛇行剣」の存在があげられる。

近年の蛇行剣に関する研究は、諏訪昭千代氏［1987］、前坂尚志氏［1994］、小池寛氏［1997］などの論考があげられる。このうち小池氏の論考は、諏訪氏、前坂氏の研究を受けておこなわれているものであるため、これを参考に蛇行剣について考えてみたい。

諏訪氏は「大和政権の新墾になった地域の部族或いは、氏族の長に、大和国ツ神、大和王権の守護神として、大和王権が畏敬、祭祀してきた、三諸岳の大物主神の化身である蛇の形を模した蛇行剣を作り、この剣が、人為を超越し、或いは神威を体した宝剣＝神剣として大和政権が統治者である証に下賜された。」とし、6世紀後半に蛇行剣が消失する理由としては、畿内政権による勢力拡大の成功、仏教と中国思想の定着、律令官僚制の導入などをあげている。

前坂氏は、蛇行剣が高度な技術を維持した畿内政権によって作成されたことを前提とし、古墳中期に出土する蛇行剣は畿内政権によって配布されたことを論じている。

この2氏の研究を受け、小池氏は「特に、70cm前後の蛇行剣は、古墳時代中期に多く見られ、屈曲回数も3回に集中していることから、畿内政権によって一元的に作製され、各地に直接的ないしは間接的に配布された規格品の蛇行剣である可能性が考えられる。」とし、「蛇行剣が出土する古墳は、直径50mの規模を有する円墳を頂点とし、一辺10余mの小型方墳や横穴からの出土が多く見られる。また、共伴遺物についても、銅鏡とのセット関係が指摘され

ているものの、単独で出土する例も半数近くを数える。これは、蛇行剣が出土する古墳の被葬者が、地域首長よりもさらに狭小な区域を治めた在地首長であったことを示唆すると考えておきたい。」とした。さらに「弥生土器に蛇をモチーフした図像が見られることから、神格化した蛇の形状を模造した木製祭祀具が存在した可能性が高い。古墳時代前期においては、農耕儀礼も定型化し、蛇行する祭器が木製品などの腐食しやすい材質によって作製されていた可能性もある。」「古墳時代中期の首長は、急激な武人化を進める一方で、保守的な司祭者としての立場を堅持する必要があった。そこで潜在的に使用されていた蛇行状の祭祀具を模して、威儀具としての蛇行剣を作製したと考えられる。」とした。

　この３氏に共通することは、蛇行剣が古墳時代中期の畿内政権によって配布されたとする点であり、小池氏はそれに加え、蛇行剣のもととなった、蛇の形を模した木製祭祀具が古くから存在した可能性を示している。蛇が古くから信仰の対象となってきたことは周知の通りであるが、小池氏がその存在を予想したのにふさわしい木製祭祀具は、現在のところ屋代遺跡群の蛇形木製品（７世紀後半を最古とする）のみであり、今後の類例の増加を期待するところである。

　さて、諏訪氏が指摘したように、古代における蛇に対する信仰として第一にあげられるのは、奈良県の三輪山（御諸山）を本拠とし、蛇体とされる大物主神への信仰である。大物主神と大和政権の関係でまず注目されるのは『古事記』『日本書紀』双方に見られる崇神天皇に関わる記述である。崇神朝においてしばしば災害や疫病が起こり、その理由を追求する中で、『古事記』では「天皇愁ひ嘆きたまひて神牀（かむどこ）に坐しし夜」、『日本書紀』では「天皇乃ち浅茅はらに幸して、八十万の神を会へて、卜問ふ。是の時に、神明倭迹迹日百襲姫命に憑りて」という形で大物主神（意富美和大神）が現れ、「我が意（こころ）ぞ」と災害・疫病の源は神である自分にあるとし、意富多多泥古（大田田根子）に自分を祭らせれば「国安らかに平らぎなむ（必ず当に自平ぎなむ。）」と告げた。この後、大田田根子を祭主として大物主神がいる三輪山を祭ることになる。この人物が『古事記』では「神君、鴨君の祖」とし、『日本書紀』では「今の三輪君の始祖なり」と記述されている。三輪君の祖大田田根子よって祭られて以降は、祟る神であった蛇体の大物主神が、大和政権の守護神となっていくわけ

である。和田萃氏は、日本各地に大神神社、美和神社、三輪神社などの式内社、大神郷、美和郷が広く分布していることから、「大和政権が各地に進出した際、三輪山の神が王権の守護神として勧請されたと推測できる。」としている［和田 1998］。『神功皇后摂政前紀』に「秋九月の庚午の朔己卯の日に、諸国に令して、船舶を集へて兵甲を練らふ。時に軍卒集ひ難し。皇后の曰く、「必ずや神の心ならむ」とのたまひて、即ち大三輪社を建てて、太刀矛を奉りたまふ。軍衆自ずからに聚る。」とあり、地方で三輪神が祭られていく様子が記述されている。このよう三輪神が地方に分祀されるにあたっては、祭る人間としての三輪氏一族が派遣されていったものと思われる。以上の点からみて、大和政権が大物主神の化身としての蛇を象った蛇行剣を作成し、地方首長に配布したとする説は非常に注目されるものである。

　和田氏は「軍神としての側面を有する三輪の神が東山道や東海道沿いの諸国に分祀されている事実は、鹿島や香取の神と同じく、大和王権の東国進出に際して、各地に勧請された結果と考えられる。大和王権は、4世紀後半、後の東山道に沿って北関東に、5世紀後半には伊勢湾を横断して、東海道沿いに南関東に進出したと推測されるが、それぞれの時期に三輪の神を各地に分祀されたのだろう。」と述べている［和田 1995］。ここで実際に蛇行剣の出土地と、三輪神社、美和郷の存在する国とを照合したのが図6である(5)。本拠地である大和さらに下野、信濃、遠江、因幡のように、神社と郷の両方が存在する国をはじめとして、近畿、北陸、中国、九州において、蛇行剣の出土地と美和郷あるいは三輪神社のある国がかなりの割合で一致することがわかる。なお、蛇行剣の出土地の内、豊前国の宇佐八幡宮も、隼人に備えるため大神氏の一族を派遣して祭祀を行った例として、和田氏は指摘している［和田 1998］。確かに『続日本紀』の天平宝字元年十一月一日条に、八幡大神の禰宜大神杜女（外従五位下）、主神司大神田麻呂（従八位下）の名が見られ、大神朝臣の氏姓を賜っている点からみても、大和の大神氏とのつながりが指摘できる。

　しかし、三輪神社の祭主大田田根子の子孫とされる、三輪氏の動向を『日本書紀』、『続日本紀』にみられる記述をもとにまとめてみると、三輪氏の動向は大きく以下のように捉えることができる。

・三輪氏の姓は本来「君」であり、天武十三年（674）に「朝臣」を賜った。

2 蛇形木製品の系譜　213

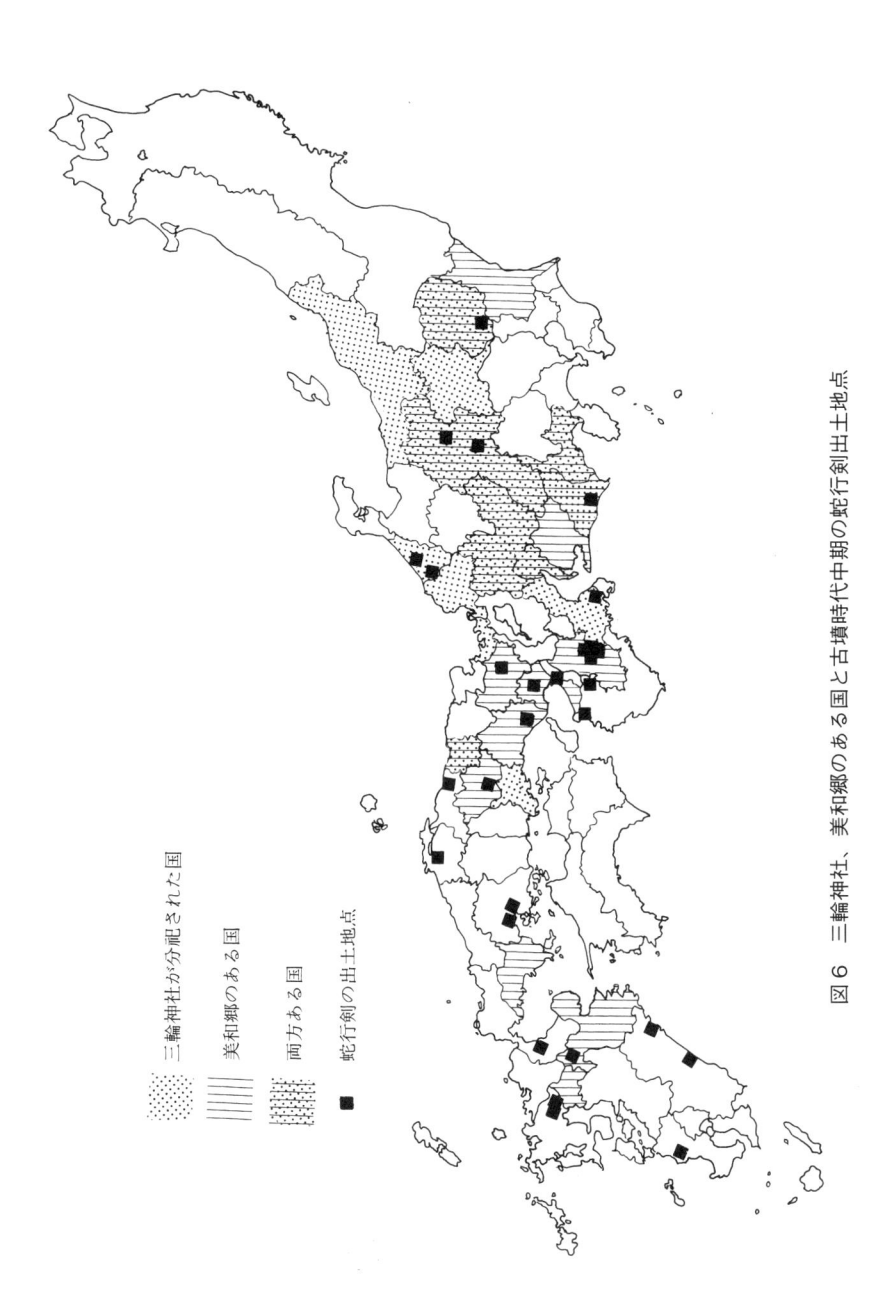

図6　三輪神社、美和郷のある国と古墳時代中期の蛇行剣出土地点

凡例：
三輪神社が分祀された国
美和郷のある国
両方ある国
蛇行剣の出土地点

・特に目覚しい活躍がみられるのは天武朝期で、壬申の乱では大きな功績を残した。
・奈良時代においては、従五位下以上を授かる者が多く、中央政府内での足場を固め、官僚としての動向が主となっていく。

ここで注意されるのは、『日本書紀』、『続日本紀』の記事からは大田田根子の子孫としての性格、即ち大神神社を祭ることに関わる行動が全くみられない点である。これについて考える際、和田萃氏の以下の説が参考になる［和田1995］。

　5世紀（あるいは4世紀を含む可能性もある）には、美しい山容をもち、その麓に初瀬川や巻向川が帯のようにめぐって流れている三輪山は、神奈備山として信仰されており、神（雷神や水神としての性格をもつ自然神）のいます山として観念されていた。そうした三輪山の神を祀るための祭場が三輪山の西麓にあり、そこはまた、古くから素朴な日神祭祀の祭場でもあった。三輪山の頂上は、大和王権の大王によって、春先ごとに行われる国見の舞台でもあったところから、三輪山西麓での祭祀は、次第に王権による祭祀の性格を色濃くしていく。大和王権の東国進出に伴い、三輪の神が軍神として各地に勧請されていったのも、三輪山祭祀が大王の行うものであったことと、密接な関わりをもっている。―中略―雄略朝に至り、日神祭祀の祭場として、伊勢の地が急速にクローズアップされてくる。そして、伊勢の地で行なわれる日神祭祀が、王権による祭祀として定着するに及んで、三輪山祭祀は著しく衰えることとなった。この三輪山祭祀の中断が、三輪の神の祟りによる疫病の流行として説話化された。6世紀中葉に至り、三輪君によって三輪山祭祀が再興されるが、三輪君による三輪山祭祀は、従来の王権による国家的祭祀とは異なり、祟り神としてのオホモノヌシ神を祀るものであった。その結果、オホモノヌシ神が国つ神として位置付けられるに至ったのである。

このように三輪山祭祀が中断し、衰えたことを示唆するものとして、『雄略紀』七年秋七月甲戌朔丙子の条がある。これは雄略天皇が少子部連蜾蠃に三諸岳の神の形をみたいので、捉えてくるように命じた説話である。その結果捉えてきたのは「大蛇」であり、「雷虺虺（かみひかりひらめきて）、目精赫赫（まなこかがやく）」様を恐れて岳に離し、「雷（いかづち）と命名した」というものである。

当然史実とは思えないが、本来大王によって祭祀されていた神に対する行動とは理解し難い説話である。おそらく、6世紀前後に大王の祭祀の対象が三輪山から伊勢に移り、三輪山祭祀が衰えたことによって成立した伝説ではないかと思う。

また6世紀中葉に三輪山祭祀が三輪氏主体で執り行われるようになったことを示す史料として「三輪氏高宮家系図」中の特牛の部分に「金刺宮宇元年四月辛卯令大神、是四月祭の始也」という記述が注目される。さらに『日本霊異記』第二五には三輪君高市麻呂に関する説話があり、「田に施す水既に窮まれば、諸天感応したまひて、龍神雨を降らしたまふ。」とまさに三輪神の祭祀を行う存在としての姿が表されている。しかし、三輪氏による三輪山祭祀は、三輪氏独自のものとなり、国家的な祭祀とは関わらなくなったため、『日本書紀』『続日本紀』には記述されなかったものと思われる。

このように、6世紀中葉以降、三輪山は三輪氏が私的に祭祀を行う場となり、その結果各地に分祀された三輪神社を祀る人々も、次第に中央の祭祀、さらには大和の三輪氏との関係が絶たれていったものと思われる。併せて三輪神本来の大和王権の守護神・軍神という性格が薄れ、荒ぶる神である大物主を祭る形態が残り、各在地に、首長を中心として古来から根ざしていた信仰や呪術と融合しながら独自な祭り（呪術）が形成されていったものと思われる。6世紀後半に蛇行剣が消滅するという事実はまさに以上のような状況下でのことである。

(3) 三輪氏と信濃国

それでは、蛇形木製品が出土した信濃国と三輪神あるいは三輪氏との関係はどのようであったのだろうか。延喜式神名帳によると、信濃国においては水内郡に美和神社が存在し、現在長野市三輪という地名がある。また、『和名抄』によると諏訪郡に美和郷が存在している。また、和田萃氏は、前述の宇佐八幡宮と同様に諏訪大社も蝦夷に備えるため三輪山の神が勧請され、大神氏の一族を派遣して祭祀を行った例としてあげている［和田1998］。また、西郷信綱氏も「諏訪社本宮（上社）の大祝となっているのが神（シン）氏。神をシンと音読みするのは、ミワ（三輪）に「神」「大神」の字をあてていたのにもとづくはずで、つまり諏訪の神氏は、この地に送り込まれた大和の三輪氏がそのよう

に呼ばれるようになったのだと思われる。それは大物主の大いなる霊威に仕える三輪氏をこの地の大祝にすることによって、エゾを調伏し鎮定しようとするものであったろう。」と述べている［西郷 1999］。

信濃国では諏訪市フネ古墳からは2振の蛇行剣（図7）が出土している。フネ古墳は規模の小さな方墳であるが、2つの割竹形木棺が並置され、副葬品は刀、剣をはじめ矛、鏃、刀子など鉄製品が目立つ［長野県 1988］。蛇行剣が大和王権により配布されたものであるという前提に立つと、フネ古墳の被葬者は在地首長と考えられ、古墳の規模（1辺がおよそ20m）からみて、小池氏のいうように狭小な区域を治めた在地首長の可能性が高くなる。しかし、このような在地首長に蛇行剣が配布されたとすると、全国的にみてその出土数が非常に少ない点に疑問がある。大神神社は蛇体である大物主神がいる三輪山が神体であり、もしその化身としての蛇を模して蛇行剣が製作されたとすれば、その剣は各地に分祀された三輪神社に存在しているのが最も自然と思われる。このことから、蛇行剣は在地首長に配布されたものではなく、三輪神社が分祀されたり、美和郷が成立する際に神社の祝あるいは美和郷の首長（美和神社の部民を統括する伴造）が大和から派遣され移住した際に携えていたものと考えることが可能である。

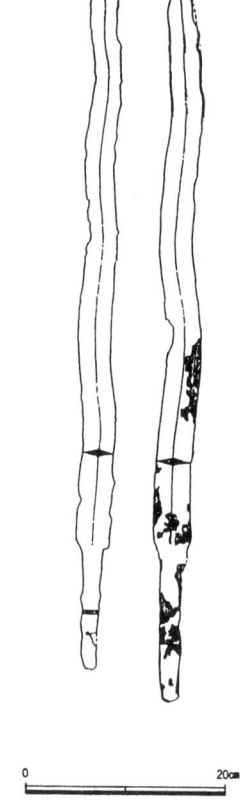

図7 フネ古墳出土蛇行剣

フネ古墳は諏訪社の神体山である守屋山の一支脈先端に築かれたものであり、諏訪社との密接な関係が想起され、やはり、狭小な地区を治めた在地首長と考えるより、蛇行剣を所持し、諏訪社の祭りに大きく関与していた存在の墓と捉えることができるのではないだろうか。この点に関しては、全国の蛇行剣が出土した古墳の位置を把握していくことが必要となるだろう。

蛇行剣が6世紀後半に消滅する理由は、前述のように6世紀に入り、三輪神が大和大王の祭る対象ではなくなったことと大きく関連するだろう。すなわ

ち、この段階をもって三輪社が地方に分祀されることがなくなったからだといえる。

(4) 三輪氏と屋代遺跡群

　信濃国と蛇行剣、三輪神、三輪氏との関係はかなり明らかになってきたが、屋代遺跡群の蛇形木製品が本題である。屋代遺跡群が位置する信濃国埴科郡内には三輪神社も美和郷も存在しない。そのような中で、三輪氏との関係が想定されるのが倉科将軍塚古墳2号墳出土の蛇行剣（図8）と「神人部」の存在である。倉科将軍塚古墳は屋代遺跡群の南東部の尾根上に位置する前方後円墳で、本書「屋代遺跡群の官衙風建物群をどうとらえるか」で触れたように5世紀中葉〜後葉の年代が与えられ、この一帯を支配していた首長墓と考えられている。2号墳は倉科将軍塚古墳の後円部南西側に位置する。報告書［更埴市教育委員会2002］によると墳丘規模は東西8.4m、南北12.5mの小判形に近い形状である。この古墳築造の頃屋代遺跡群では大規模な導水型祭祀施設が造営され、7世紀後半まで続く祭祀が行われる［宮島義和1998、2001］。倉科2号墳の被葬者は首長である倉科将軍塚古墳の被葬者に関わって祭祀を行った、諏訪のフネ古墳の被葬者に類似した立場の者であったことが予想される。そして屋代の地では伝統的にこの蛇行剣の形状が祭祀具として継承されていったのではないだろうか。

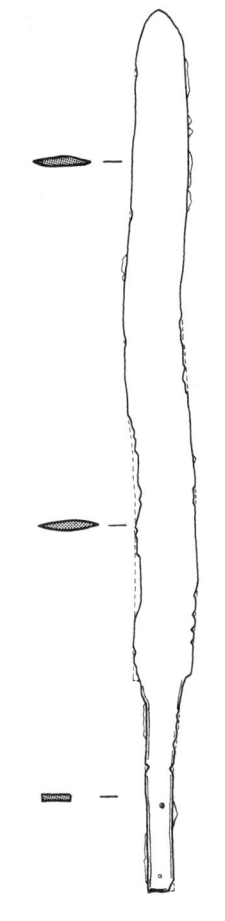

図8　倉科2号墳出土蛇行剣（S=¼）

　埴科郡に関わる神人部は、万葉集巻20にみられる「埴科郡防人主帳神人部子忍男」と屋代遺跡群出土59号木簡にみられる「神人部」の2例である。前者は天平勝宝七（755）年であり、後者は屋代遺跡群⑥区古代2期の湧水坑型祭祀施設SD7030の堆積土中（13層）からの出土で、これより上の8層からは「神亀［三］（726）年の紀年銘をもつ62号木簡が、8層に対応する自然流路SD8028の3層からは「養老七（723）年」の紀年銘をもつ90号、92号木

簡が出土している。このことから、59号木簡は8世紀前半（第Ⅰ四半期）のものと捉えることができる。

「神人」について、『長野県屋代遺跡群出土木簡』では、「令制の神祇官神部もしくは使部の前身で朝廷の神祇関係の業務に携わった。」とする説［直木1958］と「三輪社神戸の前身である部民」とする説［湊1972］のふたつをあげている。小林昌二氏は越後国内の事例3例をあげ（神人、神人部、神）、神人部について、「三輪山信仰や祭祀とも密接する三輪君氏の部民（トモ）に由来する可能性を十分に示していると考える。」としている［小林2000］。

「神（みわ）」を姓に付する類例は多い。木簡にみられるもでは「神人[6]」、「神人部[7]」、「神部[8]」「大神部[9]」があり、『続日本紀』大宝元（701）年七月二十一日の条に「神麻加牟陀君児首」と見え、壬申の乱で功績のあった「大三輪真上田君子人（『日本書紀』天武五年六月）」を示すものと思われる。また兵庫県山垣遺跡の3号木簡[10]に「神直与□□」という人物名がみられる。『日本書紀』の記述はすべて「三輪」あるいは「大三輪」であるのに対し、『続日本紀』では一例を除いて「大神」と記述されているのは、養老六（713）年のいわゆる「好字制」によるものと考えられる。

以上のことから大化改新以前においては、①三輪人－三輪人部、②三輪君－三輪部、という関係が想定できる。①はおそらく、三輪神が王権によって祭られていた際の、それに携わるトモと思われ、三輪人（伴造）－三輪人部（品部）と考えられる。②は、三輪部が三輪君に対する曲部であったと想定できるだろう。小林昌二氏は「各地に分布する神人部の痕跡はまた三輪山信仰の痕跡をも随伴している可能性がある。」と述べており［小林2000］、筆者もこの説に従いたい。

埴科郡に「神人部」が存在していたことは、かつて三輪人のもとで、三輪神祭祀を遂行していた一団がいた可能性をもち、ここにはじめて蛇行剣と蛇形木製品とのかすかなつながりが見えてくる。

三輪神社も美和郷もみられない埴科郡において、三輪神とのもうひとつのつながりが想定できるのは屋代（ヤシロ）の地名である。西郷信綱氏は「ヤシロ」について［西郷1999］、「それがもともと後代のように神殿を有するいわゆる神社とは異なり、神の来臨に際し、仮屋を設ける所をいう語であった。漢字を当

てれば屋代であり、そのシロはナハシロ（苗代）とシロに同じと見て誤らない、つまり苗代が苗を作る田の意味であると同じく、ヤシロは来臨する神を迎えるための仮の宿にあたる。したがってそれは、祭事が終わればとり払われてしまう。」と述べている。仮屋の有無は別として、屋代遺跡群⑥区で検出された導水型祭祀施設、湧水坑型祭祀施設はまさに「ヤシロ」と呼ぶにふさわしい。しかもこの一帯は図9からもわかるように、千曲川の急激な河道の移動や埋没によって多くの災害が繰り返されてきた場所でもある。農耕にかかせない水を供給してくれる恵みの川も、氾濫すれば一挙に荒ぶる川となる。小林昌二氏は「祟る神として洪水や災害の自然史、環境史の視点から、考え併せることが、三輪山信仰の理解に有益であるだけでなく、その外延的・地方的な神人部の存在の意味を考察する視点を提供するものと期待できる。」とし、新潟大学積雪地域災害研究センターの研究成果に依拠し、「纒向川が古墳時代前期から後期にかけて大きく流路を変転した洪水の自然史を持っていた事実と関連して、信仰に蛇神、雷神を伴うこととなったものと見る点がここでは重要と思われる。」と述べている［小林2000］。

屋代遺跡群⑥区において、はじめに導水型祭祀施設が営まれたのは5世紀中頃から後半であり、その際は千曲川旧河道（図9のA）の傾斜面に設営されていた。しかしこの河道は7世紀後半には埋没し、河道は北へ移動する。これ以後も洪水は繰り返され、旧河道埋没後の離水面に造成された水田の情況から埋没と再造成の様子がはっきりとみてとれる。このように神人部の存在のみでなく、信仰の対象となる自然環境も三輪山周辺と類似している点は見逃すことができない。

(5) 蛇形木製品による祭祀についての類推

拙稿「古代における地方祭祀の展開1」［宮島2001］で示したように、少なくとも大宝律令制定以前の在地首長による祭祀は、古墳時代以来の伝統を色濃く残している。それは、農業共同体を統括する長としての責務であり、特に自然災害による耕作不良等に対処する祭り＝荒ぶる神に対する祭りは必要不可欠であり、首長としての権威に関わるものであったと思われる。そこにかつて大和王権の軍神、守護神であり、王権のもとで三輪氏が伝統的に行ってきた、蛇

220　木製祭祀具の考察

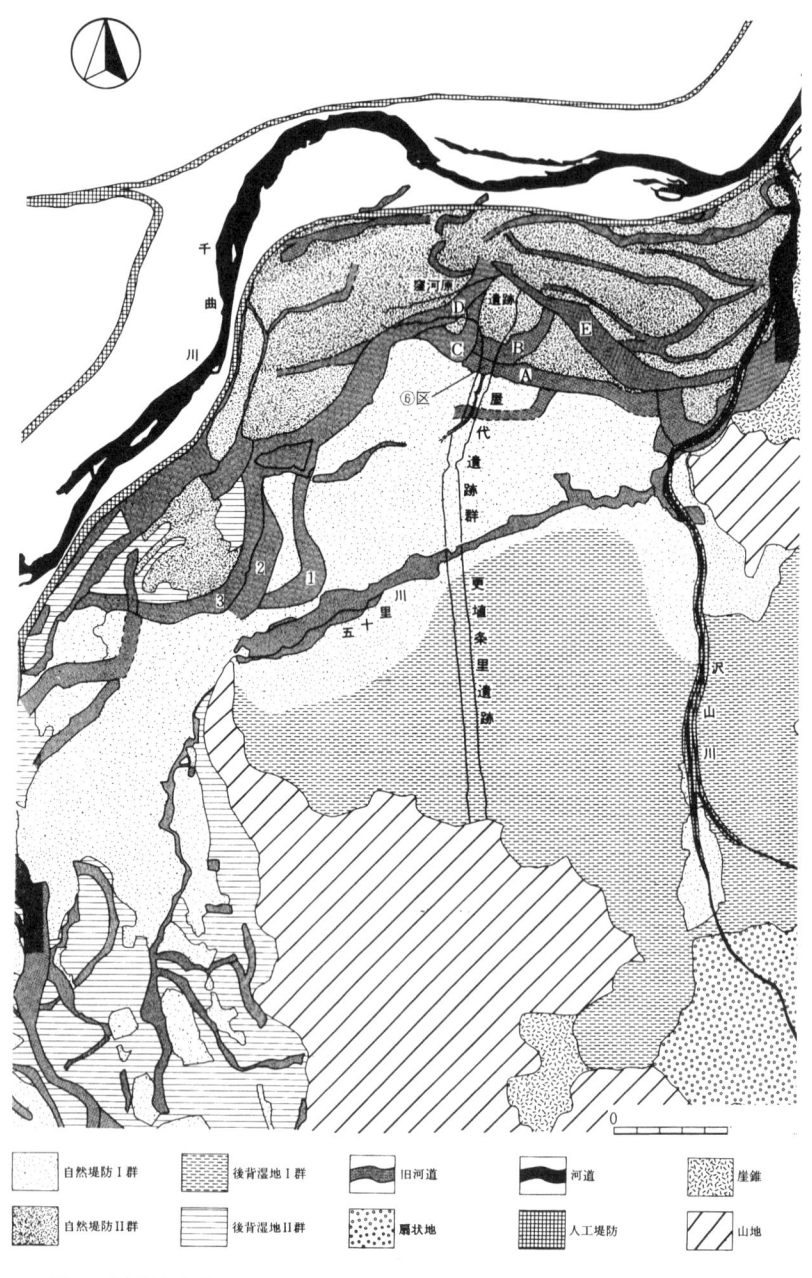

図 9　屋代遺跡群周辺の地形分類図（長野県埋蔵文化財センター 2000 より引用）

凡例：自然堤防Ⅰ群／後背湿地Ⅰ群／旧河道／河道／崖錐／自然堤防Ⅱ群／後背湿地Ⅱ群／扇状地／人工堤防／山地

体の大物主神に対する祭りが融合し、各在地特有の祭祀のスタイルが成立していったのではないだろうか。そのような中で、蛇を象った祭祀具としての蛇行剣を継承する形で蛇形木製品が作られ、それを使った祭祀が行われたのではないかと類推する。

　ここで問題となるのは、小池氏が指摘しているように、古来蛇行剣のモデルになった木製祭祀具があったのではないかという点である。7世紀後半の屋代遺跡群の例が現在のところ最古である状況の中では、上述のように類推する以外にないが、今後さらに古い例が発見されていくことも考えられる。

　もう一点問題となるのは、前述の「2-(1) 蛇形木製品の形状と分類」の中で述べた、A類主体からB類主体という変遷についてである。すなわち蛇としての蛇行状の加工が、より抽象的なものから、より写実的なものへと変遷し、後者の方が蛇行剣に類似する形状をもつ点をどのように理解したらよいかということである。

　これについて、現時点での筆者の理解は、A類は古来から伝統的に、蛇の象徴ともされ、邪気を防ぐとされる連続三角文（鋸歯文）を意識した加工で、鉄製の蛇行剣は技術上それが不可能だったのではないかということである。それでは、なぜそれがより写実的なB類主体に変化していくかということであるが、そこには次節で述べる馬形の存在が関わっているものと思われる。

(6) 蛇形と馬形Ⅲ群

　ここで注目されるのが前述した馬形木製品のⅢ群（図1-2、2-3）である。これらの形状は「馬」よりも「蛇」あるいは「龍」を想起させる。この中で図2-3の942と943は屋代遺跡群の中で最古の部類（古代1期前半＝7世紀後半）に含まれる。これらの馬形Ⅲ群と蛇形の相違点は、前者にはⅠ、Ⅱ群を含めた他の馬形同様に、腹部に串を装着する孔があり、祭祀の場ではそれによって立てられていたことであり、蛇形にその痕跡はない。

　馬形と蛇形の変遷に注目すると、馬形Ⅲ群主体＝蛇形A類主体（1期後半〜2期初頭）から、馬形Ⅰ群、Ⅱ群主体（Ⅲ群はほぼ消滅）＝蛇形B類主体という相関関係が認められる。この中で注目したいのは、より抽象的な連続三角文状の蛇形A類が主流の時期は、もう1種類「蛇」または「龍」に似た祭祀具が

存在し、より写実的な蛇形B類の主体化とともに蛇形A類と馬形Ⅲ群はほぼ姿を消してしまうという点である。このことから屋代遺跡群では、8世紀初頭以前に存在する馬形Ⅲ群の中には、その形状が馬形と蛇形の中間に位置するその両者の特徴を兼ね備えた第3の祭祀具（形代）が存在したものと判断できる。さらに古代2期において、先に掲げた馬形Ⅲ群がもつ「馬」と「蛇」の要素が分離した結果、馬の要素は馬形Ⅰ群に、蛇の要素は蛇形B類に吸収され消滅したという想定が成り立つ。

　このような視点にたつと、この「第3の祭祀具」は決して屋代遺跡群特有のものではない。図1-2の37〜39は静岡県伊場遺跡で出土した馬形木製品の一部であるが、「第3の祭祀具」に類似した馬形である。この中で38と39は屋代の馬形Ⅲ群と似た形状である。また前述のように、37の表裏面に描かれた蛇行線は、手綱のようにも見えるが、やはり連続三角文に近いことから「鱗」を象徴したものである可能性が高い。このように考えると目の表現がいかにも「蛇の目」を表しているように受け取れる。最近は各地で馬形木製品の出土例がみられるようになったが、今後はこの第3の祭祀具の存在を念頭におきながら、それが本当に馬を模して製作された木製品なのか、他に考えられる要素がないかを詳細に考察していきたい。

(7) 現代に残る祭祀

　屋代遺跡群の東方には雨宮神社（雨宮坐日吉神社）があり、現在でも「雨宮の御神事」と呼ばれる祭りが行われている。この神社と神事にはいくつかの注目される点がある。まず、雨宮神社の縁起であるが、「雨宮古老談」によると［長野県教育委員会 1965］、生仁の郷（千曲市［旧更埴市］生仁）の種津は好色な人で、妻雲井前との間に大多丸、万寿姫という二人の子供があったが、矢代（屋代）の里のお飛連という美人と深い関係をもった。雲井前は嫉妬に耐えられず、悶死してしまったが、その怨霊が祟って、村人の狂乱や急死が続いたり、雷雨、洪水、蝗害などの天変地異が相次いでおきた。そこで、「里人これを嘆き一つの小社を建て、数多の郷民鼓笛を鳴らし、唄ひ舞ひ其の怨霊の悪念を慰め安じ奉りければ、忽ち忿怒鎮まらせ給」とある。「雨宮古老談」は元和九（1623）年に聞き取られたもので、時代は新しい。しかし、怨霊という「祟る神」を祭

祀によって祭り鎮めるという筋立ては、大物主に対する祭祀と共通するものがある。

　さらに「御神事」中で行われる「神事踊り」に登場する4体の獅子（図10）が注意を引く。その姿は獅子舞の獅子とは大きく異なり、特に口と思われるの部分に連続三角文が描かれている。しかも、斎場橋から獅子を逆さ釣りにして、頭を水につけ、うねる姿はまさに蛇を想起させる。このことから獅子の姿は龍蛇神と呼ぶにふさわしい。この神事はおそらく屋代遺跡群一帯で古代から行われてきた祭祀が、その由来や内容を変化させながら今に残っていると考えてよいのではないだろうか。

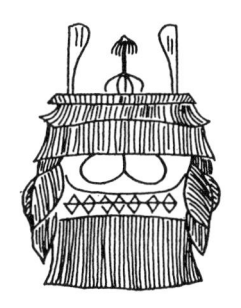

図10　雨宮神社の獅子頭部

(8) 今後の課題

　本稿は、蛇形木製品としたものが、実際に「蛇」を象った祭祀具であることが承認されなければ成り立たないものである。今後多くの類例が各地で出土することを大いに期待したい。また、過去の出土し、形状から単純に「馬形」としているものの中に、蛇形がふくまれている可能性もある。このような点を踏まえて、今後も各地の類例を確認していきたいと思う。

結びにかえて

　本稿における考察は、木製祭祀具の研究の端緒に過ぎない。実際馬形木製品をあるいは蛇形木製品、その他人形木製品を作ったのはどのような人々なのか。それらは実際にはどのような祭祀においてどのように使用されたのか。多くの遺跡で出土例がある斎串を含めて、古代の祭祀を得られる考古資料あるいは文献史料も活用して、総合的に研究・発表する機会をもちたいと思う。

註

(1) 屋代遺跡群の遺物については全て報告書での報告番号をそのままつけた。
(2) 近年富山県で馬形の類例が増加しているが、不勉強で形状の確認ができていない［堀沢祐一 2003］。
(3) 図1-2は、他の遺跡と比較してその形状の類似性からⅡ群に含めた。
(4) 平城京跡出土のものに蛇形とされる棒状の遺物が1例ある。
(5) 前坂氏の論文［1994］中の分布図に加筆を行ったものである。
(6) 「神人大」『続日本紀』大宝二年七月十日、「神人安麻呂」平城宮跡『木簡研究』20号、「神人荒尾」平城京跡『木簡研究』20号、「神人□□□」兵庫県山垣遺跡『木簡研究』20号、「神人□万呂」飛鳥池遺跡『木簡研究』21号、「神人稲足」滋賀県宮町遺跡（紫香楽宮推定地）『木簡研究』21号、「□□長神人□」山口県長登銅山跡（美祢郡）『木簡研究』18号など多数の木簡にみられる。
(7) 「神人部□」平城京跡『木簡研究』20号、「神人部宮加女」新潟県中倉遺跡『木簡研究』20号、「神人部万呂」秋田城跡などがある。
(8) 「下神部小□□」山口県長登銅山跡（美祢郡）、「神部身□□」『藤原宮木簡一』166などがある。
(9) 「大神部広麻呂」「大神直都々美」山口県長登銅山跡『木簡研究』13号
(10) 兵庫県教育委員会 1990『山垣遺跡』3号木簡17

引用文献

金子裕之 1980 「古代の木製模造品」『奈良国立文化財研究所学報第38冊　研究論集Ⅳ』
金子裕之 1984 「古代の木製模造品」『研究論集Ⅳ』
金子裕之 1988 「律令期祭祀遺物集成」『律令制祭祀論考』
小池寛 1997 「蛇行剣における基礎的研究」『宗教と考古学』
小林昌二 2000 「三輪山信仰と古代越後の神人部」『村のなかの古代史』
京都府埋蔵文化財調査研究センター 1987『石本遺跡』
西郷信綱 1999 「三輪山神話の構造」『古代人と死』
佐藤達雄 1998 「神明原・元宮川遺跡再考」『静岡の考古学』
滋賀県文化財保護協会 1985『尾上遺跡発掘調査報告書』
諏訪昭千代 1987 「蛇行鉄剣考」『鹿児島考古』第21号
瀬戸市教育委員会 1990『上品野遺跡』
直木孝次郎 1958 「人制の研究」『日本古代国家の研究』
中条町教育委員会 1999『中倉遺跡3次』
奈良国立埋蔵文化財研究所 1984『木器集成図録―近畿古代編―』
長野県 1988『長野県史　考古資料　全1巻4　遺構・遺物』
長野県教育委員会 1965『雨宮御神事』
長野県埋蔵文化センター 1997『石川条里遺跡　第3分冊』

長野県埋蔵文化財センター　1997『清水製鉄遺跡・大穴遺跡』
長野県埋蔵文化財センター　1999『更埴条里遺跡・屋代遺跡群―古代1編―』
長野県埋蔵文化財センター　2000『更埴条里遺跡・屋代遺跡群―総論編―』
新潟市教育委員会　1992『1990年度埋蔵文化財発掘調査報告書』
入善町教育委員会　1975『入善町じょうべのま遺跡発掘調査概要(3)』
浜松市教育委員会　1978『伊場遺跡遺物編1　別冊図版』
兵庫県教育委員会　1989『小犬丸遺跡Ⅱ』
兵庫県教育委員会　1997『砂入遺跡』
平川　南　1996「"古代人の死"と墨書土器」『国立歴史民俗博物館研究報告』第68集
堀沢祐一　2003「越中国の律令祭祀具と官衙遺跡」『続文化財学論集』
前坂尚志　1994「蛇行剣小考」『考古学と信仰』
湊　敏郎　1972「六・七世紀の在地における身分関係」『続日本紀研究』163・164
箕輪町教育委員会　1976『箕輪遺跡』
宮島義和　1999「第5章第7節　古代の木質遺物」『更埴条里遺跡・屋代遺跡群―古代1編―』
宮島義和　2001『長野県の考古学2』長野県埋蔵文化財センター
山形県教育委員会 1984『俵田遺跡』
和田　萃　1995「三輪山祭祀の再検討」『日本古代の儀礼と祭祀・信仰』下巻
和田　萃　1998「大神神社の歴史―祭祀の源流―」『季刊　悠久』第72号

コラム2　民具から古代を探る

河野　通明

馬鍬を手がかりに歴史をさかのぼる　田植え前の水田を掻き均す代掻き作業に使う農具に馬鍬があります。その呼称は、全国的には「うまぐわ」「まぐわ」「まんが」、九州では「もうが」「もが」と、どれも「うまぐわ」系に統一されています。ここが大事なポイントです。この馬鍬はアジアに広く分布していますが、これを牽引している家畜は、中国北部から朝鮮半島では普通の牛で、中国の江南地方では牛か水牛、東南アジアでは水牛で、馬で引かせることは原則としてありません。ところが馬鍬というのですね。これを手がかりにして、馬鍬がいつ、どこから伝来したのかを探ってみましょう。

　まず、馬鍬という名前がついているということは、デビューしたときに、牛ではなくて馬に引かせていたことになります。名前というのはコミュニケーションの手段ですから、いったん名前がつくと個人で勝手に変えることはできません。ですから牛に引かせるようになっても農具の名前は馬鍬のまま、何百年も固定してしまうのです。では、なぜ馬に引かせたのでしょうか。

　最初に伝わったときは中国とか朝鮮半島の真似をするわけです。真似をするときには、そっくり真似をしたいはずです。ですから水牛か牛に引かせるはずですが、そうしていない。その理由としては、当時、牛がいなかったとしか考えられません。だから仕方なく馬に引かせたのでしょうね。馬というのはもともとモンゴルのような草原地帯の動物ですから、泥田に入るのを嫌がります。にもかかわらず無理やり使ったわけです。ということは、伝来当時、大型家畜は馬しかいなかった。そこで牛がいなくて馬しかいなかった時代というのはいつかと考古学から調べてみると5世紀となります。朝鮮半島での戦争のため馬が導入され、馬具や馬の埴輪は5世紀からたくさん出てきますが、牛の骨の出土は6世紀以降となります。つまり5世紀には馬はいたが牛はまだ伝わっていなかった。この時期に馬鍬は伝わったことになります。

では、どこから伝わったかということですが、わたしは中国の江南、長江流域からだと推定しています。考古学では先進技術というとすぐ朝鮮半島からだと思い込んでいる方々が多いのですが、朝鮮半島から渡来人が持ち込んだというなら、牛がいっしょに来るはずです。それと朝鮮半島の稲作は長いこと田植えはやっていなかった。馬鍬は田植えの準備をするための道具ですから、伝わったのは長江流域からと考えた方がいい。

　そうすると、馬鍬という言葉から馬しかいなかった時代、5世紀に中国の江南地方から伝来したということになります。5世紀の南中国ということになると、倭王武の上表文にみられるように倭の五王の中国南朝への遣使が知られています。中国の外交資料に載っているから研究界でも教科書でも「外交」という扱いになっていますが、実際に交流があればそれだけにはとどまりません。当時の日本（ヤマト、倭）は農業国ですから、農業先進国である中国の農業技術に対して興味津々だったはずです。道々馬鍬を見れば欲しいと思うでしょう。中国の皇帝が馬鍬をくれるということはありませんから、使節が独自に収集して持って帰ってきたのでしょう。おそらく水牛も連れてきたと思いますが、日

写真1　馬鍬の使用風景　1977年5月　奈良県宇陀郡榛原町山辺三

表1　屋代遺跡出土牛馬骨

時代区分		牛	馬
古墳時代		0	8
古代	7世紀初頭〜後半	21	103
	7世紀後半〜末	85	189
	7世紀末〜8世紀初頭	55	48
	8世紀前半	65	59
	8〜9世紀	3	17
	9世紀前半〜中ごろ	199	128
	平安時代	2	5
	平安時代後半	0	1
	平安時代末期	3	6
中世〜近世		2	63
合　計		435	627

本の風土では水牛は育ちませんから、当時日本にいた大型家畜である馬に引かせる以外にないことになります。当時すでに馬は、軍事目的で朝鮮半島から入ってきて使われていましたから。

長野県の屋代遺跡で非常に面白い調査結果があります。牛や馬の骨について非常に詳しい調査をしているんですね。それをみますと、古墳時代には馬の骨ありますが、牛の骨はゼロ。この時代に馬鍬が伝わったという先ほどの推定と合致します。7世紀になると牛が少し出てくる。8世紀になるあたりから牛が増えてきて、9世紀前半から中頃になると牛の方がかなり多くなってくる。ところがその後中世から近世は馬が圧倒的で牛が少なくなる。平安時代後期以降に牛から馬へ逆転するのです。それまでは牛が増えていたわけですから、この逆転は人為的な逆転ですね。理由はたぶん武士団の出現です。戦争には馬の方が役に立つ。どうやら牧があって、博物館の展示室に見られるワラウマという馬のお祭りも結びつくかもしれませんが、武士団の形成期に、牛はやめて馬に切り替えるという主体的選択があったのではないかと思います。

引手のない馬鍬　写真2は岩手県二戸市の馬鍬ですが、馬に向かって伸びる2本の引手がありません。引手というのは姿勢制御装置の役割をはたしています。馬鍬が前のめりになると引手の先端が下に下がりますが、馬が強く引いているので次の瞬間には引手は馬の方を向くので姿勢は戻る。逆に馬鍬が仰向いて引手が上に上がると、また馬の引く力で引手の位置が元に戻るので、馬鍬の姿勢が安定します。ところが、二戸の馬鍬は馬鍬本体に直接縄をかけていますから、すべて人の力で馬鍬の姿勢を制御しなければならなくなりますから、たいへんです。馬鍬は中国で発明されてアジア各地に広がりまし

写真2　岩手県二戸市の馬鍬

たが、どこの馬鍬もすべて引手が付いています。そこで引手なし馬鍬の分布を調べてみると、東北地方がかつては引手なし馬鍬地帯だったことが分かりました。そのほか秋田県の最南部から山形・新潟、富山県の東半分（いわゆる呉東）まで縄添え引き手という特異な馬鍬が見られますが、これも引手なし馬鍬から進化したもの。つまり東北地方から富山県の東半分まで、かつては引手なし馬鍬が使われていたことになります。

　なんでこんな不便な馬鍬があるんでしょうか。それは、馬鍬を入手できなかった人が他所で使われている馬鍬を見て記憶にとどめ、あとで再現製作したのですが、使われている時に引手と縄とは一直線になっているので、引手を見落としてしまった。その結果引手なし馬鍬が出来てしまった、と考えると納得できます。引手がないと使いづらいはずですが、その地域の人々は馬鍬とはそういうものだと思い込んでずっと使い続けてきたということですね。

　先に馬鍬は5世紀に中国から持ち帰られたと推定しましたが、引手なし馬鍬が使われていた東北地方から富山県東半分までは、この5世紀段階に馬鍬が伝わっていなかったということになります。5世紀の倭の五王の時代は大和

を中心に前方後円墳をつくるような各地の豪族が連邦国家を形成していました。倭王の遣使が持ち帰った馬鍬は、その連合している豪族たちの下には届けられます。しかし当時の東北は蝦夷の世界ですから、馬鍬は伝わらなかった。新潟県や富山東部も越の蝦夷の居住地です。つまり大正・昭和期の馬鍬の形態比較から、5世紀の大和政権の領域と蝦夷の領域の境界がくっきりと復原できるのです。長野県の馬鍬には引手がありますが、豊丘村で1例、引手なし馬鍬が見つかっています。これは長野県域内でも豪族の力が及ばなかった蝦夷系住民の居住地があったということでしょう。

農具から見える古代農民の移住　写真3が長野市立博物館に展示してある馬鍬です。この引き手の形を私は「板鉤引手」と名づけましたが、この元の形は自然木の枝分かれ材を逆に付けた「枝鉤引手」です。この形は中部・関東地方の特色で、関西にはまったくありません。この板鉤引手や自然木の枝鉤引手馬鍬が東北にぽつぽつと島状にみられます。たとえば秋田県の千畑町（現美郷町）（写真4）とか大曲市とか平安時代の払田柵のあった仙北町（現大仙市）の近辺になど見られるんです。

奈良時代から平安時代にかけて東北地方では坂上田村麻呂などによる蝦夷征討戦争が行われましたが、このときに前進基地として○○柵と呼ばれる砦をつくっていきます。そこに屯田兵のように中部・関東の農民を移住させて農業をさせながら、いざという時に兵隊となってそこを守らせる。当然のことながら、その農民たちは地元の農具を持ち込んだはずです。その時に東北の各地に中部・関東型の農具が入っていって、それを地元の人が真似て作ると先ほどお話したように引手なしの形になるということですね。そうなると民具から東北の古代史が見えてきます。

将来的には、中部・関東地方を綿密に調べた上で東北地方を丹念に見ていけば、千数百年前のはるか昔に、例えば岩手県のどの辺には中部地方の何県の人が行ったか特定できるかもしれません。

民具から古代を探る　民具の中には変わりやすいものと変わりにくいものに法則性のあることが分かってきました。生産用具と消費生

コラム2 民具から古代を探る 231

写真3 長野県の板鉤引手馬鍬

写真4 秋田県旧千畑町の枝鉤引手馬鍬

活用具を比べてみると、消費生活用具の方が流行もあって変わりやすく、生産用具の方が変わりにくい。生産用具の中の農具をみると、稲刈りから後の脱穀・調製用具の方は千歯こき、唐箕が出てくると古い農具にどんどん置き変わっていきますが、耕す道具はその地域の特色を保ちながらあまり変わらない。さらに耕す道具の中では、人が手で使う鍬や鋤より牛・馬に引かせる犂や馬鍬の方が変わりにくいということがいえます。大正・昭和期の民具から古代の歴史を探るという場合、この変わりにくい民具を手がかりとするのです。

では、なぜ変わらない民具があるのかということですが、一つは昔の教育体系というものがあると思います。今は「教育ママ」に象徴されるようにたいへんな教育の時代とよく言われますが、昔は昔で教育の時代だったんです。祖父母から道徳的な内容が織り込まれている昔話を聞かされる幼児期に教育が始まって、男の子はこわい親父に叱られながら農作業の手伝いをして農具の使い方を習っていきます。青年期には牛や馬、犂や馬鍬が扱えないと一人前の男ではないといわれて、村の娘さんの視線を気にしながらひたすら習熟に励むということになります。そういう社会では農具は所与のものであって、使いにくいから改良するというところまで頭が回らない、ということがまずあると思います。

もう一つは、飢饉とか疫病とかが慢性化していた時代、現代のように今日より明日の暮らしが良くなるなどと信じられない時代、今まで通りの生活が維持できるかどうかが最大の望みだった時代には、生きるための農業は失敗が許されない、リスクは避けなければなりません。そこでは農具を改良などしようとすると年寄りから叱られてしまうし、また自分が年寄りになると今度は若者を叱りつける、といったようなことが繰り返されていくうちに、農具は改良されないまま結局20世紀にまで継承されてしまう。

これを逆手にとれば、民具から各地域それぞれの古代史の復元が可能だ、ということになります。いままで歴史というと文献史料に頼ってやってきましたが、『日本書紀』や『古事記』などには、都の天皇・貴族の近辺の政治・外交、それも事件性のあることしか記録されません。ところが民具からは一般庶民の姿がみえてきます。民具は全国どこにでもありますから、それぞれの地域ごと

表2　文献からの古代史と民具からの古代史

	文献からの古代史	民具からの古代史
資料の数	きわめて少ない	全国に無数
カバーできる地域	都とその周辺	全国どこでもカバー
記録される階層	天皇・貴族	一般庶民
記録される内容	政治・外交	生産・生活＝経済
記事の性格	事件性のあるもの	日常的なもの
年　代	年代の特定が可能	時代幅の限定なら可能
殖産興業政策 技術導入政策	記録されにくい	痕跡は確実に残る
所有関係	見えやすい	見えにくい
生産技術	見えにくい	具体的に見える

の古代史がみえてきますし、その内容は経済・生活のみならず、アジアの激動に連動した渡来人の入植とか、大化改新政府による中国系長床犂の配付・普及政策のような地域社会を揺るがす政治事象が見えてくるのです。庶民は文字記録を残せませんでしたが、庶民の使っていた民具がその歴史を記録してくれていた、つまり民具は失われた地域庶民史のバックアップデータファイルであると考えることができます。言い換えると、民具というのはその地域社会の成り立ちを語る基礎データということになります。

　今、「世界遺産」という言葉がありますが、民具は「住民遺産」として、住民の手で守っていかなければならないのではないか、そのためにも全国区の研究者と地域住民の連携が大切なのだと思っています。

　［2005年12月11日長野市立博物館講演「大正・昭和期の民具から長野の古代を探る」をもとに編集］

資料所蔵者・写真出典
　写真1　馬鍬の使用風景　奈良県立民俗博物館特別展「民具が語る暮らしの変遷―資料収集30年の軌跡―」図録　2004年9月　より
　写真2　岩手県二戸市の馬鍬　二戸市立二戸歴史民俗資料館蔵／筆者撮影
　写真3　長野県の板鉤引手馬鍬　長野市立博物館蔵／筆者撮影
　写真4　秋田県旧千畑町の枝鉤引手馬鍬　美郷町郷土資料館蔵／筆者撮影

あとがき

　古墳時代の前半期には、律令期（8世紀以降）のような信濃国（に類する存在）は無かったが、律令期には確固たる信濃国が成立していた。ただ、突如として成立したのではなく、そのゆるやかな前段階があるはずで、その成立過程を考古資料で追えばよいという見通しで、本巻の編集にとりかかった。

　ところが案に相違して、肝心の確固たるものだと決めつけていた律令期の信濃国とその領域が考古資料の分析からはなかなか見えてこないのである。信濃国にだけ分布するような考古資料はなかなか見出せない。律令期信濃の特色と呼ばれているようなものは、信濃だけではなく、律令国家の特色である。つまり地域的特色ではなく、時間的な特色である。

　信濃の地域的特色を探る前提として、通常私たちが調査するような遺跡において「在地」と呼ばれる資料を探ってみても、その主要分布範囲は一郡から数郡の規模であったり、それを超えるとむしろ北陸、関東、東海といった地域に収斂していくものであったりして、ここでも信濃国の姿は見えてこない。縄文時代や弥生時代の土器に象徴されるような生活文化の様相と本質的な相違はないかのようだ。

　信濃国という姿が見えてくるのは、一つは祭祀関連遺物（石製模造品など）である。とくに峠で発達した祭祀遺跡は、領域の境界を考える上で、重要な手がかりとなる。もう一つは主に出土文字資料（木簡、刻書・墨書土器、瓦、印など）の中である。

　これらはどこの遺跡にでもあるようなものではない。「点」的な資料と言える。こうした「点」的な資料とこれらを「線」で結んでいく作業によって信濃国の姿がおぼろげながら見えてくるのであるが、それは信濃国さらには古代の政治・行政的領域とは、そもそも点と線によって形成されたものであったことを示していよう。

　信濃の考古学や古代史に大きな業績を残した藤森栄一や一志茂樹が、古代の「道」を考究していたことは、彼らもこのことに気が付いていたように思われ

る。
　当該期の研究は、当然のことながら考古学プロパーの型式学や編年学だけで語れるものでもなく、文献史学のみならず歴史地理、民俗・民具学などの成果とも対照しなくてはならない。このことは、本巻の編集にあたって意識したつもりである。ただ、本巻も考古学に軸足をおいているので、標題は「信濃国の考古学」としたが、編者の最終的な目標は「信濃国の古代学」である。本書が信濃国の古代を学際的に研究する成果を引き出すきっかけともなれば望外の幸である。

　2007年8月6日

　　　　　　　　　　　　　　　　　　　　　　　　　　　　川崎　保

収録論文初出一覧

「信濃国」の成立―律令的領域をみる視点― ＜川崎　保＞（新稿）

古代における善光寺平の開発―旧長野市街地の条里遺構を中心に― ＜福島正樹＞
　　原題：「古代における善光寺平の開発について―旧長野市街地の条里遺構を中心に―」『国立歴史民俗博物館研究報告』第96集　2002年3月

屋代遺跡群の官衙風建物群 ＜宮島義和＞
　　原題：「屋代遺跡群の官衙風建物群をどう捉えるか」『信濃』58-3　2006年3月

古代の小県郡における信濃国府跡推定地 ＜倉澤正幸＞
　　原題：「小県郡における信濃国府跡推定地に関する考察」『信濃』57-8　2005年8月

千曲川流域における古代寺院 ＜原田和彦＞
　　原題：「千曲川流域における古代寺院―研究の前提として―」『長野市立博物館紀要』第2号　1994年3月

善光寺の創建と当初の性格 ＜牛山佳幸＞
　　原題：「善光寺の創建と善光寺信仰の発展」中「善光寺の創建と当初の性格」『善光寺　心とかたち』第一法規出版　1991年4月

平城京内出土軒瓦と信濃国分寺出土軒瓦 ＜山崎信二＞
　　原題：「平城京内出土軒瓦と信濃国分寺出土軒瓦」『―新生「上田市」合併記念事業―古代信濃と東山道諸国の国分寺』上田市立信濃国分寺資料館　2006年9月

古代科野の神まつり ＜桜井秀雄＞　（新稿）

木製祭祀具の考察―馬形木製品・蛇形木製品― ＜宮島義和＞
　　原題：「馬形木製品に関わる祭祀の考察」『古代学研究』第152号　2001年3月
　　　　　「蛇形木製品の系譜」『長野県考古学会誌』96　2001年5月

民具から古代を探る ＜河野通明＞
　　長野市立博物館講演「大正・昭和期の民具から長野の古代を探る―犂・馬鍬・木摺臼の全国分布調査の中間報告―」（2005年12月11日）をもとに編集

執筆者紹介 （掲載順）

川崎　　保（かわさき　たもつ）	長野県埋蔵文化財センター調査研究員
福島　正樹（ふくしま　まさき）	長野県立歴史館専門主事兼学芸員
宮島　義和（みやじま　よしかず）	日本考古学協会会員
倉澤　正幸（くらさわ　まさゆき）	上田市立信濃国分寺資料館館長
原田　和彦（はらだ　かずひこ）	長野市教育委員会文化財課松代文化施設等管理事務所学芸員
牛山　佳幸（うしやま　よしゆき）	信州大学教育学部教授
山崎　信二（やまさき　しんじ）	奈良文化財研究所都城発掘調査部副部長
桜井　秀雄（さくらい　ひでお）	長野県埋蔵文化財センター調査研究員
河野　通明（こうの　みちあき）	神奈川大学経済学部教授

2007年9月10日　初版発行　　　　　　　　《検印省略》

信濃国の考古学
（しなのくに　こうこがく）

編　者	川崎　保
発行者	宮田哲男
発行所	株式会社 雄山閣
	〒102-0071　東京都千代田区富士見2-6-9
	ＴＥＬ　03-3262-3231 ㈹／ＦＡＸ　03-3262-6938
	ＵＲＬ　http://www.yuzankaku.co.jp
	E-mail　info@yuzankaku.co.jp
	振替：00130-5-1685
組　版	石井ゆき子〈シャルード　http://sharrood.com〉
印　刷	株式会社 三陽社
製　本	協栄製本株式会社

©Tamotsu Kawasaki　　　　　　　　　　Printed in Japan 2007
ISBN978-4-639-01993-0　C0021

雄山閣出版案内

縄文「ムラ」の考古学

A5判 250頁
3,675円

川崎 保 編（長野県埋蔵文化財センター調査研究員）

炉の形の違いは何を意味するか、無文土器はどこでどのように使われたか、柄鏡形敷石住居の出現にどんな背景があったか、中部高地の縄文文化に海の要素がみられるのはなぜか——ヒトとモノの動きから縄文ムラの実像に迫る。

■ 主 な 内 容 ■

縄文ムラをみる視点……………………川崎　保
吊るす文化と据える文化―縄文時代における土器利用炉の分類とその意義……………三上徹也
飾られない縄文土器―長野県大清水遺跡の再検討を通してみえてくるもの………………百瀬新治
土器をつくる女、土器をはこぶ男―胎土からみた土器のふるさと……………………水沢教子
柄鏡形敷石住居の出現と環状集落の終焉―縄文時代中期集落形態の変化を追う……本橋恵美子
縄文ムラを復元する―長野県筑北村東畑遺跡の発掘成果から…………………………柳澤　亮
海にあこがれた信州の縄文文化………川崎　保
〈コラム〉栗林遺跡の水さらし場状遺構／八ヶ岳の縄文ムラを掘る／カワシンジュガイ

「シナノ」の王墓の考古学

A5判 242頁
3,990円

川崎 保 編（長野県埋蔵文化財センター調査研究員）

首長墓と支配領域、古墳の築造規格と首長の系譜、水運と馬産、積石塚と渡来人、稲作文化と雑穀文化など、さまざまな視点から信濃の政治的領域の成立と変容の過程を追う。

■ 主 な 内 容 ■

古墳文化からみた信濃的世界の形成
　………………………………………川崎　保
科野国の成り立ち－古代社会の基礎
　………………………………………岩崎卓也
科野における前方後方墳の世界
　………………………………………大塚初重
前方後円墳の規格と地域社会
　………………………………………田中　裕
千曲川流域における古墳の動向
　－5世紀代の古墳を中心として
　………………………………………小林秀夫
伊那谷の横穴式石室
　………………………………………白石太一郎
信州の古墳文化と稲作・馬産
　………………………………………市川健夫
信濃の馬，積石塚と渡来人
　………………………………………森　浩一
コラム1
　信州の水運（市川健夫）
コラム2
　シナノに来た東北アジアの狩猟文化（川崎保）